Les amis et leur quartier

Le quartier des Batignolles, à Paris

un café-restaurant

un stand de crêpes

Léo

Marie

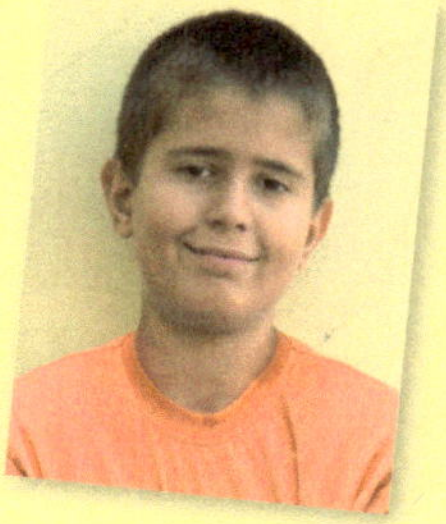

Mehdi

Alex

Jérôme

Découvertes
Série jaune
Band 1

Zusatzmaterialien für Schülerinnen und Schüler zu diesem Band

Cahier d'activités mit MP3-CD und Übungssoftware, *Klett-Nr. 622015*
Cahier d'activités mit MP3-CD, *Klett-Nr. 622016*
Grammatisches Beiheft, *Klett-Nr. 622018*
Fit für Tests und Klassenarbeiten, *Klett-Nr. 622010*
Das Trainingsbuch, *Klett-Nr. 622220*
99 Wortschatzübungen, *Klett-Nr. 622061*
99 grammatische Übungen, *Klett-Nr. 622019*
Vokabellernheft, *Klett-Nr. 622066*
Verbenlernheft, *Klett-Nr. 622060*

Am Ende von Découvertes 1 erreichen die Schülerinnen und Schüler das Niveau A1 des Gemeinsamen europäischen Referenzrahmens. Die Kenntnis der im Inhaltsverzeichnis grün unterlegten fakultativen Inhalte wird in den anschließenden Einheiten nicht vorausgesetzt. Das Lehrbuch versteht sich als Gesamtangebot. Die Schwerpunkte des schulinternen Curriculums legen fest, welche Texte und Aufgaben in Découvertes 1 verpflichtend sind. Planungshilfen und Hinweise zur Stoffverteilung befinden sich auf www.klett.de unter dem Online-Code 3sb9vp.

1. Auflage 1 11 10 | 21 20

Alle Drucke dieser Auflage sind unverändert und können im Unterricht nebeneinander verwendet werden.
Die letzte Zahl bezeichnet das Jahr des Druckes.

Autorinnen und Autoren: Birgit Bruckmayer, München; Laurent Jouvet, Desaignes; Ulrike C. Lange, Bochum; Andreas Nieweler, Detmold; Sabine Prudent, Berlin; Marceline Putnai, Maulévrier Sainte-Gertrude
Weitere Mitarbeit: Andrea Floure, Schorndorf
Beratung: Dr. Peter Bettinger, Rehlingen-Siersburg; Prof. Dr. Christoph Bürgel, Münster; Michette Eyser, Leonberg; Prof. Dr. Andreas Grünewald, Bremen; Silke Herr, Ludwigshafen; Hanns-Christoph Lenz, Leipzig; Prof. Dr. Franz-Joseph Meißner, Gießen; Ute Miesterfeld, Barleben; Christopher Mischke, Waiblingen; Ulrike Molter-Bocquillon, Mazaugues; Dr. Andreas Müller, Hannover; Inge Rein-Sparenberg, Marburg; Julitte Ring, Saarbrücken; Jérôme Rorig, Hannover; Jutta Rösner, Erlangen; Dr. Angelika Schenk, Wittenberg; Wolfgang Spengler, Solingen; Hermann Voss, Münster

Redaktion: Thomas Eilrich, Marguerite Pélissier, Stefan Zörlein
Gestaltung: Anita Bauch, Sven Thamphald

Layout: Petra Michel, Bamberg
Illustrationen: François Davot, Troyes; Christian Dekelver, Weinstadt; Katja Rau, Fellbach
Satz: media office GmbH, Kornwestheim
Reproduktion: Meyle + Müller, Medien-Management, Pforzheim
Druck: Firmengruppe APPL, aprinta druck, Wemding

Printed in Germany
ISBN 978-3-12-622012-5

9 783126 220125

1

Découvertes

Série jaune

für den schulischen
Französischunterricht

von
Birgit Bruckmayer
Laurent Jouvet
Ulrike C. Lange
Andreas Nieweler
Sabine Prudent
Marceline Putnai

Ernst Klett Verlag
Stuttgart • Leipzig

Inhalt

Unité 1
Bonjour, Paris!
Moi et mes amis

En plus → S. 124

Unité 2
Copain, copine
Moi, mes amis et mes activités

En plus → S. 124

■ fakultative Inhalte

Unité 3
Bon anniversaire, Léo!
Moi, ma famille et mes amis

En plus → S. 126

■ fakultative Inhalte

Unité 6
On va à la fête!
Moi et les fêtes

En plus → S. 134

■ fakultative Inhalte

So lernt ihr mit Découvertes

Découvertes

Einführung

Découvertes bedeutet „Entdeckungen".
Diese Seite führt euch in das neue Thema ein.

↓

Atelier (A) B

Neuer Lernstoff

Atelier bedeutet „Werkstatt". Hier findet ihr Geschichten, neuen Lernstoff und Übungen.

↓

Pratique

Anwendung

Pratique: Das neu Gelernte wird in Aufgaben praktisch angewendet.

↓

Bilan

Überprüfen

Bilan: Hier könnt ihr selber prüfen, ob ihr den Lernstoff schon könnt.

↓

Grammaire

Grammatik

Grammaire: Hier seht ihr die Grammatik des Kapitels auf einen Blick.

Vertiefen, wiederholen

Plateau: Zum Lesen und Wiederholen und zur Vorbereitung auf die internationale DELF-Prüfung

Plateau 1

Gezieltes Üben

En Plus: Zusätzliche Übungen, auch zur Differenzierung

En plus – différenciation

Vokabular

Vocabulaire: Die neuen Vokabeln zum Lernen

Vocabulaire

Nachschlagen

Liste des mots: Die alphabetische Wortliste zum Nachschlagen

Liste des mots

En classe: Erklärung der wichtigsten Übungsanweisungen

En classe

Hier lernt ihr Frankreich mit eurem Land zu vergleichen.

PORTFOLIO Das Ergebnis dieser Aufgabe kannst du in deinem Portfolio-Ordner sammeln. Informationen zum Portfolio findest du auf Seite 139.

32 CD[1] mit Hörtexten

Schriftliche Übung

Partnerarbeit

Gruppenarbeit

Übungen, die auf die DELF-Prüfung hinführen.

10, 3 Dazu findet ihr eine Übung im Cahier d'activités Seite 10, Übung 3.

Selbsteinschätzung

→ **En plus 134, 1**
Verweis auf Seite 134, Übung 1 im „En plus"-Teil dieses Buchs

△ einfachere Übung
△ schwierigere Übung

(G7) Die Nummern nach den Übungstiteln verweisen auf die Grammatik im Buch und auf das Grammatische Beiheft.

[1] **Dieses Symbol kennzeichnet die Tracknummer auf der MP3-CD, die der Schülerausgabe des Cahier d'activités beiliegt.**

Mehr dazu jv3m97

Auf einigen Seiten im Buch findet ihr Découvertes-Codes. Diese führen euch zu weiteren Informationen, Materialien oder Übungen im Internet. Gebt den Code einfach in das Suchfeld auf www.klett.de ein.

Bienvenue!

Parler **1** Salut!

1

A *Begrüßt euch auf Französisch.*
Sagt, wie ihr heißt und fragt euren Partner nach seinem Namen.
Ihr könnt euch dabei einen Ball zuwerfen.

Mehr dazu jv3m97

2

B *Hört zu und sprecht nach. Kennt ihr weitere französische Namen?*
Ihr könnt euch einen Namen aussuchen.

Anne, Béatrice, Louise, Lilou, Fleur, Lucie, Marie, Elise, Léa, Manon, Sarah, Gabrielle, Joséphine, Zoé

Antoine, Maurice, Louis, Clément, Paul, Pierre, Gabriel, Gaspard, Léo, Romain, Justin, Thomas, Valentin, Térence

Parler **2** ## Ça va?

3 (CD)

1

2

Vis-à-vis

Wie begrüßen sich die Kinder auf den Fotos?
Wie begrüßt ihr euch?

Bastelt euch ein Namensschild.
Geht im Klassenraum umher und sucht einen Gesprächspartner.
Begrüßt euch, fragt, wie es geht, und verabschiedet euch.
Sucht dann neue Partner.

1 **Moustique** heißt auf Französisch „Mücke".

Jeu de sons

3 Chanson

Salut!

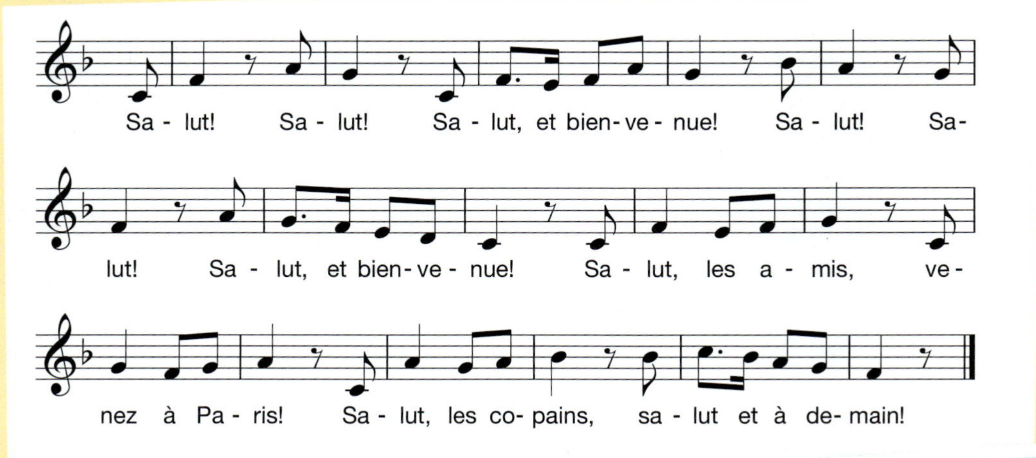

Vis-à-vis

A propos Paris:
Welche französischen Städte kennt ihr schon?

Jeu de sons

4 Schlangen-s und Bienen-s

6–7

A *Hört die folgenden Wörter an.*

Wenn ihr ein zischendes, stimmloses „S" hört, macht mit den Armen Schlangenlinien und zischt wie eine Schlange.

Wenn ihr ein summendes, stimmhaftes „S" hört, breitet die Arme aus und summt wie die Biene.

[s]

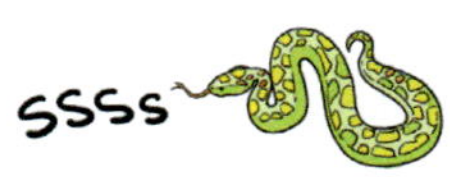

[z]

B *Sprecht die folgenden Reime im Chor.*

Salut, Elise,
voilà une bise.

Salut Lucie,
pour toi aussi.

Quoi, une bise?
Je pique une crise!

Vite, Maurice,
appelle la police!

Pas de dessert
dans le désert!

Jeu de sons

5 Les bonbons, c'est bon!

8 **A** *Im Französischen gibt es Laute, die nasal, „durch die Nase", gesprochen werden. Hört die Wörter an und sprecht sie nach.*

un croissant

un ballon

un lapin

un bonbon

un volcan

un chien

un crayon

une maison

un gratin

un éléphant

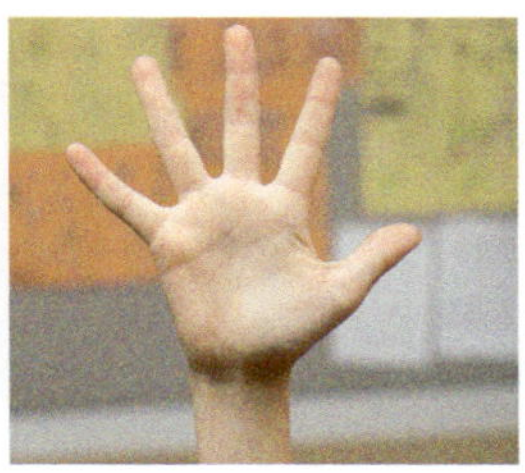
une main

un enfant

Findet ihr es schwierig, durch die Nase zu sprechen? Versucht es mal so: Sprecht ein langes A und legt dann langsam den Kopf in den Nacken.

B *Bildet drei Gruppen. Schließt die Augen. Hört noch einmal genau zu. Hebt die Hand, wenn ihr ein Wort hört, das zu eurer Gruppe gehört.*

Gruppe 1: **[ɑ̃]** Wörter, die sich auf **croissant** reimen.
Gruppe 2: **[ɔ̃]** Wörter, die sich auf **bonbon** reimen.
Gruppe 3: **[ɛ̃]** Wörter, die sich auf **lapin** reimen.

Jeu de sons

6 Chanson

Mon petit chat

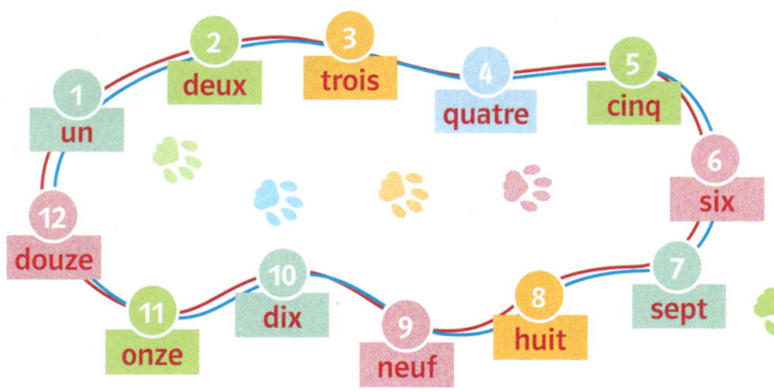

A *Hört das Lied, singt oder sprecht es nach und klatscht dazu.*

B *Zählt reihum von 1 bis 12. Beginnt dann wieder von vorn, bis alle an der Reihe waren. Zählt danach rückwärts.*

Jeu de mots

7 Un, deux, trois …

Zählt wieder reihum. Wenn der Spielleiter einmal klatscht und auf einen Mitschüler zeigt, wird ab da rückwärts gezählt. Klatscht der Spielleiter zweimal, wird ab da in Zweierschritten vorwärts gezählt.

Vis-à-vis

8 Dans la rue

Was kann man hier kaufen oder tun? Welche Wörter versteht ihr und warum?

1. une maison de la presse

2. un bureau de poste

3. une pharmacie

4. un cinéma

5. un parc

6. une boulangerie

7. un café

8. une médiathèque

9. un restaurant

Welche weiteren französischen Wörter kennt ihr?

ORTFOLIO

Sammle französische Wörter, Bilder und Produktnamen, z. B. aus Zeitschriften, und mache eine Collage.

Unité 1

Bonjour, Paris!

Mehr dazu 8b8uc6

Vis-à-vis

Das Bild zeigt eine Straße in Paris.
Was geschieht hier?
Was fällt euch auf?
Was ist anders als bei euch?
Achtet z. B. darauf, wie die Häuser und die Geschäfte aussehen …
Ihr könnt auch das Video im Internet ansehen.

A *Seht genau hin. Welche Wörter versteht ihr bereits?*

16 **B** *Hört zu und findet die Personen auf dem Bild.*
Exemple: Scène 1 – Das ist der Mann vorn auf dem Motorroller.

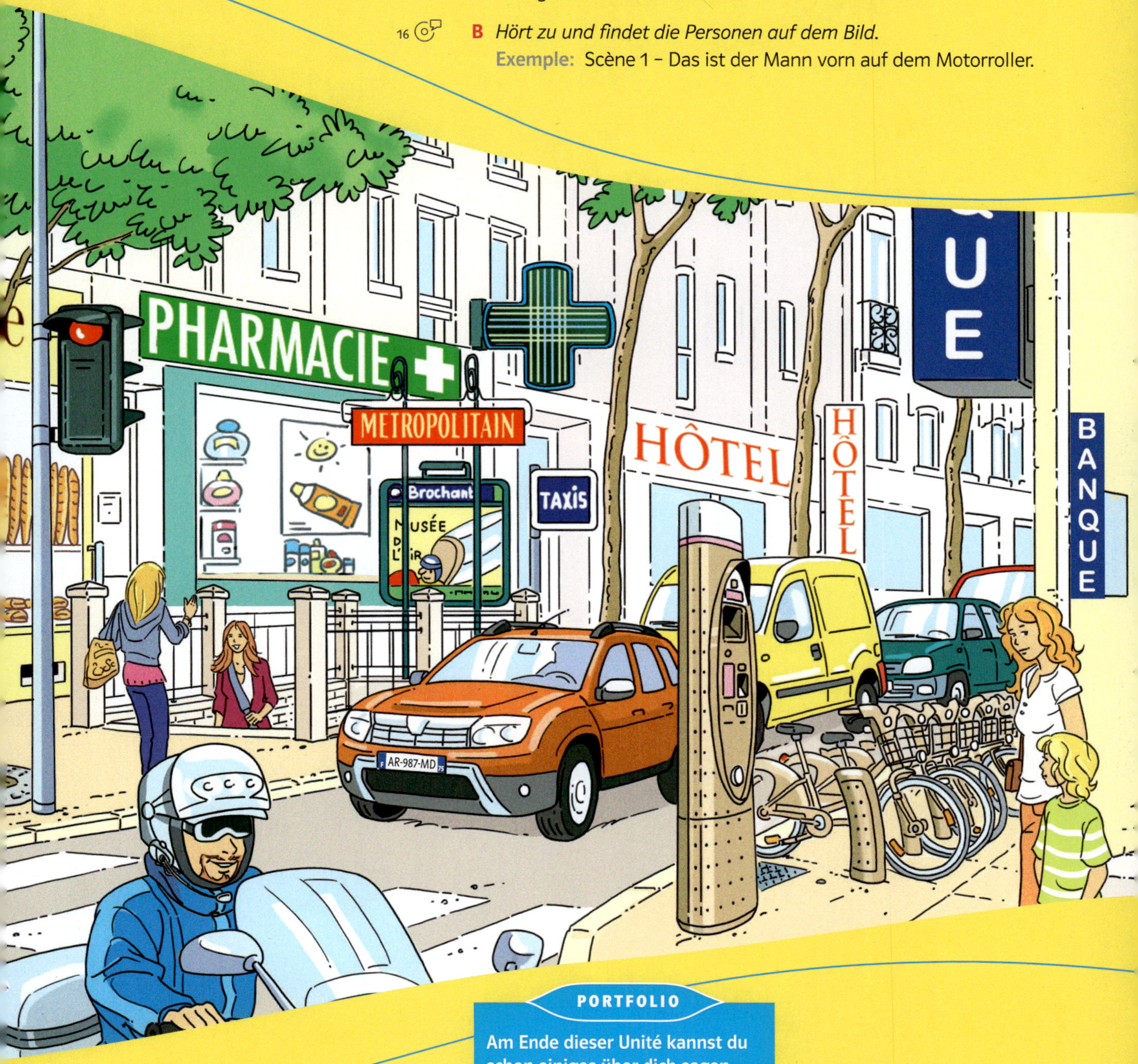

PORTFOLIO

Am Ende dieser Unité kannst du schon einiges über dich sagen, z. B. wie du heißt und woher du kommst.
Du kannst auch deine Freunde und dein Lieblingstier vorstellen.

Atelier A

1 Moustique et Malabar

Mehr dazu r9f3ur

17–21

1

2

3

Attention, Moustique! Non!
Oh, … pardon!

4

Salut! Tu t'appelles comment?
C'est Moustique! Moi, je suis Marie. Et toi?

5

Je m'appelle Léo. Et voilà Malabar!
S.P.A.
REFUGE GRAMMONT

Lire **2**

A propos du texte

10, 3

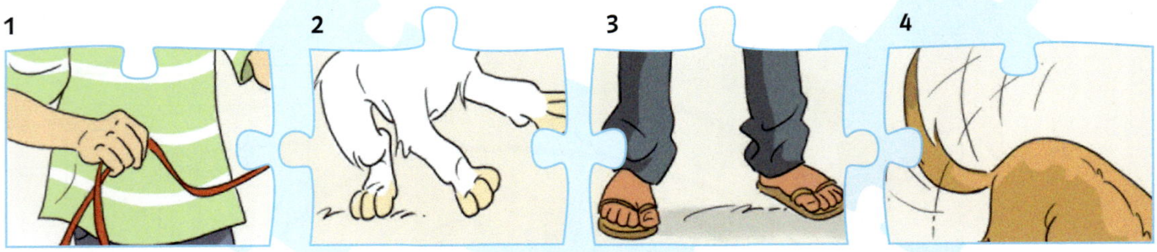

Qui est-ce? – C'est …

Ecouter et lire **3**

Ouah! Ouah!

22

Qui dit ou pense quoi? (Wer sagt oder denkt was?)

Exemple: **1.** «Attention!» ⟶ C'est Marie.

1. Attention! **2.** Salut! Tu t'appelles comment? **3.** Qui est-ce?

4. Et voilà Malabar! **5.** Viens, papa! Vite! **6.** Ouah! Ouah!

Parler **4**

Tu t'appelles comment?

Présentez-vous.
(Stellt euch gegenseitig vor.)

Exemple: – Salut! Je m'appelle …
Et toi, tu t'appelles comment?
– Moi, je suis …

Parler **5**

Jeu de rôle

Erfindet eine Situation, in der jeder nur einen Ausdruck verwenden darf. Spielt die Szene vor. Die anderen müssen die Situation erraten.

Non! Vite! Qui est-ce? Viens! Miaou! Attention! Ouah! Ouah! C'est … Oh pardon!

Exemple:
⟶ Ein Kind möchte, dass seine Mutter sich etwas Tolles ansieht. Sie will aber nicht mitkommen:
– Viens!
– Non!
– Viens!
– Non! Non!

Atelier B

1 C'est bizarre, Malabar!

23–25

1

2

3

4

26–27

5

Léo et Marie,
Un garçon et une fille de Paris!

Il est de Paris! Elle est de Paris!
Oh oui! Elle est d'ici!

C'est bizarre, Malabar!
C'est fantastique, Moustique!

Jeu de sons

2 Chanson

→ En plus 124, 1

Ecoutez le rap, puis chantez ensemble.
(Hört den Rap an und singt dann gemeinsam.)

Moustique et Malabar

Voilà un chien de Paris!
Voilà un chien de Paris!
Un garçon de Paris,
et une fille, une fille aussi.

Refrain:
C'est fantastique, Moustique,
C'est bizarre, Malabar.

C'est‿une copine
C'est‿un copain:
Ça va, toi? – Oui, ça va bien.
Tu es de Paris?
Oui, je suis d'ici.
Toi aussi? – Mais oui!

Refrain

Jeu de mots

3 C'est bizarre!

*Trouvez les mots. Ajoutez **un** ou **une** quand c'est un nom.*
*(Findet die Wörter. Fügt **un** oder **une** hinzu, wenn es ein Nomen ist.)*

Exemple: **1.** cheni ⟶ un chien

1. cheni	**2.** llefi	**3.** Piras	**4.** pineco	**5.** chta
6. garnoç	**7.** painco	**8.** issau	**9.** zarrebi	**10.** tanfastique

En forme

4 Qui est-ce? (G 1)

Répétez l'exemple, puis continuez.
(Sprecht das Beispiel nach und macht dann weiter.)

Exemple:
– C'est‿une dame?
– Non, c'est‿un monsieur.

1. – C'est un monsieur?
– Non, c'est …

2. – C'est …?
– Non, c'est …

3. – C'est …?
– Non …

4. – …?
– …

eu de sons

5 Attention!

30

Hört gut zu. Wenn ihr ein Wort hört, das wie ***bien*** *klingt, hebt den Daumen. Wenn ihr ein Wort hört, das wie* ***non*** *klingt, hebt die Hand.*

[ɛ̃] bien

[ɔ̃] non

En forme

6 Il est de Paris. Elle est de Paris aussi? (G 2)

31

13, 9

A *Ecoutez, puis lisez. (Hört zu und lest dann.)*

1. Je suis de Toulouse.
2. Je suis de Strasbourg.
3. Je suis de Brest.
4. Je suis de Nice.

B *Faites des phrases. (Bildet Sätze.)*

Exemple: Voilà Léo. (Paris) ⟶ Voilà Léo. Il est **de** Paris.

1. Voilà Clément. (Toulouse)
2. Voilà Léa. (Strasbourg)
3. Voilà Zoé. (Paris)
4. Voilà Pierre. (Brest)
5. Voilà Gabriel. (Nice)
6. Voilà Joséphine. (Paris)

Léo: il
Marie: elle

Parler

7 Bonjour! Ça va?

Travaillez à deux. Faites des dialogues.
(Arbeitet zu zweit. Sprecht im Dialog.)

1. Marie trifft ihre Lehrerin.
2. Léo trifft seinen Freund Gabriel, der erkältet ist.
3. Léo trifft den Briefträger.
4. Ein Mann trifft seine Nachbarin vor dem Haus und stellt ihr seinen Freund Pierre aus Paris vor.

→ En plus 124, 2 △

ON DIT

So begrüßt man sich:
- Bonjour, Marie! / monsieur! / madame!
- Salut (, Marie)!
- Bonjour!

So fragt/sagt man, wie es geht:
- Ça va (bien)?
- Oui, ça va (bien), merci! / Bof!

So stellt man jemanden vor:
- Voilà / C'est Moustique.
  Il est de Paris.

So verabschiedet man sich:
- Au revoir, Marie! / monsieur! / madame!
- Salut (, Marie)!
- Au revoir!

eu de mots

8 Un, deux, trois ...

32

14, 12

A *Ecoutez et répétez. (Hört zu und sprecht nach.)*

B *Notez le poème. (Schreibt das Gedicht auf.)*
1, 2, 3, salut, c'est moi ...

C *Lisez le poème. (Lest das Gedicht vor).*

je suis de Nice.

et voilà Béatrice.

salut, c'est moi!

Onze et douze,

Un, deux, trois,

Sept, huit, neuf, dix,

elle est de Toulouse.

Quatre, cinq, six,

Pratique: tâches

Ecouter

1 C'est fantastique!

33 15, 13

A *Du bist in Frankreich. Auf der Straße hörst du drei Gespräche. Worum geht es? Mache Notizen.*

Auf den Pratique-Seiten könnt ihr anwenden, was ihr bisher gelernt habt.

STRATEGIE

Wenn du zum ersten Mal in Frankreich bist, ist es ganz normal, dass du nicht alles verstehst.
Dennoch kannst du vieles herausfinden:
- **Wer** spricht? Kennen sich die Leute?
- **Wie** sprechen sie? Achte auf den Tonfall.
- **Was** geschieht? Versuche, die Situation zu verstehen. Achte dabei auf Geräusche.

	Wer?	Wie?	Was?
1.	Junge Mädchen	begeistert	Fotos bremsen
2.			
3.			

B *Was könntest du am Ende der Gespräche sagen? Höre noch einmal zu.*

Moi aussi. | Oh pardon! | Ça va. | Attention! | Qui est-ce? | …

Parler

2 Toi et moi

Du bist mit einem Freund oder einer Freundin in Paris. Ihr kommt mit einem Jungen oder einem Mädchen ins Gespräch. Am Ende des Gesprächs kennt ihr gegenseitig eure Namen und wisst auch jeweils, woher ihr kommt.
Arbeitet zu dritt. Bereitet einen Dialog vor.
Ihr könnt Notizen machen. Spielt die Szene vor.

Was ihr für diese Aufgabe wissen müsst, findet ihr im Atelier-Teil auf Seite 18, Übung 4 und auf Seite 21, Übungen 6 und 7.

Lire **3**

A Paris

16, 15

1. Du möchtest Briefmarken kaufen. Gehst du nach links oder nach rechts?

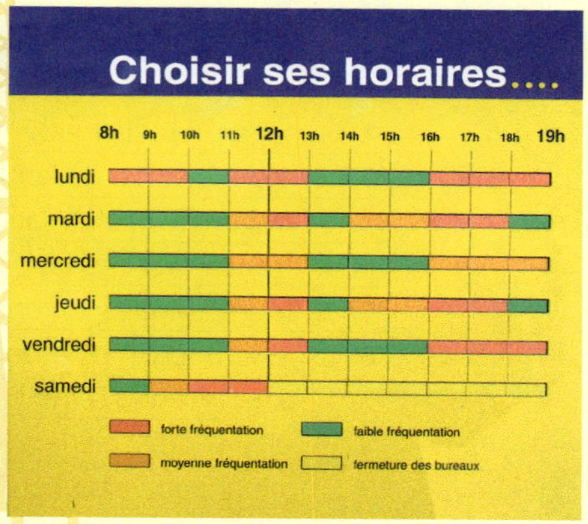

2. Wie lange hat die Post samstags geöffnet?

3. Was gibt es hier zu kaufen?

4. Was würdest du dir an diesem Imbissstand aussuchen?

PORTFOLIO **4**

Moi, je suis ...

Stelle dich, deine Freunde und dein Lieblingstier auf einem DIN-A4-Blatt auf Französisch vor. Verwende Fotos und Zeichnungen von dir, deinen Freunden und deinem Lieblingstier. Du kannst das Blatt in deinem Portfolio-Ordner aufbewahren.

Salut! Je m'appelle ...
Je suis de ...
Voilà ... / C'est un ... / une ...
Il / Elle est de ...
Il / Elle est ...
(super / ...)
Voilà .... C'est un ... / une ...

Mon dico personnel (Vokabular, S. 150)
Lerne, wie dein Lieblingstier auf Französisch heißt.

un cochon d'Inde

un poisson

un cheval

une souris

un lapin

Überprüfe, was du kannst!

geht so ← (gelb) · (rot) → klappt noch nicht · (grün) → prima

Vergleiche deine Lösungen mit den Lösungen auf Seite 200.

Bilan

1 Parler

Du kannst jetzt schon …

Und so kannst du den Satz anfangen:

1. … sagen, wie du heißt.	Je …
2. … sagen, woher du kommst.	Je …
3. … fragen, woher jemand kommt. (Aus Paris?)	Tu … … Paris?
4. … fragen, wer das ist.	Qui …?
5. … fragen, wie es jemandem geht.	Ça …?
6. … einen Herrn / eine Dame begrüßen.	Bon…, … / Bon…, …!
7. … einen Freund / eine Freundin begrüßen.	S …!
8. … dich verabschieden.	…!
9. … jemanden vorstellen.	V…
10. … dich entschuldigen.	(Oh) P…!
11. … jemanden (vor etwas) warnen.	Att…!
12. … dich bedanken.	M…!

Mehr dazu h963vp

Klappt es noch nicht so gut? Im Internet findest du weitere Übungen zum Bilan-Teil.

2 Ecouter et lire

Lis, puis écoute. Qui parle? (Lies und höre dann zu. Wer spricht?)

34

Exemple: 1. C'est Flora.

3 En forme (G 2)

A *Schreibe die Sätze in dein Heft. Setze* ***suis, es*** *oder* ***est*** *ein.*

1. Salut! Je ? Marie. Je ? de Paris.
2. Et toi? Tu ? aussi de Paris?
3. Oui! Et voilà Malabar. C'? un chien fantastique!
4. Moustique aussi. Il ? super!
5. Mais toi, tu ? super aussi!

B *Bilde Sätze wie im Beispiel und schreibe sie in dein Heft.*

Exemple: 1. C'est **un** monsieur. **Il** est super!

1. super   **2.** bizarre   **3.** super   **4.** fantastique   **5.** super

Grammaire

G1 un, une: Der unbestimmte Artikel Singular

männlich: **un** copain
weiblich: **une** copine

der unbestimmte Artikel – **l'article indéfini**

G2 je suis, tu es ...: Das Verb **être** und die Personalpronomen (Singular)

1. Person	**je**	**suis**
2. Person	**tu**	**es**
3. Person	**il**	**est**
	elle	**est**

das Verb – **le verbe**
das Personalpronomen – **le pronom personnel**

Mehr dazu gg2t8b

Unité 2
Copain, copine

Vis-à-vis

Was ist das für ein Geschäft?
Was gibt es hier zu kaufen?
In welchen Geschäften kann man diese Dinge bei euch kaufen?
Ihr könnt auch das Video im Internet ansehen.

Qu'est-ce que c'est?
C'est un magasin à Paris.
C'est une maison de la presse.

Que fait Léo?
Léo regarde une BD.
Un monsieur parle avec Malabar.
Une fille arrive. C'est Marie.
Marie cherche Léo.

Wie viele Hunde findet ihr auf diesem Bild?

PORTFOLIO

Am Ende dieser Unité kannst du sagen, wo du wohnst und was du gerne oder nicht so gerne magst.

Atelier A

eu de mots

1 Qu'est-ce que c'est en français?

Mehr dazu c53vr4

42

A *Ecoutez et répétez.*

B *Regardez l'exemple sur la photo et jouez.*
(Schaut euch das Beispiel auf dem Foto an und spielt.)

eu de mots

2 En rythme

22, 3

Ecoutez et mimez les verbes que vous entendez.
(Hört zu und macht Pantomimen zu den Verben, die ihr hört.)

je regarde …

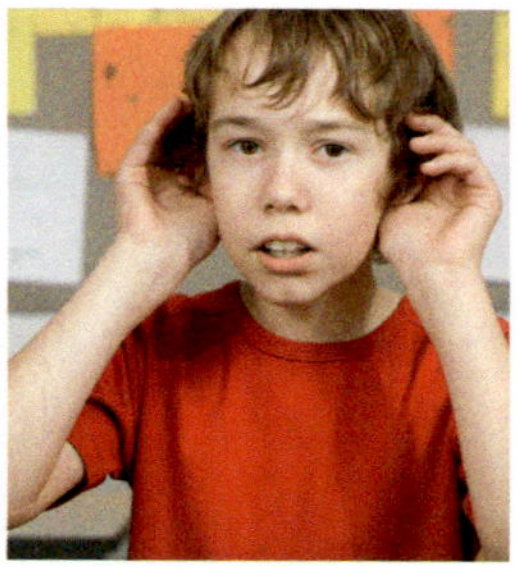

j'écoute …

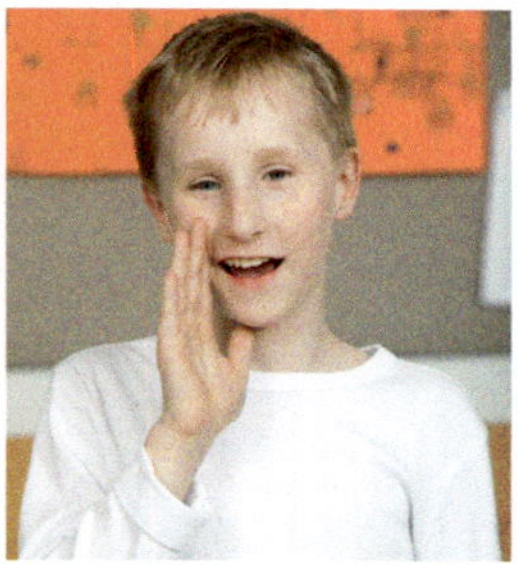

je parle …

je cherche …

je trouve …

je porte …

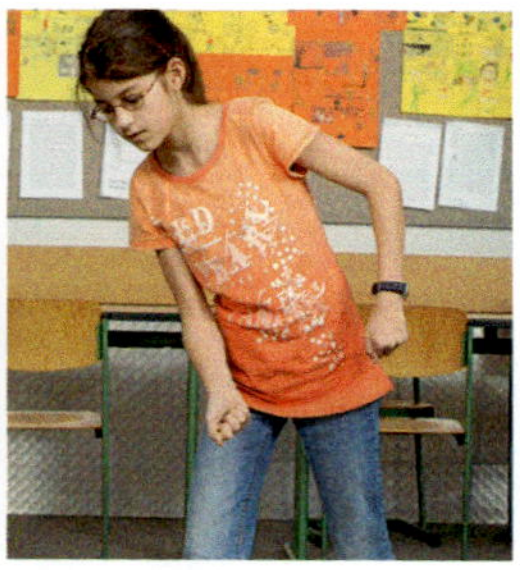

je travaille …

3 Voilà Alex.

45–50

1. Léo est dans la rue avec Marie et Malabar. Un chat arrive et entre dans le magasin.

2. Que fait Malabar? Il entre aussi. Il cherche le chat!

3. Dans le magasin, Léo trouve Malabar.

4. Mme Latière, la grand-mère d'Alex dit bonjour. Elle porte un carton et une affiche.

5.

6.

Lire

4 A propos du texte

Complétez les phrases. (Vervollständigt die Sätze.)

Exemple: 1. Léo est dans la rue avec Marie et Malabar.

1. Léo ? dans la rue avec Marie et Malabar.
2. Un chat ? et ? dans le magasin.
3. Malabar ? le chat.
4. Léo ? Malabar dans le magasin.
5. Alex: «Chut! Je ? ».
6. Léo à Alex: «Tu ? pour l'école?»
7. Mme Latière dit: «Un chien? ? la catastrophe!»

travaille – entre – est – trouve – C'est – arrive – cherche – travailles

Parler

5 Viens ici!

Trouvez les phrases qui correspondent aux situations. (Findet die Sätze, die zu den Situationen passen.)

Exemple: 1. Tu parles avec un chien. ⟶ Viens ici!

1. Tu parles avec un chien.
2. Tu entres dans un magasin.
3. Un copain parle, mais toi, tu travailles.
4. Tu cherches et tu trouves un copain.
5. Dans la rue, tu trouves un truc bizarre.

Qu'est-ce que c'est? – Chut, je travaille! – Ah, tu es là. – Bonjour. Je cherche une BD. – Viens ici!

En forme

6 Le cahier de Marie (G 3)

→ En plus 124, 1 unten

A Exemple: 1. – Qu'est-ce que c'est? – C'est **un** cahier.

B Exemple: 1. – C'est le cahier de Léo? – Non, c'est **le** cahier de Marie.

1. cahier – Léo?

2. BD – Malabar?

3. magasin – Alex?

4. affiche – Marie?

5. chat – Léo?

6. gomme – Moustique?

En forme

7 Que fait …? (G 4, 5)

je parle
tu parles
il / elle / on parle

Faites huit phrases différentes. Attention à la forme des verbes.
(Bildet acht unterschiedliche Sätze. Achtet auf die Form der Verben.)

Exemple: Marie | parle avec | la grand-mère d'Alex .

Je / J' – Tu – Elle – Marie – Une fille – Léo – Un monsieur – Alex – …

parler avec – chercher – arriver – regarder – porter – entrer dans – être – …

une affiche. – un magasin. – dans la rue. – un carton. – la grand-mère d'Alex. – en vacances. – une BD. – …

Ecouter et parler

8 Zut, le carton!

51

Ecoutez le texte, puis corrigez les phrases. (Hört den Text an und korrigiert die Sätze.)

1. Dans un magasin, Léo cherche un livre.
2. Un copain de Léo arrive. Il cherche un stylo.
3. Un monsieur entre dans le magasin avec une affiche.
4. Dans le carton, Léo trouve un chien super.

Ecrire

9 Une catastrophe

→ En plus 125, 2 △

Racontez l'histoire. Les mots donnés peuvent vous aider.
(Erzählt die Geschichte. Die angegebenen Wörter können euch helfen.)

1. papa de Marie – rue – Moustique – porter – carton

2. dit – Attention! – carton! – Non!

3. chercher – chien – Que fait …? – catastrophe!

4. Léo – arriver – Malabar – Moustique – papa de Marie – dit – merci! – garçon super, Léo!

Atelier B

Approche

1 Toi et moi

52

*Ecoutez et répétez. Puis, notez les formes du verbe **être** dans vos cahiers.*
*(Hört zu und sprecht nach. Notiert dann die Formen des Verbs **être** in eurem Heft.)*

Voilà Pierre et Térence.
Ils sont en vacances.
Voilà Fleur et Lucie.
Elles sont en vacances aussi.
Toi et moi, nous sommes ici.
Anne et Ali, vous êtes à Paris.

2 Salut, Jérôme!

53–56

1. Léo et Marie sont devant le magasin de Mme Latière. Ils parlent avec Alex.

Marie: Tu habites ici?
Alex: Dans le magasin? Non, moi, j'habite rue Nollet. Et vous, vous habitez où?
Marie: Moi, j'habite rue Truffaut.
Léo: Ah oui? Moi aussi!

2. *Marie:* Tiens, un t-shirt super. Alors, tu aimes le rugby, Alex?
Alex: Oui, et aussi le judo.
Marie: Et toi Léo, qu'est-ce que tu aimes?
Léo: Moi, j'aime le sport et euh … la musique.

3. *Alex:* Oh, voilà Jérôme!
Jérôme: Salut!
Marie: Salut, tu es un copain d'Alex?
Jérôme: Non. Nous sommes frère et sœur.
Léo: Vous êtes frère et …?
Jérôme: Oui, on est frère et sœur. Elle est sympa, Alexandra, non?

4. *Alex:* «Alexandra», je déteste ça. Je m'appelle Alex! D'accord?
Jérôme: D'accord, d'accord, Alexandra.
Alex: Alors, au revoir, Jérôme!
Jérôme: Salut, Alex…andra!
Alex: Ouf!

Lire

3 A propos du texte

Vrai ou faux? Corrigez. (Richtig oder falsch? Verbessert.)

Exemple: Léo et Marie parlent avec Alex. ⟶ C'est vrai.
Alex habite dans le magasin. ⟶ C'est faux. Alex habite rue Nollet.

1. Léo et Marie sont dans le magasin.
2. Léo habite rue Truffaut.
3. Jérôme est le frère d'Alex.
4. Alex est un garçon.
5. Alex est la grand-mère de Jérôme.
6. Marie déteste le t-shirt d'Alex.
7. Alex aime le rugby.
8. Léo déteste la musique.

Jeu de sons

4 ssss et zzzz

57–58

A *Hört die Sätze an.*

[s] **S**alut!
Wenn ihr **[s]** *hört, macht mit den Armen Schlangenlinien und zischt wie eine Schlange.*

[z] la musique
Wenn ihr **[z]** *hört, breitet die Arme aus und summt wie eine Biene.*

B *Ecoutez et répétez.*

1. Vous‿êtes de Paris?
2. Vous‿habitez où?
3. Nous‿habitons rue Truffaut.
4. Vous‿aimez le sport?
5. Oui, mais nous détestons le rugby.
6. Mais c'est‿un sport fantastique!
7. Alors, qu'est-ce que vous‿aimez?
8. Nous‿aimons la musique.

En forme

5 Jeu de rôle (G 4)

A *Complétez les phrases avec les formes correctes du verbe* ***être****. (Vervollständigt die Sätze mit den richtigen Formen des Verbs* ***être****.)*

1. *Le garçon:* Bonjour, madame! Je cherche un stylo.
2. *Mme Latière:* Bonjour! Un stylo? Mais oui.
3. *La fille:* Euh, pardon madame, mais … vous **?** la grand-mère d'Alex?
4. *Mme Latière:* Oui. Et vous, vous **?** frère et sœur?
5. *Le garçon:* Oui. Et nous **?** à l'école avec Alex.
6. *La fille:* Jérôme et Alex **?** là?
7. *Mme Latière:* Non, ils **?** à l'école.
8. *Le garçon:* A l'école? Oh, non! Et nous, nous **?** ici!
9. *La fille:* Mais c'**?** la catastrophe! Vite, à l'école!»

B *Jouez la scène.*

En forme

6 Ils travaillent, ils parlent … (G 5)

→ En plus 125, 3 △

A *Trouvez le pronom. (Findet das Pronomen.)*

Exemple: ? cherche une BD. (Léo)
→ Il cherche une BD.

1. ? cherche une BD. (Léo)
2. ? parlent. (Marie et Mme Latière)
3. ? sont à l'école. (Alex et Jérôme)
4. Marie et Léo, ? aim**ez** le rugby?
5. Oui, ? aim**ons** le rugby.

B *Trouvez la forme correcte du verbe.*
(Findet die richtige Verbform.)

1. Tu (parler) avec un monsieur.
2. – Monsieur, vous (travailler)?
3. – Non, je (regarder) le journal.
4. Et toi, tu (chercher) Léo et Marie?
5. – Oui. Ah, voilà, ils (arriver).
6. – Salut, nous (chercher) la rue Nollet.

eu de mots

7 Le sport et la musique

Mehr dazu 3kp4um

59

Ecoutez, puis faites deux filets à mots.
(Hört zu und erstellt dann zwei Wortnetze.)

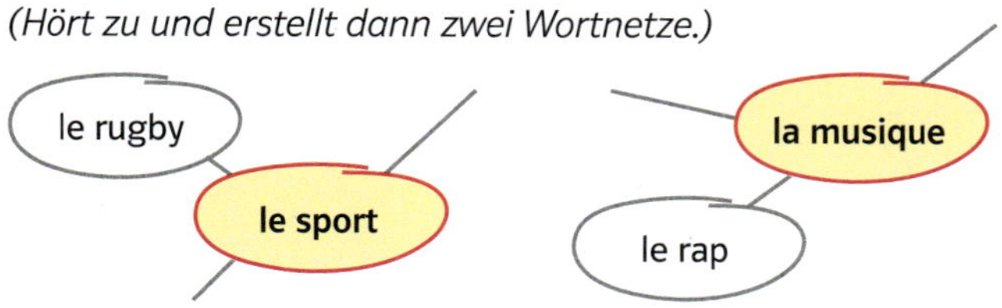

le rock · le rap · la techno · la chanson · le rugby · la musique classique · le foot · le judo · la gymnastique · le vélo

Ecouter

8 Tu aimes la musique, Léo?

60

Ecoutez, puis notez deux choses que Léo aime et deux qu'il déteste.
(Hört zu. Schreibt dann zwei Dinge auf, die Léo mag und zwei, die er nicht mag.)

Du musst hier nicht jedes Wort verstehen. Achte vor allem darauf, was auf **J'aime** … und **Je déteste** … folgt.

Exemple:

🙂	🙁
la musique	…

aimer	**le** rugby
détester	**l'**école
	la techno

Parler

9 Et toi, qu'est-ce que tu aimes?

→ En plus 125, 4

Parlez avec votre voisin.
Utilisez des mots de l'exercice 7.
(Sprecht mit eurem Nachbarn.
Verwendet Wörter aus der Übung 7.)

ON DIT

- J'habite rue Truffaut. Et toi, tu habites où?
- J'habite à Neunkirchen, Jägerstraße.

- J'aime le rugby. Et toi, qu'est-ce que tu aimes?
- J'aime le vélo et le rock. Et toi, tu aimes aussi le rock?
- Oui, j'aime aussi le rock. / Non, je déteste le rock.

- Et Max, qu'est-ce qu'il aime?
- Il aime la musique classique.
- Et Sonia, qu'est-ce qu'elle aime?
- Elle aime le foot.

Pratique: tâches

Parler

1 Voilà Jonathan.

A *Travaillez à deux. Chacun présente un élève à son partenaire.*
(Arbeitet zu zweit. Jeder präsentiert seinem Partner einen Schüler.)

Exemple: Voilà Melissa. Elle habite à Gotha.
Elle aime … Elle déteste … C'est la sœur de … et
la copine de …

Saskia

Stadt	Kassel
☺	Sport, klassische Musik
☹	Rock, Rap
Geschwister	Katja, Kevin
Freunde	Teresa

Jonathan

Stadt	Kiel
☺	Judo, Rap
☹	Fußball
Geschwister	Lukas
Freunde	Robin, Orhan

Melissa

Stadt	Gotha
☺	Sport, Rock
☹	Schule
Geschwister	Lukas
Freunde	Kim, Viviane, Julia

Pascal

Stadt	Berlin
☺	Fahrrad, Reggae, Comics
☹	Turnen
Geschwister	Cora
Freunde	Philipp, Ali

B *Stelle deiner Klasse deinen Partner auf Französisch vor.*

Médiation

2 Voilà un copain, voilà une copine.

*Trouvez pour chaque élève allemand de **l'exercice 1** un correspondant français. Justifiez votre choix en allemand. (Findet für jeden deutschen Schüler der Aufgabe 1 einen französischen Briefpartner. Begründet eure Wahl auf Deutsch.)*

Amélie ★
Ville: Paris
Amis d'Amélie

Salut! Je m'appelle **Amélie** et j'habite à Paris. J'aime le basket et le volley. J'aime aussi le violon et je suis dans un orchestre. Je déteste la musique pop.

Lylia ★★
Ville: Toulouse
Amis de Lylia

Je suis **Lylia** et j'habite à Toulouse. J'aime la musique rock et surtout la guitare électrique. J'aime être avec mes copines. Attention: je déteste la danse!

Noah ★★
Ville: Brest
Amis de Noah

Bonjour! Je m'appelle **Noah** et j'habite à Brest. J'aime la moto et la musique: le rap et le rock. Je suis fan de Titeuf et j'aime aussi Astérix.

Romain ★
Ville: Clichy
Amis de Romain

Salut, c'est moi, **Romain**. J'habite à Clichy. Je fais du karaté, j'aime Eminem et 50 Cent. Je cherche un corres qui aime ça aussi. Tu aimes les Sims? Moi aussi!

Wen hättest du gerne als Austauschpartner?

Stratégie

3 Mit dem Französischbuch arbeiten

1. Wo schlägst du nach, wenn du vergessen hast, was das Wort **devant** bedeutet?
2. Worauf verweist das Zeichen (G) in den Überschriften der Übungen?
3. Wo kannst du nachschauen, wenn du eine französische **Übungsanweisung** nicht verstehst?
4. In der nächsten Aufgabe begegnet dir das neue Wort **les jeux vidéo**. Wo kannst du nachschlagen, wie man es ausspricht?
5. Wobei hilft dir die Rubrik **Bilan**?

STRATEGIE

Eine „Gebrauchsanweisung" zu deinem Französischbuch findest du im „Wegweiser" auf Seite 7.
Im Vokabelteil auf Seite 143 steht, wie du Wörter lernen und behalten kannst.
Nützliche Ausdrücke für das Gespräch in der Klasse kannst du auf Seite 198 nachschlagen.

PORTFOLIO

4 J'aime … Je déteste …

Gestalte eine Seite für dein Portfolio.
Schreibe auf, was du gerne magst und was du gar nicht magst.
Du kannst eine Collage aus Zeitschriften machen oder auch zeichnen.
Denke an die Wörter auf S. 33, Übung 7.

J'aime …

Je déteste …

Mon dico personnel

Lerne, wie deine Lieblingsbeschäftigung auf Französisch heißt.
Weitere Aktivitäten findest du im Vokabular auf Seite 155.

le cinéma

Internet

la lecture

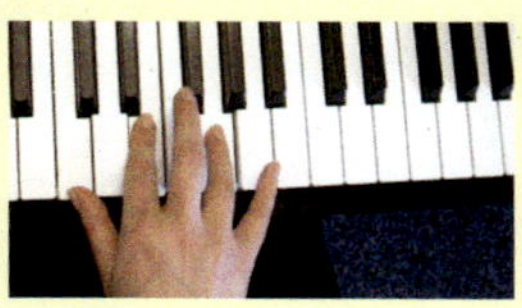

le piano

la natation

la télévision

le saxophone

les jeux vidéo

la guitare

le dessin

Bilan

Überprüfe, was du kannst!
Vergleiche deine Lösungen mit den Lösungen auf Seite 200.

1 Parler

Du kannst jetzt schon …

Du kannst jetzt schon …	*Und so kannst du den Satz anfangen:*
1. … sagen, wessen Freund(in) du bist.	Je suis … Joséphine.
2. … fragen, wo jemand wohnt.	Tu …?
3. … sagen, wo du wohnst.	J'… Neustadt, …
4. … fragen, was etwas auf Französisch heißt.	Qu'…, en …?
5. … fragen, was jemand macht.	Que … Max?
6. … fragen, was jemand mag.	Qu'… tu …?
7. … sagen, dass du etwas gerne hast / magst. (Rad fahren)	J' … le vélo.
8. … sagen, dass du etwas gar nicht magst.	Je … le rap.
9. … sagen, dass du einverstanden bist.	D'…!
10. … sagen, dass du Ferien hast.	Je suis …

Mehr dazu 73b7tc

Weitere Übungen findest du im Internet.

2 Lire et écrire

Mets les phrases dans le bon ordre et écris l'histoire.
(Bringe die Sätze in die richtige Reihenfolge und schreibe die Geschichte auf.)

Commence comme ça: *(Beginne so:)* Marie entre dans un magasin. …

Elle regarde une BD.

Mais que fait Jérôme?

Jérôme, attention, la BD!

Oh! C'est la catastrophe!

Elle cherche une BD pour une amie.

Marie entre dans un magasin.

Ah! Voilà une BD super!

Tiens, voilà Jérôme.

Zu jedem Bild gehören zwei Sätze.

3 Ecouter et lire

Ecoute les questions et trouve la bonne réponse.
(Höre die Fragen und finde die richtige Antwort.)

61

Exemple: Vous habitez à Paris? → **1.** Non, nous habitons à Toulouse.

1. Non, nous habitons à Toulouse.
2. C'est un stylo.
3. J'aime le judo et le rugby.
4. Non, il est dans le magasin.
5. Non, j'aime bien le vélo.

4 En forme (G 4, 5)

Mets les verbes à la bonne forme.
(Setze die Verben in die richtige Form.)

1. Alex et Mme Latière (être) dans un magasin.
2. *Mme Latière:* Bonjour, madame, nous (chercher) un t-shirt.
3. La dame (chercher) et dit: «Voilà un t-shirt pour vous, avec un chat.»
4. Mme Latière et Alex (regarder) le t-shirt.
5. *La dame:* Vous (aimer) le t-shirt?
6. *Mme Latière:* Il (être) super, Alex, non?
7. *Alex:* Tu (trouver)? Tu (être) bizarre! Je (détester) ça, moi.
8. *Mme Latière:* Alors, on (chercher) un t-shirt pour le rugby.

Grammaire

G 3 le, la: Der bestimmte Artikel Singular

maskulin:	**le** chien l'ami
feminin:	**la** catastrophe l'amie

der bestimmte Artikel – **l'article défini**
der Singular – **le singulier**

G 4 nous sommes, vous êtes …: Das Verb **être** und die Personalpronomen

Singular		Plural	
je	suis	nous	sommes
tu	es	vous	êtes
il		ils	sont
elle	est	elles	
on			

der Plural – **le pluriel**

G 5 chercher, arriver, habiter …: Die Verben auf **-er**

Singular		Plural	
je	cherch**e**	nous	cherch**ons**
tu	cherch**es**	vous	cherch**ez**
il		ils	cherch**ent**
elle	cherch**e**	elles	
on			

! **j'**habite – **j'**arrive: Achte auf den Apostroph!

G 6 Tu es le frère d'Alex? Fragen stellen

Tu habites **ici**?	Wohnst du hier?
Tu habites **où**?	Wo wohnst du?
Tu t'appelles **comment**?	Wie heißt du?
Qui est-ce?	Wer ist das?
Qu'est-ce que c'est?	Was ist das?
Que fait Léo?	Was macht Léo?
Qu'est-ce que tu aimes?	Was magst du?

Plaisir de lire

Avant la lecture:

1. *Ihr findet ein Katzenbaby auf der Straße. Was macht ihr?*
2. *Seht das Schild an. Findet heraus, was ein* ***vétérinaire*** *ist, und was er tut.*

Frères et sœurs

C'est un beau jour d'octobre. Clément et son père M. Garnier sont dans la rue. Clément porte un carton.

- Regarde, papa, «Clinique vétérinaire», c'est ici.

Ils entrent. M. Tavers, le vétérinaire, est là.

- Bonjour, monsieur. Je suis M. Garnier et voilà Clément.
- Bonjour, Clément, bonjour M. Garnier. Alors, qu'est-ce que vous m'apportez là?
- Regardez, monsieur. Je l'ai trouvé[1] dans le parc.

Clément ouvre[2] doucement le carton.

- Oh, un bébé chat. Il a 12 jours, au maximum, dit le vétérinaire.
- Il est malade[3]?

Le vétérinaire regarde le petit chat tigré.

- Non, mais il a besoin[4] d'une mère.

Que faire? Clément et M. Garnier regardent le vétérinaire.

- Ecoutez, dit M. Tavers. J'ai une amie, elle s'appelle madame Riquet. Sa chatte Minette a trois bébés. Minette acceptera peut-être ce petit tigré? Je téléphone, si vous voulez.[5]
- Oh, oui, monsieur, c'est très gentil, dit Clément.
- Il s'appelle comment, ton petit chat?
- Il s'appelle … euh … Moustache.

Le vétérinaire téléphone et … Mme Riquet est d'accord! Clément et son père apportent Moustache chez Mme Riquet. La chatte Minette regarde le bébé chat d'un air intéressé. Et bientôt, Moustache trouve sa place.

Les jours passent. De temps en temps[6], Clément est chez Mme Riquet et regarde les quatre petits chats. Ils sont comme frères et sœurs.

Le mois de décembre arrive et puis[7], c'est Noël[8]. Dans la maison des Garnier, devant le sapin de Noël, il y a des cadeaux, des grands et des petits. Tout à coup[9], on sonne[10]. Qui est-ce? M. Garnier ouvre. C'est Mme Riquet. Elle entre avec un carton.

- Voilà, Clément, Moustache veut fêter Noël avec toi. Et si ton papa est d'accord, il reste[11] avec vous.
- Oh, merci, madame! Papa, tu es d'accord? C'est mon plus beau cadeau de Noël!

1 je l'ai trouvé ich habe es gefunden – **2 ouvre** öffnet – **3 malade** krank – **4 il a besoin de** es braucht – **5 si vous voulez** wenn Sie wollen – **6 de temps en temps** von Zeit zu Zeit – **7 puis** dann – **8 Noël** Weihnachten – **9 tout à coup** plötzlich – **10 sonner** klingeln – **11 rester** bleiben

Après la lecture: *Moustache hatte Glück. Clément auch. Erklärt auf Deutsch, warum.*

Lösungen zu den Révisions-Übungen findest du auf Seite 200.

Révisions

Ecouter et parler

1 Qui est-ce?

76

Ecoutez, puis répondez.

Qui est Moustique?

Exemple:  → C'est le chien de Marie.

Jeu de mots

2 Bonjour. Je m'appelle Marie.

Complétez les phrases avec les mots à droite.
(Vervollständigt die Sätze mit den Wörtern rechts.)

1. Bonjour. Je m'appelle Marie.
   Et toi, tu t'appelles **?** .
2. Tu es de Paris? Moi **?** !
3. J'habite **?** une maison super, rue Truffaut.
4. Tu travailles **?** ?
5. Le chien **?** le magasin, c'est Moustique.
6. Je cherche une BD **?** un copain.
7. Au revoir, Alex. … Viens, Moustique, viens **?** moi.

ici – aussi – devant – dans – avec – comment – pour

Parler

3 Réponse et question

Lisez les réponses et trouvez les questions. (Lest die Antworten und findet die Fragen.)

1. C'est Alex.
2. Alex travaille.
3. C'est un t-shirt de rugby.
4. «Je m'appelle Alex.»
5. «J'habite à Paris.»
6. «J'aime le rugby et le judo.»

Médiation

4 Dans un camping

Du bist mit deinem französischen Bekannten Romain auf einem Campingplatz in Frankreich. Im Waschraum spricht Romain einen deutschen Jungen an. Der spricht aber nicht Französisch. Du hilfst beim Gespräch. Spielt die Szene.

Exemple: **1.** Er fragt, wie du heißt.

Romain:

1. Tu t'appelles comment?
3. Moi, je suis Romain! Jan aime le rugby?
5. Il est d'où, Jan?
8. J'habite à Nice.
10. Tu es sympa. Salut!

Jan:

2. Ich bin Jan.
4. Nö. Aber ich mag Fußball!
6. Ich bin aus Coburg.
7. Und er? Frag ihn, wo er wohnt.
9. Nizza? Very nice!
11. Sag ihm, er ist auch nett. Tschüss.

On prépare le DELF

1 Compréhension de l'oral

77 *Ecoute les trois dialogues. Trouve les bonnes réponses.*
(Höre die drei Dialoge. Finde die richtigen Antworten.)

Scène 1: Qui parle?
a Noémie.
b Julie.
c Pauline.

Scène 2: Où est la fille? Dans
a la rue.
b un magasin de musique.
c une maison de la presse.

Scène 3: Que fait Nicolas? Il cherche
a Victor et Gabriel.
b un chien.
c grand-mère.

2 Compréhension des écrits

Lis le message, puis les 5 phrases. Vrai ou faux?
(Lies die Nachricht, dann die fünf Sätze. Richtig oder falsch?)

Julien ★★
Ville: Strasbourg
Amis de Julien

J'habite à Strasbourg et j'apprends l'allemand à l'école.
Je déteste mon livre d'allemand, mais j'aime bien les BD.
Je suis fan de Captain Biceps!
Alors, je cherche la BD «L'Invincible» en allemand.
julien_12@wanadoo.fr

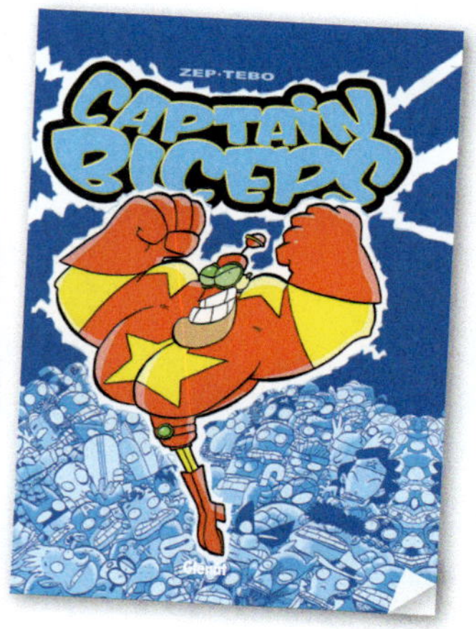

1. Julien habite en France.
2. Il déteste les BD.
3. Il aime bien «Captain Biceps».
4. «L'Invincible» est une chanson.
5. Il cherche une BD en français.

3 Production écrite

Tu t'inscris à un forum Internet français. Présente-toi avec ton prénom et ta ville.
Dis ce que tu aimes et ce que tu n'aimes pas.
(Du meldest dich in einem französischen Internetforum an. Stelle dich kurz mit deinem Vornamen und deinem Wohnort vor. Sage, was du magst und was du nicht magst.)

4 Production orale

Réponds aux questions suivantes.
(Beantworte folgende Fragen.)

1. Ça va bien?
2. Tu t'appelles comment?
3. Tu es d'ici?
4. Tu habites où?

Unité 3

Bon anniversaire, Léo!

Mehr dazu 9p435s

Vis-à-vis

Wie feiert ihr Geburtstag? Welche Lieder singt ihr? Kennt ihr den Ausdruck für „Herzlichen Glückwunsch“ in anderen Sprachen?
Ihr könnt auch das Video im Internet ansehen.

PORTFOLIO

Am Ende dieser Unité kannst du über deine Familie sprechen. Du kannst sagen, wie alt du bist und über deinen Geburtstag sprechen.

Atelier A

Approche 1 Des idées pour un cadeau (G 7, 8)

81 Alex et Marie cherchent un cadeau pour Léo à la FNAC.

Vis-à-vis

Die FNAC ist eine in Frankreich weit verbreitete Ladenkette. Man kann dort Bücher, Poster, CDs, Computer, Handys und vieles andere kaufen.

A la FNAC, il y a …

- des livres
- des affiches
- des ordinateurs
- des BD
- des CD

*Wie bildet man den Plural von **un** und **une**?*
Wie bildet man den Plural der Nomen?
Wie ist das im Deutschen? Vergleicht.

Approche

2 Des magasins et des idées

Mehr dazu xr92ef

82

Mehdi est un copain de Léo. Il cherche avec Jérôme un cadeau dans le magasin de Mme Latière.

Qu'est-ce qu'il y a dans le magasin de Mme Latière?

Exemple: Dans le magasin, **il y a des livres.**
Il y a aussi …

Continuez. (Macht weiter.)

3 On prépare l'anniversaire.

Avant la lecture: *Voilà M. Pirou, le papa de Léo. Il est en France ou en Allemagne?*

83

1. *Léo:* Allô?

M. Pirou: Léo, c'est papa.

Léo: Oh, papa! Bonjour! Ça va? Tu es dans le train?

M. Pirou: Je suis à Cologne.

Léo: Comment? Tu es à Cologne? Tu es là demain?

M. Pirou: Léo, c'est ton anniversaire, mais voilà: je travaille … demain.

Léo: Demain? Oh, non, papa! Zut!

M. Pirou: C'est dommage, Léo. Pour moi aussi! Alors, tu invites tes copains?

Léo: Bien sûr! J'invite mon copain Mehdi, ma copine Alex, Jérôme, le frère d'Alex, et aussi mon amie Marie!

M. Pirou: C'est bien. En allemand, on dit «Herzlichen Glückwunsch!» Alors à bientôt, Léo.

Léo: A bientôt, papa. Tiens, maman est là.

Mme Pirou: Allô, Marc? …

84

Ecoutez les phrases. Vrai ou faux?

37, 4

85

Mehr dazu h985bh

2. Dans la chambre de Léo. Mme Pirou arrive avec les bougies pour le gâteau.

Mme Pirou: Bon, alors demain, il y a Marie, Mehdi, …

Léo: … Alex et Jérôme. Avec toi et moi, on est six.

Mme Pirou: Bon, alors je prépare un gâteau pour six … ou pour douze. Et toi, aujourd'hui, tu ranges ta chambre, s'il te plaît. Tu invites des copains ici, demain et …

Léo: «Je range ma chambre! Je range ma chambre!» D'accord, mais demain …

Mme Pirou: Non, maintenant! Ta chambre, c'est la catastrophe!

Léo: Oui, mais c'est ma chambre et ce sont mes affaires!

Mme Pirou: Ce sont tes affaires et ce sont aussi tes amis, Léo!

Léo: Zut, zut et zut! Des histoires! Toujours des histoires. D'abord, papa travaille demain, et maintenant, ça!

Mme Pirou: Chut! Léo! Papa arrive bientôt!

Léo: D'accord. Et mon cadeau, qu'est-ce que c'est?

Mme Pirou: Les cadeaux, c'est pour demain, Léo!

Lire

4 A propos du texte

Ecrivez les phrases correctes dans votre cahier. (Schreibt die korrekten Sätze in euer Heft.)

Exemple: **1.** M. Pirou travaille en Allemagne .

1. M. Pirou travaille
à Paris. | en Allemagne. | à la FNAC.

2. L'anniversaire de Léo, c'est
aujourd'hui. | bientôt | demain.

3. M. Pirou arrive
demain. | bientôt. | maintenant.

4. Léo invite
des amis. | des bougies. | des cadeaux.

5. Mme Pirou prépare
les trains. | un gâteau. | la chambre.

6. Léo déteste
le gâteau. | ranger. | les cadeaux.

Jeu de sons

5 Les amis et le cadeau

86–87

A *Schließt die Augen und hört gut zu. Wenn ihr den Singular **le** hört, zeigt euren Daumen. Wenn ihr den Plural **les** hört, zeigt 5 Finger.*

B ***Des** ou **les**? Ecoutez et répétez. Puis écoutez et écrivez les phrases dans votre cahier.*

1. ? copains de Léo cherchent ? idées.
2. Léo aime ? BD.
3. Il aime aussi ? CD de rock.
4. Dans le magasin, ils regardent ? BD.
5. Ils écoutent aussi ? CD de Superbus[1].
6. ? cadeaux, c'est pour demain.

Ecouter et parler

6 C'est une idée super! (G 9)

→ En plus 126, 1 △

A *Qu'est-ce qu'ils aiment?* 🙂
Qu'est-ce qu'ils détestent? 🙁

88

B Ecoutez et répondez.

Exemples:

Un CD de techno, c'est un cadeau super pour Léo. → Mais non! **Il déteste la** musique techno!

Un t-shirt avec un train, c'est un cadeau super pour Léo! → Oh oui! **Il aime bien les** trains.

1 **Superbus [sypɛʀbys]** un groupe de rock français

En forme

7 Mon anniversaire et mes copains (G 10)

A *Complétez.*

– Alors Léo, tu invites ? amis à ? anniversaire?

– Oui, j'invite ? copains et copines: Alex, Jérôme, Mehdi et bien sûr ? amie Marie.

B *Faites des dialogues.*

C'est mon / ma, ton / ta — Ce sont mes, tes

Exemple: C'est ta copine ? – Oui, c'est ma copine. – Non, c'est la copine de …

- le chat
- l'idée
- l'ordinateur
- le copain
- la sœur
- les cadeaux
- la chambre
- la copine
- la gomme
- le vélo
- les copines
- la maison
- le cahier
- l'amie
- l'ami
- les crayons
- les affaires
- …

En forme

8 C'est ton gâteau? (G 10)

Würfelt einmal für die Person, einmal für die Sache. Bildet dann Sätze.

Exemples:

Toi + un gâteau → C'est ton gâteau.

Moi + des livres → Ce sont mes livres.

Person	Moi	Toi	Moi	Toi	Moi	Toi
Sache	une école	des livres	une BD	un gâteau	une chambre	des CD

Sucht euch für die Sache andere Wörter aus und spielt weiter.

Jeu de mots **9**

La famille de Léo

→ En plus 126, 2 △

les grands-parents
le grand-père /
la grand-mère

les parents
le père / la mère
l'oncle / la tante

les enfants
le fils / la fille
le frère / la sœur
le cousin / la cousine

A *Faites des devinettes. (Erfindet Rätsel.)*

Exemple: C'est le cousin de Léo et le frère de Jean. Qui est-ce? ⟶ C'est Pierre.

B *Présentez votre famille. Vous pouvez faire des dessins.*
(Stellt eure Familie vor. Ihr könnt Zeichnungen machen.)

Exemple: – Voilà mes tantes: Angela et Christa. Et là, c'est ma cousine Iris.

Stratégie **10**

Lire et parler

STRATEGIE

So kannst du das flüssige Vorlesen üben:
Nimm dein Buch und setze dich deinem Partner gegenüber. **Lies** nun einen Satz leise, bis du ihn auswendig kannst. **Blicke** dann deinem Partner in die Augen. **Sprich** den Satz laut, aber ohne dabei ins Buch zu sehen. Wechselt euch ab, bis der ganze Text gelesen ist.

Probiert die Stratégie mit dem folgenden Text aus.

Le père de Léo
Marc Pirou, le père de Léo, travaille en Allemagne, à Cologne. Il travaille pour un journal français. Il parle bien l'allemand. Marc Pirou aime bien l'Allemagne. Il aime aussi être en famille, avec Anne et Léo. Mais la famille de Monsieur Pirou habite à Paris. Léo dit toujours:
«Viens vite, papa!»

Atelier B

1 L'anniversaire de Léo

89–94

1. Le 19 décembre, c'est l'anniversaire de Léo. Ses copains et ses copines arrivent.

2.

3.

4. Léo souffle les bougies de son gâteau d'anniversaire, puis ses amis chantent.

5.

6. Léo est dans sa chambre avec ses copains.

Après la lecture: *Devinez qui arrive.*

Lire

2 A propos du texte

Mettez les phrases dans le bon ordre et notez les lettres. Elles vous diront qui arrive chez Léo. (Bringt die Sätze in die richtige Reihenfolge und notiert die Buchstaben. Sie verraten euch, wer bei Léo eintrifft.)

Il souffle les bougies de son gâteau et ses amis chantent «Joyeux anniversaire». R

Le 19 décembre, c'est l'anniversaire de Léo. M.

Léo est dans sa chambre avec ses copains et alors, il y a une surprise. U

Léo regarde ses cadeaux: il y a d'abord un CD de rock, puis une BD. P

Ils mangent le gâteau, puis les amis ont envie de regarder le jeu vidéo. O

Il regarde aussi le cadeau de ses parents: c'est un jeu vidéo. I

Jeu de mots

3 ... sept, huit, neuf, clap! ...

(Vocabulaire, p. 161)

*Faites trois groupes. Comptez de 1 à 39. Remplacez 10, 17, 24, 33 par **Clap!** (Bildet drei Gruppen. Zählt von 1 bis 39. Ersetzt 10, 17, 24, 33 durch **Clap!**)*

Ecouter

4 Marie et Mehdi

95

Ecoutez le texte et notez les nombres dans votre cahier. (Hört den Text und schreibt die Zahlen in euer Heft.)

1. Marie a une sœur de ? ans et un frère de ? ans.
2. Elle habite avec sa famille ? rue Truffaut.
3. Mehdi a ? ans. Il a ? frère et ? sœur.
4. La famille de Mehdi habite ? rue Nollet.

Jeu de sons

5 3 gâteaux, 6 cadeaux ...

96

Ecoutez et répétez, puis lisez. (Hört und sprecht nach, dann lest vor.)

1. Il a 2 crayons et 2 idées.
2. Elle a 3 gâteaux et 3 affiches.
3. Nous avons 6 cadeaux et 6 amis.
4. Vous avez 8 copains et 8 affaires.
5. Ils ont 10 trains et 10 ordinateurs.
6. Elles ont 19 bougies et 19 ans.

En forme

6 Les «dominos» (G 11)

→ En plus 126, 3

Jouez «aux dominos». Jouez trois minutes. Vous pouvez utiliser les «dominos» plusieurs fois. (Spielt „Dominos" drei Minuten lang. Ihr könnt die „Dominosteine" mehrmals benutzen.)

Exemple: J'ai 11 ans. Tu … *Continuez.*

ont faim.	J'
avez un vélo?	Elles
avons des BD.	Vous
ai envie de chanter.	Tu
avez un chien?	Ils
as 12 ans?	Il
as encore faim?	Elle
ont une sœur sympa.	J'
a des CD de rock.	Nous
ai 11 ans.	Tu
a 11 ans.	Nous
avons des amies.	Vous

eu de mots

7 Les mois de l'année

A *Faites des dialogues. (Macht Dialoge.)*

Exemple: – L'anniversaire de Marie, c'est quand? – L'anniversaire de Marie, c'est le premier mars.

B *Parlez avec vos camarades. (Sprecht mit euren Klassenkameraden.)*

Exemple: – Ton anniversaire, c'est quand? – Mon anniversaire, c'est le …

Mehr dazu j85j9k

C *Regardez la vidéo. L'anniversaire de Lou, c'est quand?*

En forme

8 Léo range …, Marie regarde … (G 10)

Léo / Marie
son sa ses

→ En plus 127, 4 △

Faites des phrases.

A Exemple: **1.** Dans sa chambre, Léo range **ses affaires**.

1. les affaires **2.** les cadeaux **3.** la gomme **4.** les livres **5.** les CD **6.** l'affiche **7.** le stylo

B Exemple: **1.** Dans sa chambre, Marie regarde **son DVD**.

1. le DVD **2.** les cahiers **3.** la BD **4.** le stylo **5.** le journal **6.** l'ordinateur **7.** l'affiche **8.** les t-shirts

Parler

9 Tu as quel âge?

A *Parlez avec votre voisin. Prenez des notes. (Sprecht mit eurem Nachbarn. Macht Notizen.)*

B *Présentez votre voisin. (Stellt euren Nachbarn vor.)*

Exemple:
Mona a 11 ans. Son anniversaire, c'est le 2 octobre. Elle a un frère, il s'appelle Victor. Il a 8 ans …

→ En plus 127, 5 △

ON DIT

- Tu as quel âge? – J'ai 11 ans.

- Ton anniversaire, c'est quand?
- Mon anniversaire, c'est le 23 février.

- Tu as des frères et sœurs?
- Non. / Oui, j'ai un frère. Il s'appelle …
  J'ai aussi une sœur. Elle s'appelle …

- Ils ont quel âge?
- Mon frère a 14 ans et ma sœur a 9 ans.

- Vous avez des cousins et des cousines?
- Non. / Oui, nous avons deux cousines.
  Elles ont 18 et 20 ans.

Lire et écrire

10 Voilà Mehdi.

Voilà quelques notes sur Mehdi.
Ecrivez un texte pour présenter Mehdi.
(Hier sind einige Notizen zu Mehdi.
Schreibt einen Text, um Mehdi vorzustellen.)

Commencez comme ça:

C'est Mehdi. Il a …

Mehdi, 11 ans
Anniversaire: 4 / 5
Frère: Abdel (10)
Sœur: Karima (14)
Adresse: 25 rue Nollet
Aime: les mangas, les histoires, le karaté
Déteste: le foot, la gymnastique
Copains, copines: Léo, Jérôme, Marie, Alex

Pratique: tâches

Médiation **1**

Un cadeau

Du wünschst dir, dass deine Eltern mit dir zu dieser tollen Veranstaltung in Paris gehen:

Erkläre ihnen:
- *um was für eine Veranstaltung es sich handelt,*
- *wann und wo die Veranstaltung stattfindet,*
- *wie viel der Eintritt kostet.*

Lire **2**

Un cadeau super pour mon copain

C'est l'anniversaire de ton copain français le 25 mars. Pour son cadeau, tu as 12 euros. Ton copain aime le hip-hop, le vélo et le rugby. Il déteste le chocolat et les chats. Voilà quatre idées. Tu trouves le cadeau? C'est le cadeau numéro …

1

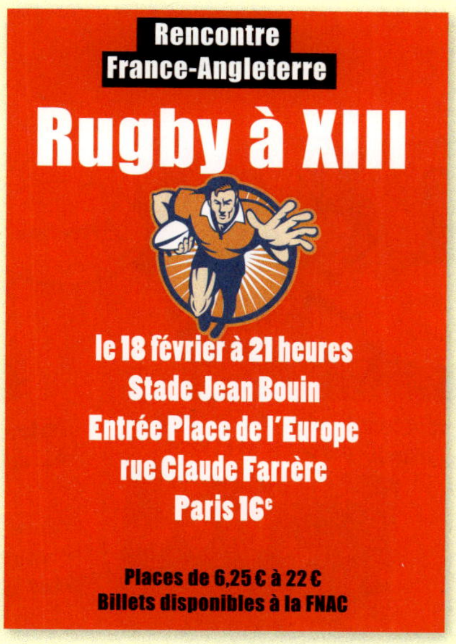

2

3

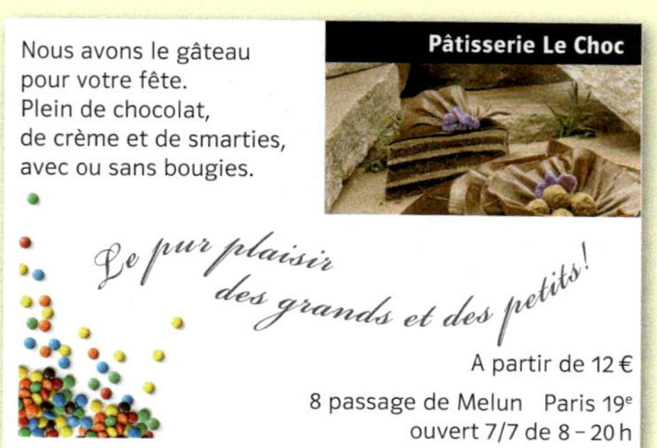

4

A vendre :
Vélo VTT
24 vitesses
bon état, équipement complet,
100 €
velovite@wanadoo.fr

Pratique

3 Voilà, c'est moi!

Ecrire

Tu cherches un correspondant français.
Ecris un petit texte pour te présenter.
Prends d'abord des notes.
(Du suchst einen französischen Austauschpartner. Schreibe einen kleinen Text, um dich vorzustellen. Mache zuerst Notizen.)

Commence comme ça:

Je m'appelle …

Wenn du nicht weißt, wie du den Text schreiben kannst, sieh noch einmal die Übungen 9 und 10 auf S. 52 an.

Nom
Age
Adresse
Anniversaire
Famille
J'aime
Je déteste

4 Ma famille et mes copains

Parler

Travaillez à deux. Parlez de vos familles, de vos copains et de vos copines.
(Arbeitet zu zweit. Sprecht über eure Familie, eure Freundinnen und Freunde.)

mon | mes | ma

famille | cousin / cousine | père | ami / amie | mère | frère | sœur | copain / copine

avoir un / une | habiter à | avoir … ans | aimer bien | être sympa | travailler à

5 Mon roman photo

PORTFOLIO

Erstelle eine Collage zu einem Fest, bei dem du warst. Du kannst z. B. Fotos benutzen oder Bilder malen. Schreibe unter jedes Bild zwei Sätze. Du kannst auch mit Sprechblasen arbeiten.

Mon dico personnel
Weitere Feste findest du im Vokabular, Seite 162.

un mariage

un anniversaire

Noël (m.)

le nouvel an

Bilan

1 Parler

Überprüfe, was du kannst!
Vergleiche deine Lösungen mit den Lösungen auf Seite 201.

Du kannst jetzt schon …

Und so kannst du den Satz anfangen:

1. … jemandem zum Geburtstag gratulieren.	Bon … ! / … !
2. … fragen, was es irgendwo gibt. (Was gibt es in dem Geschäft?)	Qu'est-ce qu'…?
3. … jemanden um etwas bitten. (Zimmer aufräumen)	Tu ranges ta chambre, …?
4. … sagen, dass du bestimmte Dinge magst. (Ich mag Comics.)	… BD.
5. … jemanden fragen, ob er Hunger hat.	Tu …?
6. … sagen, wie alt du bist. (Ich bin 11.)	… 11 ans.
7. … sagen, wann du Geburtstag hast.	… , … premier mars.
8. … sagen, dass du auf etwas Lust hast. (Ich habe Lust, eine CD zu hören.)	J'ai … écouter un CD.

Mehr dazu 387t9m — Weitere Übungen findest du im Internet.

2 Regarder et écrire (G 10)

A *Décris les images en utilisant les mots donnés. (Beschreibe die Bilder und benutze dabei die vorgegebenen Wörter.)*

Exemple:

1. Aujourd'hui, c'est l'anniversaire de Léo. **Sa** mère …

1. Aujourd'hui / anniversaire / Léo. / mère / préparer / gâteau.

2. Léo / dans / chambre / amie Marie / Malabar Et voilà / cadeaux: / jeu vidéo. / BD

3. Maintenant / père / là aussi.

B *Maintenant, Léo parle des images. (Jetzt spricht Léo über die Bilder.)*

Exemple:

Aujourd'hui, c'est **mon** anniversaire. …

1

2

3

3 En forme (G 11)

Invente des phrases. (Erfinde Sätze.)

1. J' …
2. Tu …
3. Il …
4. Nous …
5. Vous …
6. Elles …

avoir

faim? | une idée. | envie d'écouter un CD? | une surprise. | 11 ans. | un cadeau pour Léo.

4 Jeu de mots

Complète le texte.
(Vervollständige den Text.)

1. Léo est le ? de Marc Pirou.
2. La mère de Marc Pirou est la ? de Léo.
3. La fille de l'oncle de Léo est la ? de Léo.
4. La sœur de la mère de Léo est la ? de Léo.

Grammaire

G7 une bougie, deux bougies: Der Plural des Nomens

Singular		Plural
un livre		**deux** livre**s**
une bougie		**deux** bougie**s**
un cadeau	!	**deux** cadeau**x**
un fils		**deux** fils
une BD		**deux BD**

G8 des: Der unbestimmte Artikel Plural

Singular	Plural
un crayon	**des** crayon**s**
ein Bleistift	– Bleistifte
une gomme	**des** gomme**s**
un ‿ami	**des** ‿ami**s**
une ‿amie	**des** ‿amie**s**

der unbestimmte Artikel Plural –
l'article indéfini au pluriel

G9 les: Der bestimmte Artikel Plural

Singular	Plural
le cadeau	**les** cadeaux
das Geschenk	die Geschenke
la chanson	**les** chansons
l' ami	**les**‿amis
l' amie	**les**‿amies

der bestimmte Artikel Plural – **l'article défini au pluriel**

G10 mon, ton, son ...: Die Possessivbegleiter (I)

Singular	Plural
mon frère	**mes** frères
ton frère	**tes** frères
son frère	**ses** frères
ma copine	**mes** copines
ta copine	**tes** copines
sa copine	**ses** copines

! mon / ton / son‿amie
der Possessivbegleiter – **l'adjectif possessif**

G11 j'ai, tu as ...: Das Verb **avoir** (haben)

Singular		Plural	
j'	ai	nous	avons
tu	as	vous	avez
il / elle / on	a	ils / elles	ont

! Tu **as** quel âge? – Wie alt **bist** du?
J'**ai** onze ans. – Ich **bin** 11 Jahre alt.

Unité 4
Au collège Balzac

PORTFOLIO

Am Ende dieser Unité kannst du über die Schule sprechen und deine Schule vorstellen.

Mehr dazu 4qj73z

Vis-à-vis

Seht euch die Fotos genau an.
Was gibt es hier?
Was gibt es bei euch?
Ihr könnt auch das Video im Internet ansehen.

Dans la cour: les élèves jouent.

Un cours d'allemand: tiens, qui est en retard?

Au CDI: chut! On travaille!

On a faim! Qu'est-ce qu'il y a, à la cantine?

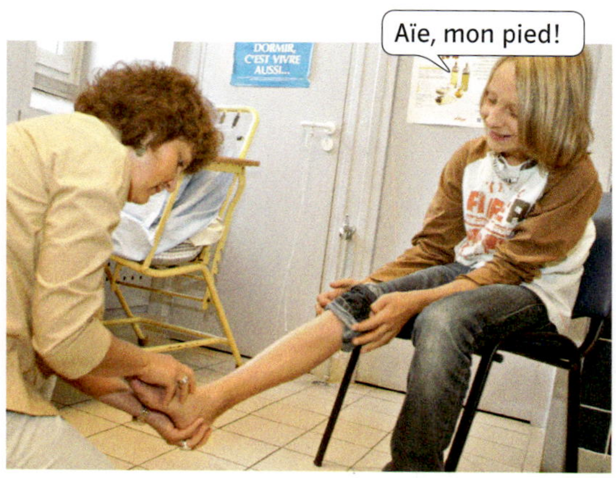

A l'infirmerie.

106 *Ecoutez les scènes et écoutez bien les bruits. Dites où les scènes se passent.*
(Hört die Szenen und achtet auf die Geräusche. Sagt, wo die Szenen spielen.)

Atelier A

Approche **1**

Une journée de Marie

→ En plus 128, 1 △

107

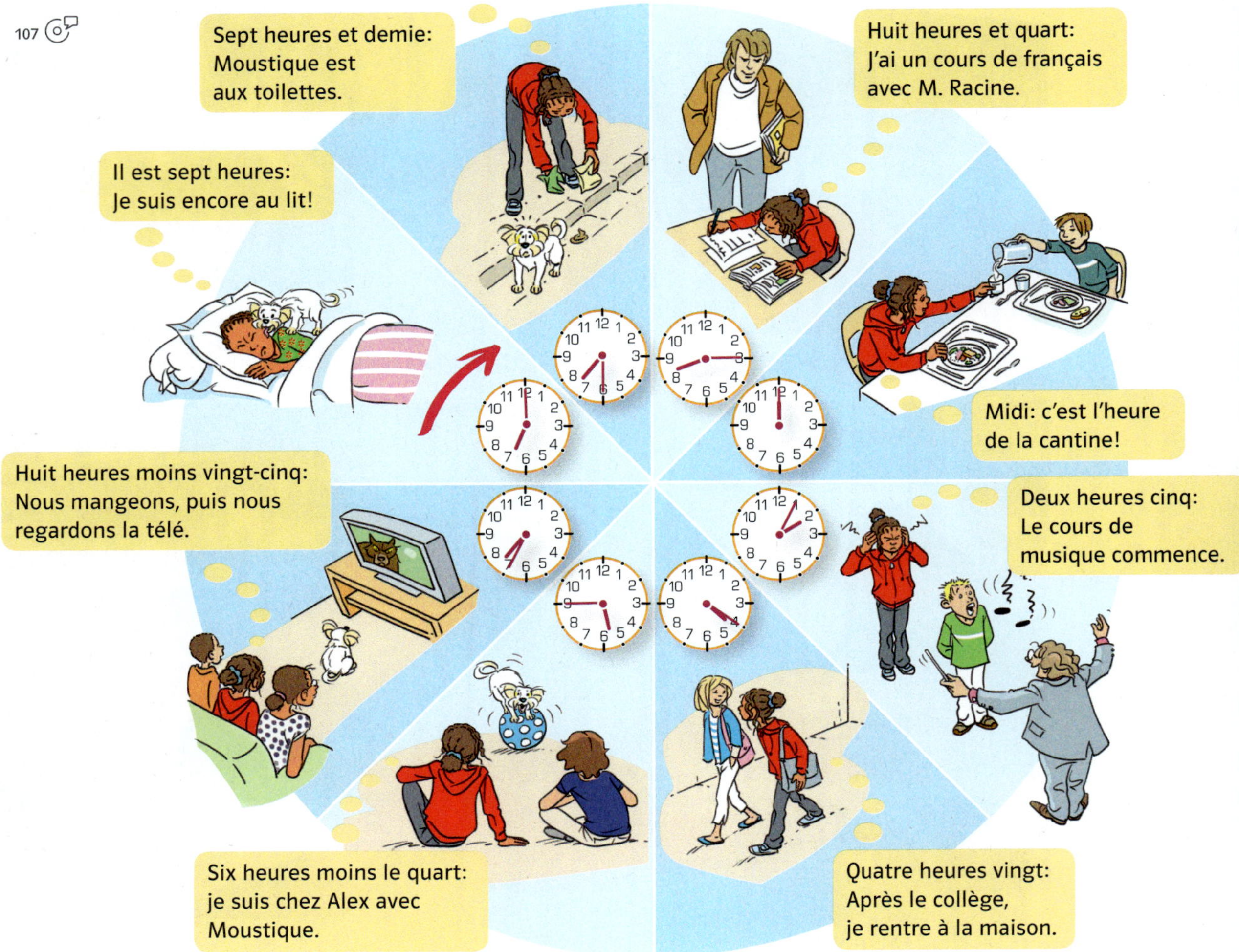

Quelle heure est-il?
(Wie spät ist es?) Il est …

Parler **2**

Quelle heure est-il?

Fragt euren Tischnachbarn,
- *wie spät es ist,*
- *wann er heute nach Hause geht,*
- *wann er heute zu Abend isst,*
- *wann er spielt.*

Exemple:
- Quelle heure est-il, s'il te plaît?
- Il est …

ON DIT

- Marie, **quelle heure est-il**, s'il te plaît?
- **Il est** sept heures et demie.

- Tu rentres **à quelle heure**, aujourd'hui?
- Je rentre **à** quatre heures vingt.

- Vous mangez quand, aujourd'hui?
- **A** huit heures. /
De huit heures **à** neuf heures.

3 La clé

1.

108–110

Lundi, à 8 heures moins le quart, Mehdi cherche Léo dans la cour. Mais il ne trouve pas son copain. Il va au CDI. Il cherche aux toilettes, puis il va à l'infirmerie … mais Léo n'est pas là.

Huit heures moins deux. Pour les élèves de la 6^{e}A, le cours d'allemand commence dans deux minutes. La classe est là, mais où est Léo? Mme Barette, la professeure d'allemand, arrive.

2.

Huit heures! Aujourd'hui, Léo est en retard. Il arrive au collège. Il entre vite dans la cour. Mais qu'est-ce qu'il y a, là, sous son pied? Qu'est-ce que c'est? Une clé USB! Bizarre! A huit heures quatre, Léo entre dans la salle de cours.

Mme Barette: Léo, mon cours ne commence pas à huit heures quatre!
Léo: Oui, madame. Excusez-moi.
Léo va à sa place. Dans sa main, il a la clé USB.
Mehdi: Qu'est-ce que c'est?
Léo: Chut!
Mme Barette: S'il vous plaît! On écoute, maintenant!

3.

A la récréation de 10 heures, les garçons retrouvent Marie et Alex dans la cour. Elles sont en 6^{e}B. Léo raconte l'histoire de la clé USB.

Marie: Une clé USB, dans la cour? Elle est à qui?
Léo: Je ne sais pas!
Alex: Alors, après la cantine nous allons au CDI et nous regardons sur l'ordi, d'accord?
Mehdi: Bof, je ne trouve pas ça bien! Ce ne sont pas mes affaires.

Les enfants discutent … Mais à une heure, ils vont au CDI: bientôt, la clé USB est dans l'ordinateur …

Devinez: *Qu'est-ce qu'il y a sur la clé USB? Elle est à qui?*

Lire

4 A propos du texte

A *Corrigez les phrases. (Korrigiert die Sätze.)*

1. Mehdi cherche Mme Barette.
2. Le cours d'allemand commence à 9 heures.
3. La récréation est à 11 heures.
4. Léo trouve la clé USB à la cantine.
5. Marie et Alex sont en 6eA.
6. A une heure, les amis vont à la maison.

B *Vous trouvez une clé USB dans la cour. Faites le dialogue.*

Jeu de sons

5 Chanson

Ecoutez la chanson, puis chantez.

C'est ça, le collège!

Le cours commence à huit heures.
«Ecoutez bien.», dit la professeure.
Zut, je ne trouve pas mon cahier.
Il est où? Tu as une idée?

Refrain
Oh c'est ça, le collège! (3x)

Je ne regarde pas le ballon.
Oh pardon, oh pardon!
Vous n'écoutez pas la prof!
C'est la catastrophe!

Refrain

A la cantine aujourd'hui,
nous n'aimons pas le céleri!
Ça ne va pas Marie?
Vite, vite, à l'infirmerie!

Refrain

En forme

6 Marie chante. Léo ne chante pas. (G 12)

→ En plus 128, 2 △

A *Faites des phrases qui s'enchaînent. (Bildet eine Satzkette.)*

Exemple: **1.** Léo ne chante pas. Il parle. **2.** Mehdi ne parle …

1. Léo – parler
2. Mehdi – être à la cantine
3. Mme Barette – arriver dans la cour
4. Alex – ranger
5. M. Racine – entrer dans le collège
6. Mme Latière – travailler
7. Jérôme – jouer
8. Malabar – chercher Malou
9. Mme Pirou – manger
10. Moustique – avoir faim

B *Mimez les verbes de l'exercice, vos camarades devinent. (Stellt die Verben der Übung als Pantomime dar. Eure Mitschüler raten.)*

Exemple: – Tu travailles?
– Non, je ne travaille pas. / Oui, c'est ça.

…eu de mots

7 On va où?

Exemple: – Je cherche un livre en allemand. → – Alors, on va au CDI. *Continuez.*

– Il est midi. J'ai faim!
– J'ai envie de rentrer.
– Je cherche un cadeau pour un copain.
– Je cherche un livre en allemand.
– Aïe! Aïe! Mon pied!
– C'est la récréation.

– Alors, on va

dans la cour.
à l'infirmerie.
à la cantine.
au CDI.
chez Mme Latière.
à la maison.

En forme

8 Nous allons au collège. (G 13, 14)

→ En plus 129, 3 △

à + le → **au**
à + les → **aux**

Faites des phrases. Exemple: **1.** Nous allons au collège.

1. nous

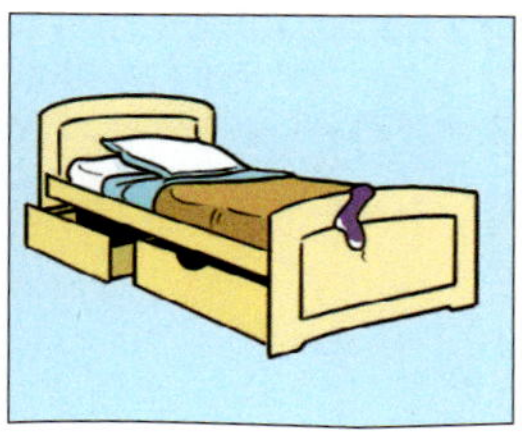

2. tu

3. Léo

4. nous

5. vous

6. elles

7. je

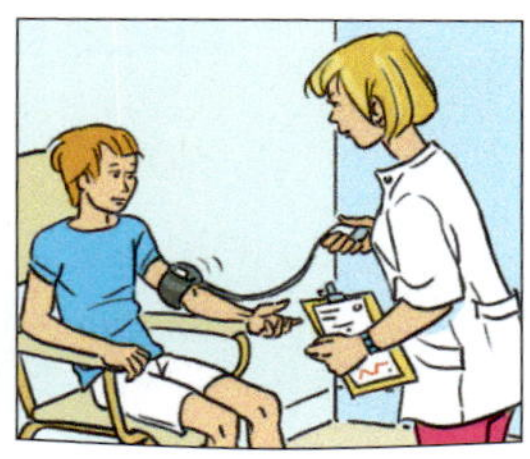

8. on

Ecouter

9 Une journée de …

113

A *Regardez d'abord le tableau, puis écoutez le texte. Qui parle?*

B *Ecoutez une deuxième fois. Il va au collège à quelle heure?*

C *Ecoutez une troisième fois. Qu'est-ce qu'il fait à quatre heures et demie? Et à neuf heures?*

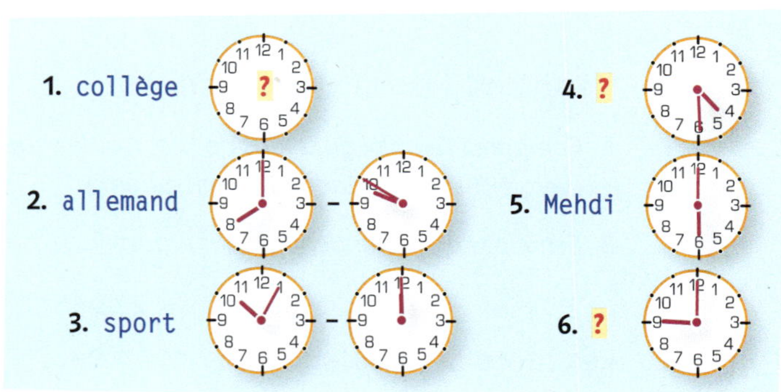

Ecrire

10 Ma journée

Raconte ta journée. (Erzähle deinen Tagesablauf.)

à … heures
jouer (avec)
travailler pour
aller à / chez
rentrer
manger
être à

Atelier B

Lire **1**

L'emploi du temps de Léo

Heures	Lundi	Mardi	Mercredi	Jeudi	Vendredi
8h00 – 8h55	allemand	histoire-géo	anglais	allemand	mathématiques
9h00 – 9h50	allemand	mathématiques	technologie	allemand	mathématiques
récréation					
10h05 – 11h00	E.P.S.	français	/	français	technologie
11h05 – 12h00	E.P.S.	français	français	français	E.P.S.
pause / cantine					
13h30 – 14h25	mathématiques	arts plastiques	/	S.V.T.	/
14h30 – 15h25	anglais	histoire-géo	/	S.V.T.	histoire-géo
récréation					
15h40 – 16h30	arts plastiques	éducation musicale	/	E.P.S.	vie de classe
16h40 – 17h30	/	/	/	/	/

Samedi – Dimanche

- *Wie heißen die Wochentage auf Französisch?*
- *Ihr kennt noch nicht alle Fächer, aber einige könnt ihr sicher erraten. Welche?*

Vis-à-vis **2**

L'école en France – et chez nous

A *Comparez l'emploi du temps de Léo avec le vôtre. (Vergleicht Léos Stundenplan mit eurem.)*

B *Schreibt euren Stundenplan auf Französisch.*

Jeu de mots **3**

Les mots de l'école

Copiez et complétez le filet à mots dans votre cahier. (Übertragt das Wortnetz in euer Heft und ergänzt es.)

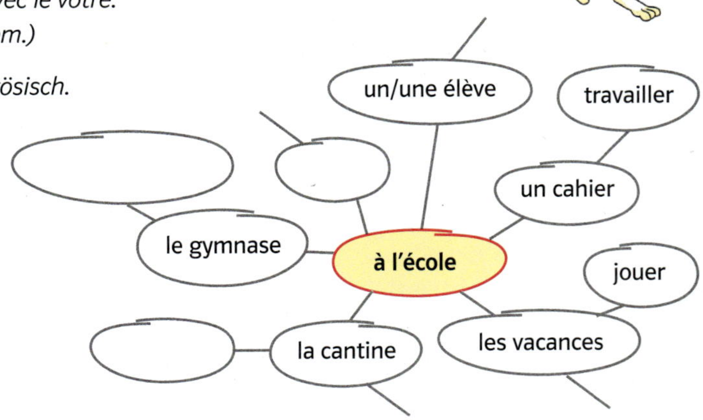

4 Une surprise

114–116

1. Au CDI, les copains sont devant l'ordinateur.

Sur la clé USB, il y a … leurs interrogations d'allemand!
C'est la clé USB de Mme Barette, leur professeure d'allemand.

2. Léo cherche quelque chose dans son sac … et les enfants discutent.

3.

Que dit Léo? Que font ses copains? Devinez.

Lire

5 A propos du texte

A *Le texte a trois parties. Quel titre va avec quelle partie du texte? (Der Text besteht aus drei Teilen. Welche Überschrift passt zu welchem Teil des Textes?)*

«Bonjour, Mme Barette.» → C'est la partie …
«On clique … et on trouve.» → …
«Qui a raison?» → …

117 **B** *Ecoutez la fin de l'histoire, puis répondez. (Hört das Ende der Geschichte und antwortet dann.)*

1. Que cherche Mme Barette?
2. Qu'est-ce qu'il y a sur la clé USB?
3. Qui est M. Castor?
4. Que font les élèves jeudi?

En forme

6 Devant l'ordinateur, on discute. (G 15)

→ En plus 129, 4

Complétez avec les formes du verbe ***faire****.*

1. *Marie:* Nos interros! Qu'est-ce qu'on ? ?
2. *Alex:* Toi et moi, nous ? les exercices de la 6e B. Et les garçons ? les exercices de la 6eA!
3. *Mehdi:* Non, moi, je ne ? pas ça!
4. *Léo:* Comment, tu ne ? pas ça? Mais si, Mehdi, c'est comme un cadeau!
5. *Marie:* Mehdi a raison.
   Léo: Oh, vous ? toujours des histoires.

Parler

7 On parle avec la prof?

Faites des dialogues.

Exemple:
– On parle avec la prof ?
– D'accord.

Questions

aller au gymnase ensemble
commencer les devoirs
préparer l'interro
parler avec la prof
aller à la cantine à midi
ranger la salle de cours
faire les exercices
rentrer ensemble …

Réponses

Oui!
Oh, oui, c'est cool!
D'accord.
Ah, non!
Non, moi, je ne fais pas ça!
Bien sûr.
Je ne sais pas …

Parler

8 Non? Si. (G 12)

Utilisez le verbe ***aimer****.*

Exemple:
– Tu **n'**aimes **pas** la cantine?
– **Non**, je **n'**aime **pas** la cantine.
– **Si**, j'aime bien la cantine.

les livres
l'ordinateur
le français
le sport
le collège
la cantine
l'allemand
les exercices
les surprises
…

Jeu de sons

9 Au collège, aujourd'hui ...

→ En plus 129, 5

118 *Ecoutez, puis lisez le poème. Cherchez les mots avec [ʒ] et les mots avec [ʃ].*

Au collège, aujourd'hui,
je retrouve mes amis.
Moi, j'aime bien la gymnastique,
mon copain aime la musique.

Nous chantons une chanson,
puis je cherche mes crayons.
Je fais une affiche, et toi?
Moi, je... euh, ... je ne sais pas.

eu de mots

10 Où est le cahier?

→ En plus 130, 6

Spielt in kleinen Gruppen: Einer legt einen Gegenstand ***vor, hinter, auf, unter*** *oder* ***in*** *seine Schultasche. Die anderen drehen sich um und raten, wo der Gegenstand sich befindet.*

Exemple: – Où est le cahier?
– Il est derrière ton sac.
– Non!
– Il est sur ton sac.
– Oui!

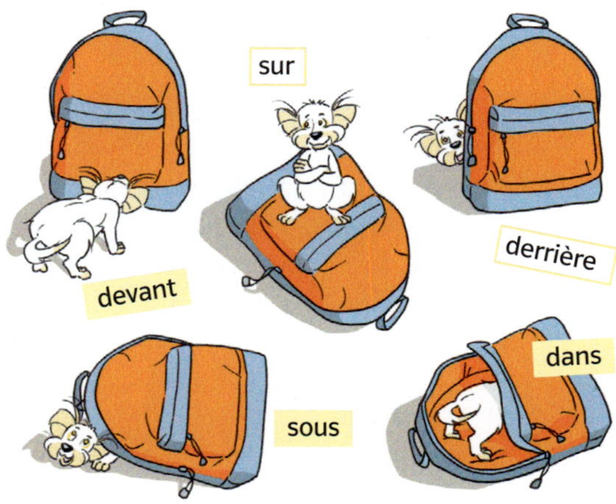

En forme

11 Léo, ses copains et leur collège (G 16)

→ En plus 130, 7 △

A *Complétez avec* ***son, sa*** *ou* ***ses.***

1. Léo aime bien ? collège.
2. Mais il n'aime pas faire ? devoirs.
3. Dans ? classe, il y a ? copain Mehdi.
4. ? copines Marie et Alex ne sont pas en 6ᵉA. Elles sont en 6ᵉB.

B *Complétez avec* ***leur*** *ou* ***leurs.***

1. Les copains regardent ? emploi du temps.
2. Au CDI, ils font ? devoirs d'allemand.
3. Ils préparent ? interrogation.
4. A la maison, ils discutent avec ? parents.

En forme

12 En classe (G 16)

Posez des questions et trouvez des réponses.

Exemple: – Où est | notre | professeure?
– Notre professeure est | dans la salle des professeurs.

Où est
Où sont

notre
vos
nos
votre

affaires?
exercice?
sacs?
professeure?
devoirs?
copine?

au CDI
à la cantine
dans le cahier
aux toilettes
dans la salle de cours
dans la salle des professeurs
...

Pratique: tâches

Lire

1 Einen Text verstehen

54, 15

STRATEGIE

1. Sieh dir zunächst die Überschrift und die Bilder an: **Worum geht es** in dem Text?
2. Lies den Text dann **einmal ganz** durch. Wenn du ein Wort nicht verstehst, lies einfach weiter.
3. Lies den Text noch einmal durch. Welche Wörter erinnern dich an deine **Muttersprache**, an das **Englische** oder an eine **andere Sprache**? Manche Wörter kannst du auch verstehen, wenn du auf den **Zusammenhang** des Textes achtest.

Le collège

Les élèves français vont au collège à l'âge de 11 ans. Le collège commence avec la classe de 6e. Après la 6e, les élèves vont en 5e, puis en 4e et enfin en 3e. Il y a donc 4 ans de collège, puis les élèves vont au lycée.

«Honoré de Balzac» est un collège et un lycée. C'est le plus grand collège-lycée de Paris: il a 2000 élèves et 200 professeurs, 2 CDI, une bibliothèque internationale, une médiathèque, 4 gymnases, une salle des spectacles et même une piscine! A «Balzac», on trouve des classes internationales avec des cours en anglais, en arabe, en espagnol et en portugais. Il y a aussi des cours de cirque, des cours de cinéma et de journalisme. Dans un gymnase transformé en studio, les élèves font des interviews pour la télé.

Vis-à-vis

A Quelle est la différence entre un «collège» et ton école? (Was ist der Unterschied zwischen einem Collège und deiner Schule?)

B Qu'est-ce que tu aimes au collège Balzac? Qu'est-ce que tu n'aimes pas?

Médiation

2 Des affiches

A *Am Collège Balzac hast du dieses Plakat entdeckt. Erkläre deinen Eltern auf Deutsch, worum es geht.*

B *Dein französischer Austauschpartner möchte wissen, worum es bei dem Angebot unten geht. Erkläre es ihm auf Französisch.*

PORTFOLIO

3 Mon collège

Gestalte eine Seite, auf der du deine Schule vorstellst.
Du kannst mit Fotos oder mit Zeichnungen arbeiten.

- *Bilde verschiedene Räume ab und beschrifte sie auf Französisch.*
- *Stelle deine Lehrer und deine besten Schulfreunde vor.*
- *Nenne die Fächer, die du gerne magst, und die Fächer, die du nicht so gerne magst.*

Mon dico personnel

Lerne, wie deine Lieblingsfächer auf Französisch heißen.
Die Schulfächer findest du im Vokabular auf S. 167.

Bilan

Überprüfe, was du kannst! Vergleiche deine Lösungen mit den Lösungen auf Seite 201.

1 Parler

Du kannst jetzt schon …

Und so kannst du den Satz anfangen:

1. … fragen, wie viel Uhr es ist. 	Quelle …?
2. … sagen, wie viel Uhr es ist.	Il est …
3. … sagen, von wann bis wann du heute fern siehst.  – 	Je regarde …
4. … sagen, welcher Wochentag heute ist.	Aujourd'hui, c'est …
5. … einen Freund fragen, ob ihr die Hausaufgaben gemeinsam macht.	On … ensemble?
6. … sagen, wohin du gehst.	Je … cantine. / Je … mon copain.
7. … sagen, dass du etwas nicht weißt.	Je … pas.
8. … um Entschuldigung bitten.	… -moi. / Pardon.

Mehr dazu 3w9hj7

Weitere Übungen findest du im Internet.

2 Ecouter

119

Ecoute les heures. Note les lettres correspondantes et trouve le mot-clé.
(Höre die Uhrzeiten. Schreibe die entsprechenden Buchstaben auf und finde das Lösungswort.)

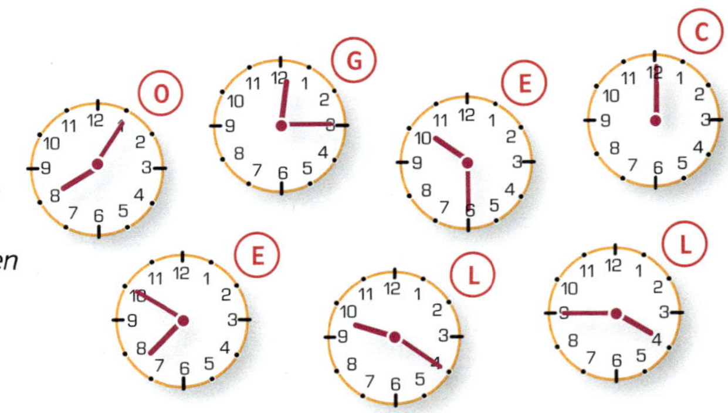

3 En forme (G 12)

*Réponds et utilise **ne … pas**.*
*(Antworte und benutze **ne … pas**.)*

Exemple: – Tu travailles?
– Non, je ne travaille pas.

1. Tu travailles? – Non, …
2. Alors tu joues? – Non, …
3. Tu regardes la télé? – Non, …
4. Tu es au lit? – Non, …

4 Vis-à-vis

Corrige les phrases.

1. Un collège en France a six classes.
2. On entre au collège à l'âge de 10 ans.
3. Après le lycée, les élèves vont au collège.
4. Un «gymnase», c'est un «Gymnasium» en allemand.

5 En forme (G 13–15)

Complète les phrases avec les bonnes formes des verbes.
(Ergänze die Sätze mit den passenden Verbformen.)

une fille faire	**sa copine** aller à / chez
1. – Qu'est-ce que tu ? maintenant?	– Là, je ? toilettes.
2. – Est-ce que nous ? nos exercices pour M. Racine à cinq heures?	– Oui, mais d'abord, nous ? Léo, d'accord?
3. – Marie et Alex ? leurs devoirs?	– Non, elles ? CDI.
4. – Et Mehdi, qu'est-ce qu'il ? ?	– Il ? FNAC.
5. – Léo et toi, vous ? un gâteau pour Alex?	– Oui, mais Marie et toi, vous ? Mme Latière.
6. – Et moi, qu'est-ce que je ? , alors?	– Tu ? … (Denke dir eine Antwort aus.)

6 En forme (G 16)

Complète les phrases avec les adjectifs possessifs qui conviennent.
(Vervollständige die Sätze mit den passenden Possessivbegleitern.)

1. Léo et Mehdi n'ont pas envie de faire ? devoirs.
2. Marie et moi, nous allons chez ? copine aujourd'hui.
3. Alex et Jérôme ne trouvent pas ? copain Léo.
4. «Vous ne rangez pas ? salle de cours, les enfants?»
5. Les professeurs préparent ? cours.
6. «Monsieur, nous n'avons pas ? affaires de sport.»

Grammaire

G 12 ne … pas: Die Verneinung

die Verneinung – **la négation**

G13 au, aux: Die Präposition **à** und der bestimmte Artikel

Marie est …

au CDI.	à + **le** → **au**
aux toilettes.	à + les → aux
à la maison.	à + **la** = à **la**
à l'infirmerie.	à + l' = à l'

die Präposition – **la préposition**

G14 je vais, tu vas …: Das Verb **aller** (gehen)

Singular		Plural	
je	**vais**	**nous**	**allons**
tu	**vas**	**vous**	**allez**
il		**ils**	**vont**
elle	**va**	**elles**	
on			

G15 je fais, tu fais …: Das Verb **faire** (machen)

Singular		Plural	
je	**fais**	**nous**	**faisons**
tu	**fais**	**vous**	**faites**
il		**ils**	**font**
elle	**fait**	**elles**	
on			

G16 notre, votre, leur, nos, vos, leurs: Die Possessivbegleiter (II)

Singular	Plural
notre frère	**nos** frères
votre frère	**vos** frères
leur frère	**leurs** frères
notre sœur	**nos** sœurs
votre sœur	**vos** sœurs
leur sœur	**leurs** sœurs

Plaisir d'écouter

Chanson

A *Ecoutez la chanson*.*
Die Wörter des Refrains sind unten erklärt. Was könnt ihr außerdem noch verstehen?

Ilona Mitrecey: Bye bye collège

Dans la cour du collège
On nous a libérés
C'est l'heure de la récré
On va se retrouver
Mes copines et moi, on se raconte la télé
Ce qu'on a regardé hier soir
Quand on s'est couché tard

Refrain
En sixième, on apprend[1] ses leçons[2]
En cinquième, on monte un peu le son[3]
En quatrième, on regarde les garçons
Et en troisième, bye bye collège …

Le proviseur nous guette
Un moment on se tait
Mais quand il tourne la tête
On se remet à tchatcher
Mes copines et moi, on adore le ciné
C'est qui le meilleur acteur?
Johnny Depp, Harry Potter …

Refrain

La journée, terminée
On reste à bavarder
Passée l'heure du goûter
Pas très envie de rentrer
Mes copines et moi, on se refile des infos
Des petits trucs, tout nouveaux,
Sur les derniers logos.

Refrain

1 apprendre lernen – **2 une leçon** eine Lektion – **3 monter le son** *(hier)* lauter werden

B *Inventez un nouveau refrain. Utilisez des mots qui riment.*
(Erfindet einen neuen Refrain. Verwendet Wörter, die sich reimen.)

Exemple:
A huit heures, on a une interrogation
A … heures, c'est la récréation
A … heures, …
A … heures, …

crayon · professeur · copain · au revoir · maison · cantine · récréation · chanson · interrogation · fin · aimer bien · copine · Maurice · devoir · ordinateur · exercice · magasin · demain

* Das Chanson befindet sich nur auf der Audio-CD 2 (622166, Track 28). Aus rechtlichen Gründen ist das Chanson auf der dem Cahier d'activités beiliegenden MP3-CD nicht enthalten.

Lösungen zu den Révisions-Übungen findest du auf Seite 201.

Révisions

Jeu de mots

1 Où est Moustique?

Dites où est Moustique. Utilisez les prépositions.
(Sagt, wo Moustique ist. Benutzt die Präpositionen). **Exemple:** **1.** Il est sur le sac.

1 2 3 4 5

En forme

2 Allez! (G 14)

Complétez le texte avec le verbe ***aller*** *et les prépositions et articles qui conviennent.*
(Ergänzt den Text mit dem Verb ***aller*** *und den passenden Präpositionen und Artikeln.)*

Mehdi: Vous **?** CDI aussi, maintenant?
Marie: On **?** cantine, mais après, on **?** CDI avec toi.
Léo: Oui, mais moi, je **?** infirmerie, c'est pour mon pied.
Alex: Tu n'as pas envie de travailler, alors tu **?** infirmerie, c'est ça?
Léo: Mais non, je ne **?** pas bien. Après, je **?** maison.
Alex: Léo a raison. Et nous, après le collège, nous **?** Marie pour regarder «Spiderman».
Léo: Zut, ils **?** Marie pour regarder «Spiderman», et moi, je **?** lit …

aller à
aller chez

Médiation

3 Bonjour, c'est Joséphine …

133

Lukas ist allein zu Hause. Joséphine, die französische Freundin seiner großen Schwester Isabel, ruft an. Lukas macht sich Notizen und gibt seiner Schwester später auf Deutsch Bescheid.

Höre genau hin: ***Wer? Wo? Wann?*** *Mache Notizen.*
Notiere nur das Wichtigste.
Was kann Lukas seiner Schwester ausrichten?

Qui?	
Où?	
Quand?	

Ecrire

4 Cherchez et trouvez.

faire avoir commencer être

A *Faire, commencer, avoir ou être? Trouvez les verbes qui vont avec les expressions.*

1. **?** à 10 heures / dans une minute
2. **?** 13 ans / raison
3. **?** en retard / frère et sœur
4. **?** un gâteau / ses devoirs

B *Choisissez trois verbes et écrivez un petit texte.*
(Wählt drei Verben und schreibt einen kleinen Text.)

Exemple: Je suis dans la cuisine.
Je fais un gâteau pour mon copain.
Il a 12 ans demain.

On prépare le DELF

1 Compréhension de l'oral

134 *Lisez d'abord les questions.*
Ecoutez, puis trouvez les bonnes réponses.

1. Demain, c'est
a vendredi. **b** mercredi. **c** mardi.

2. Max et Eric retrouvent les copains à

a  **b**  **c** 

3. Ils retrouvent les copains devant
a le magasin. **b** la cantine. **c** le gymnase.

4. Ils vont
a à l'infirmerie. **b** au CDI. **c** chez Mehdi.

2 Compréhension des écrits

Lisez le message, puis les quatre phrases.
Vrai ou faux?

1. C'est un message de Clément pour sa mère.
2. Elle ne rentre pas à midi.
3. Elle va au cours de piano.
4. Il y a des spaghettis et des fruits pour Clément.

Clément,
Je vais chez le docteur à 11 h 15 et mon cours de gym commence à 14 heures.
Dans la cuisine, il y a des spaghettis, des bananes et des oranges.
Je rentre à 16 heures.
Bisous,
Maman

3 Production écrite

Tu laisses un message à ton correspondant français. Tu écris
– où tu vas,
– ce que tu fais après,
– quand tu rentres.
(Du hinterlässt deinem französischen Austauschpartner eine Nachricht.
Du schreibst, wo du hingehst, was du danach machst und wann du zurückkommst.)

4 Production orale

Répondez.

1. Tu as quel âge?
2. Ton anniversaire, c'est quand?
3. Tu rentres à quelle heure, aujourd'hui?
4. Qu'est-ce que tu as envie de faire, samedi?

Unité 5
Un samedi dans le quartier

Vis-à-vis

Was machst du in deiner Freizeit?
Welche Möglichkeiten gibt es in deiner Nähe?
Ihr könnt auch das Video im Internet ansehen.

Mehr dazu h5p3q5

PORTFOLIO

Am Ende dieser Unité kannst du von deiner Umgebung und von deinen Freizeitbeschäftigungen berichten.

Dans l'avenue de Clichy

A Interclub 17, il y a des activités pour tout le monde:
des cours de musique, de théâtre, … et de judo.

Un stand de crêpes

Le journal du quartier

Qu'est-ce qu'il y a dans le quartier? Qu'est-ce qu'il y a chez vous?

Atelier A

Approche 1 Taxi!

137

Vendredi, après le collège, Alex prépare son sac. Elle va passer la nuit de vendredi à samedi chez Marie. Elle porte son sac dans l'entrée.

Alex: Papa, je vais chez Marie, ce soir.
Son père: Mais qu'est-ce qu'il y a dans ton sac? Vous allez passer 10 jours ensemble?
Alex: Mais non! Je vais rentrer demain soir, après le sport. J'ai aussi mes affaires de judo.
Son père: Ah bon? Alors à plus, ma puce!
Alex: Euh … papa, on va chez Marie en voiture?
Son père: Comment?! Mais Marie n'habite pas loin! On ne va pas aller chez elle en voiture! Je ne suis pas ton taxi!
Alex: Oui, mais mon sac …
Son père: Ah? … Bon, je vais porter ton sac, mais on va chez Marie à pied!
Alex: Bon d'accord, papa!

Vis-à-vis

In Paris ist es schwer, einen Parkplatz zu finden. Es gibt auch viele Staus. Deshalb fahren viele Pariser ungern mit dem Auto.

- *Que va faire Alex?*
- *Quand?*
- *Que va faire son père?*

Parler 2 C'est samedi! (G 17)

→ En plus 131, 1 △

64, 3

A *Travaillez à deux. Faites des dialogues.*

Marie | Alex | Léo et Malabar | …

aller

écouter des CD | travailler pour le collège | jouer dans le parc | aller au cours de judo | inviter des copains | préparer un gâteau | …

Exemple: – Qu'est-ce que Léo et Malabar vont faire?
– Ils vont jouer dans le parc.

B *Qu'est-ce que tu vas faire ce soir / demain / samedi / dimanche …?*

Exemple:
– Qu'est-ce que tu vas faire samedi?
– Samedi, je vais aller à Cologne.
– Et ce soir?
– …

Vous pouvez travailler en «double-cercle».

3 Une nuit chez Marie

138–141

Avant la lecture: *Tu passes le week-end chez ton copain / ta copine. Qu'est-ce que vous faites?*

1. Marie, Clara et Gabriel habitent avec leurs parents rue Truffaut, dans un appartement de quatre pièces. Vendredi, après le collège, Marie et Clara sont dans leur chambre et discutent.

Marie: Clara, Alex va passer la nuit ici.

Clara: Dans notre chambre? Zut! Et moi, je passe la nuit où? Dans la salle de bains?

Marie: Mais non, tu vas dans le salon. S'il te plaît, Clara!

Clara: Bon, bon, je vais dans le salon. Mais ce n'est pas pour toi, c'est pour Alex!

Marie: Oh merci, Clara, tu es sympa!

2. A 8 heures, Alex est là. Elle est à table avec les Chabane. Mais Clara ne mange pas.

Mme Chabane: Et le repas, Clara?

Clara: Je n'ai pas faim, maman.

Mme Chabane: Mais tu vas avoir faim à minuit!

3. Après le repas, Marie et Alex vont dans la chambre des filles. Elles regardent des photos, elles font des jeux et elles parlent.

Alex: Mais qu'est-ce qu'elle a, ta sœur?

Marie: Elle … euh … elle n'a pas faim.

Alex: Ah! … Bon, qu'est-ce qu'on va faire demain?

Marie: Demain matin, nous allons d'abord faire un tour avec Moustique.

Alex: Oh, oui! Mais le samedi après-midi, je fais du judo à Interclub 17.

Marie: Ah oui. Et moi, je fais de l'athlétisme. Après, je voudrais bien regarder ton cours de judo. C'est où, Interclub?

Alex: C'est … tiens, il y a un bruit bizarre.

Marie: Oh, là là, qu'est-ce que c'est? Il est déjà tard. C'est … c'est dans la cuisine! Mais qui est-ce? Viens, on va regarder.

4. Les filles quittent la chambre et vont dans la cuisine. Et là: surprise!

Marie: Ouf, c'est toi, Clara! Oh, tu as faim! J'ai une idée: nous allons faire des spaghettis pour toi!

Clara: Merci, les filles, ça, c'est sympa !

Lire

4 A propos du texte

Trouvez le bon ordre. Pour chaque image, trouvez une ou deux phrases dans le texte.

1
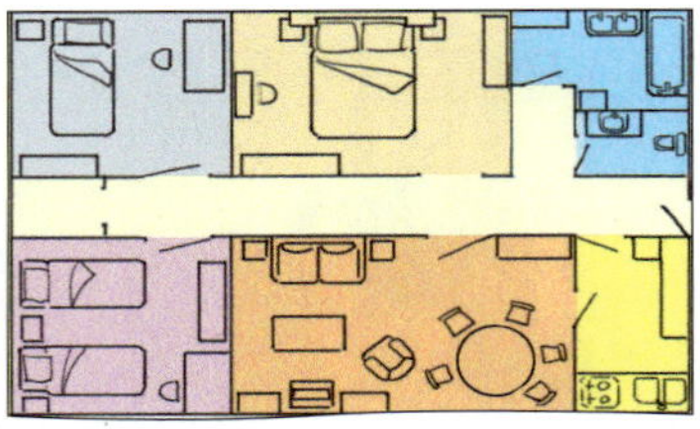

2

3

4

5

6

Jeu des mots

5 Les activités (Vocabulaire, p. 171)

142

A *Ecoutez. Que fait Clara?*

B *Faites un filet à mots sur «les activités».*

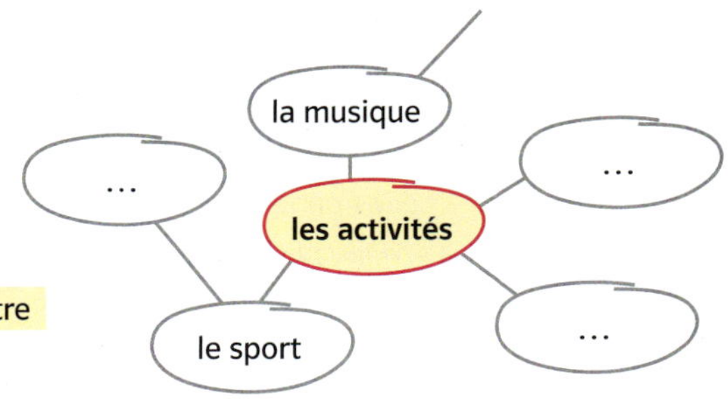

la natation

le théâtre

la danse

le roller

le vélo

la guitare

Parler

6 Qu'est-ce que tu fais comme activités? (G 18)

→ En plus 131, 2 △

A *Parlez avec vos camarades.*

Exemple:
- Qu'est-ce que tu fais comme activités?
- Je fais de la natation.
- Quand?
- Le samedi après-midi.

Quoi?

du foot
de la natation
de l'athlétisme
de la gymnastique
de la danse
…

Quand?

le lundi
le vendredi
le mardi
le samedi
le mercredi
le dimanche
le jeudi

matin
après-midi
soir

B *Trouve dans ta classe trois élèves qui font la même activité que toi.*

Atelier B

Approche

1 Marie cherche Interclub.

143

Samedi après-midi, trois heures et quart: Marie téléphone.

Marie: Allô? Alex, c'est Marie! Je suis devant le collège. Tu es où?

Alex: Je suis déjà à Interclub. Je suis avec mes copains de judo.

Marie: Mais c'est où, Interclub?

Alex: Ce n'est pas loin. Va à droite, puis tourne à gauche après la boulangerie. Va tout droit et au café, tourne à droite. Traverse le carrefour: L'entrée est dans la rue à gauche.

Marie: Ok, j'arrive!

Ecouter et parler

2 Pardon, monsieur, pour aller à ...? (G 19)

→ En plus 132, 3 △

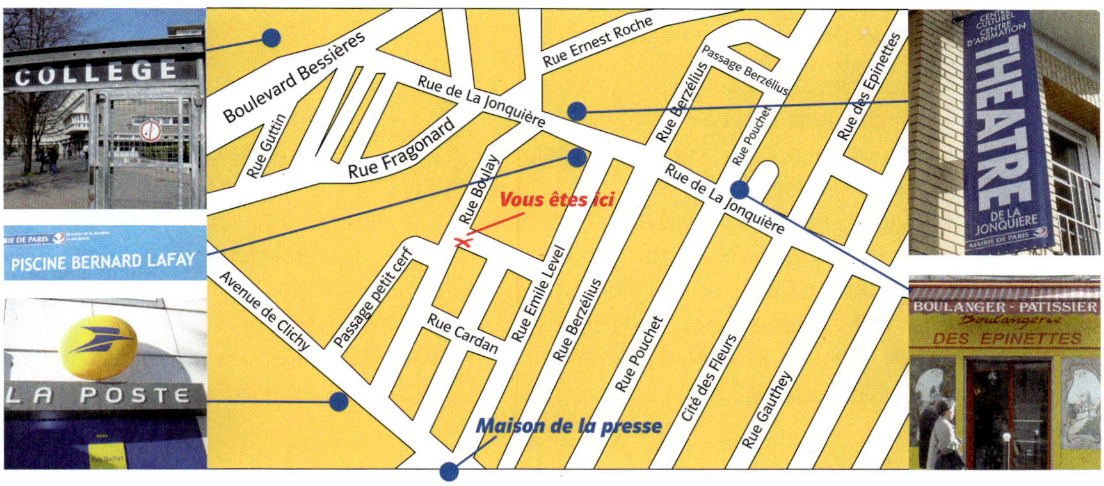

144–145

A *Regardez le plan et écoutez. Vous arrivez où?*

B Travaillez à deux. Faites des dialogues.

67, 8

Exemple:

- Pardon, monsieur, pour aller à la piscine, s'il vous plaît?
- Allez à droite, puis ...

ON DIT

- Pardon, monsieur / madame ..., je cherche ... où est ...? / pour aller à ..., s'il vous plaît?

- Tu vas / Vous allez tout droit.
  A la rue Boulay, tourne / tournez à gauche.
  Au café, tourne / tournez à droite.
  Ne tourne / tournez **pas** à droite.
  Traverse / Traversez le carrefour / la rue.

- Comment? / Pardon? / Vous pouvez répéter, s'il vous plaît?

- Tu vas / Vous allez tout droit. ...

- Ah, bon! Merci beaucoup, monsieur / madame.

3 Le champion numéro 1

146–147

1.

Marie retrouve Alex à l'entrée d'Interclub. A trois heures et demie, tout le monde est là. Le prof arrive et le cours commence. Les élèves font d'abord des exercices. Puis ils font des combats. Alex est vraiment super. Elle fait «ippon[1]» même avec les garçons!

Marie: C'est cool, le judo. J'ai une idée, Alex. Je vais faire une interview pour le journal du quartier.

Un garçon: Est-ce que tu as envie de faire ton interview avec un champion?

Alex: Il y a un champion, ici?

Le garçon: Ben moi, je gagne toujours!

2.

Marie pose des questions au garçon.

Marie: Comment est-ce que tu tombes? Est-ce que ça fait mal?

Le garçon: Non, non, ça ne fait pas mal.

Marie: Pourquoi?

Le garçon: Parce que je fais des exercices pour ça. Regarde, on tombe comme ça! … Aïe! Oh zut! C'est trop nul! Aïe! Aïe!

Le prof: Mais qu'est-ce que tu fais? Fais attention, s'il te plaît, Damien!

Alex: Ça va, maintenant, Damien? Tu as mal?

Damien: Non, non, ça va, merci. Ecoute, Marie, je n'ai pas envie de faire l'interview. Mais Alex, on fait un combat?

Alex: Pourquoi pas? Un combat avec le champion numéro 1, ça va être super, ça! Mais pas aujourd'hui!

1 **«Ippon!»** (japonais): Höchste Wertung im Judo (Gewonnen!)

Lire **4**

A propos du texte

A *Trouvez les réponses dans le texte.*

1. Où **est-ce qu'**Alex fait du judo?
2. Quand **est-ce que** le cours commence?
3. Qu'**est-ce que** les jeunes font en cours?
4. Comment **est-ce que** Marie trouve le judo?
5. Pourquoi **est-ce que** tomber ne fait pas mal, en judo?
6. **Est-ce qu'**Alex va faire un combat avec Damien?

B *Comment est-ce que vous trouvez Damien? Cool, sympa, nul? Pourquoi?*

Parler **5**

A Interclub 17

→ En plus 133, 5 △

68, 10

Damien parle avec Marie. Posez ses questions et trouvez les réponses de Marie.

Exemple: 1. – Pourquoi est-ce que tu regardes le cours de judo ?
– Parce que je trouve ça cool .

Pourquoi?

1. Tu regardes le cours de judo .
2. Tu n'es pas au cours avec nous.
3. Tu quittes déjà Interclub.
4. Tu rentres à pied.
5. Tu fais une interview.

Parce que / qu'

Il est tard.

Je n'habite pas loin.

Je fais déjà de l'athlétisme.

J'aime poser des questions. Comme toi.

Je trouve ça cool.

Ecouter **6**

L'interview d'Alex

148

A *Marie fait l'interview d'Alex. Ecoutez. Vrai ou faux?*

1. Le cours de judo d'Alex est un cadeau de ses tantes.
2. Interclub n'est pas loin de la maison d'Alex.
3. Ce sont des cours de 40 minutes.
4. Alex fait des exercices avec son père.

B *Retrouvez les questions de Marie.*

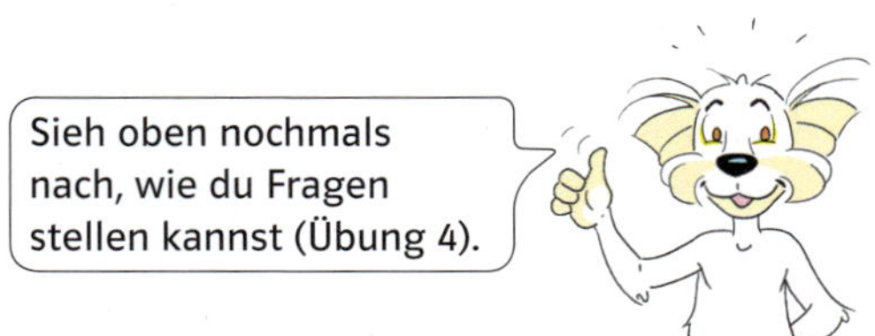

Ecrire et parler **7**

On prépare une interview. (G 20)

Prépare l'interview d'un copain ou d'une copine. Note d'abord tes questions. Puis fais l'interview.

Exemple: Qu'**est-ce que** tu fais comme activités?

Continuez: Où … → faire du / de la / de l'
Est-ce que … → loin / aimer bien …
Quand … → commencer
Pourquoi … → aimer le / la / l'
Comment … → aller à
…

Atelier C

1 Au stand de crêpes

149–152

1.

Ouaouh! C'est fantastique, le roller! Dans le parc des Batignolles, tout le monde regarde Léo et Mehdi. Ah, sur le portable de Léo, il y a un SMS de Marie!

Tu fais quoi? On regarde 1 film ce soir? → **:-(Bof. Non merci! Suis dans le parc des Bat. avec M.** → **OK, Alex et moi, on va au stand de crêpes.** → **super idée :-)) On arrive aussi! A +**

2.

Marie: Salut tout le monde. J'ai soif! On prend quelque chose au stand de crêpes?
Léo: Oh oui! Moi, j'ai faim. J'ai envie de manger une gaufre, ou même deux. Ça coûte combien?
Alex: Regarde ici. Bon, moi, j'ai 4 euros et … 70 centimes.

3.

Le vendeur: Bonjour! Alors j'écoute!
Marie: Bonjour, je voudrais un coca, s'il vous plaît.
Léo: Une gaufre et une eau minérale s'il vous plaît.
Mehdi: Pour moi, un jus de pomme et une crêpe! Et toi, Alex, tu prends un jus d'eau, c'est ça?
Le vendeur: Un judo? Euh … un jus d'orange?
Alex: Non, moi je prends un diabolo menthe.
Léo: Ça fait combien?
Le vendeur: Pour toi, ça fait 4,90 € …

4.

Mehdi: Regardez ma crêpe, elle est sympa, non?
Marie: Ah, c'est cool, ça!
Le vendeur: Tiens, c'est une idée super! Je vais faire une affiche: «Et pourquoi pas une crêpe sympa?» Vous prenez encore une crêpe? C'est un cadeau.

Et vous? Qu'est-ce que vous prenez?

Lire **2**

A propos du texte

→ En plus 133, 6

1. Où sont les garçons? Qu'est-ce qu'ils font?
2. Où est-ce qu'ils retrouvent les filles?
3. Et là, qu'est-ce que les enfants prennent?
4. Une crêpe coûte combien? Et un diabolo menthe?
5. Que va faire le vendeur?

Vis-à-vis **3**

Un stand de crêpes

Mehr dazu f3y5d4

Was gibt es an diesem Stand?
Was gibt es an einem Imbiss-Stand in Deutschland?

En forme **4**

Chanson (G 21)

→ En plus 133, 7 △

Ecoutez et répétez. Puis notez les formes du verbe **prendre**.

Le rap des crêpes

Salut tout le monde, qu'est-ce que vous faites?
On chante le rap, le rap des crêpes.

On ? quelque chose? Qu'est-ce qu'il y a?
Tu ? une gaufre et un coca?

Je ? une gaufre. Et vous, les filles?
Vous ? une gaufre à la vanille?

Mais qu'est-ce qu'**ils** ?, les garçons?
? une crêpe, les crêpes, c'est bon.

Voilà les crêpes! J'ai déjà faim.
Bon appétit! Ça fait combien?

Parler **5**

Qu'est-ce que vous prenez?

ON DIT

le client / la cliente	le vendeur / la vendeuse du stand
– Bonjour, monsieur / madame.	– Bonjour. Qu'est-ce que tu prends?
– Le diabolo menthe, c'est combien s'il vous plaît?	– Le diabolo menthe, c'est 2,70 €.
– Alors, je prends un diabolo menthe. Et … je voudrais aussi … s'il vous plaît.	– Et voilà!
– Ça fait combien?	– Ça fait 6,80 €.
– Voilà 7 €.	– Et 20 centimes, merci!
– Merci, au revoir monsieur / madame.	– Merci et bonne journée!

Jouez à deux. Présentez votre dialogue.

Activités au choix

Die Aufgabe geht schneller als die anderen.

70, 1

Ihr habt die Wahl!
Die Aufgaben auf den Seiten 86–89 könnt ihr selbstständig und in beliebiger Reihenfolge bearbeiten. Arbeitet zu zweit. Auf S. 202 könnt ihr nachsehen, ob eure Lösungen stimmen.

*Wählt zunächst die Aufgabe aus, mit der ihr **beginnen** möchtet. Achtet genau auf die **Aufgabenstellung** und die Hinweise.*

En forme

1 Une chambre à deux (G 19)

GEBOTE UND VERBOTE AUSSPRECHEN

Trouvez des verbes qui vont avec les panneaux et mettez-les à l'impératif.
(Findet Verben, die zu den Schildern passen, und setzt sie in den Imperativ.)

parler | regarder | prendre | faire | ranger | écouter | jouer …

A **Exemple: 1.** Parle avec moi.

1. ? avec moi. **2.** ? tes devoirs. **3.** ? avec moi. **4.** ? tes affaires.

B **Exemple: 1.** N'écoute pas mes CD.

1. ? mes CD. **2.** ? mon t-shirt. **3.** ? mes photos. **4.** ? mon portable.

C *Inventez 3 autres panneaux et 3 autres phrases. (Erfindet 3 weitere Schilder und Sätze.)*

DIE BEDEUTUNG VON AUSDRÜCKEN ERSCHLIESSEN

Jeu de mots

2 Qu'est-ce qu'on prend? (G 21)

A *Qu'est-ce que c'est en allemand?*

prendre:
- une douche
- le train
- des notes
- un médicament
- une photo

B *Complétez avec les bonnes expressions de A.*

1. Ça fait mal, monsieur? Alors …
2. Attention, je … de toi. Clic!
3. Après le sport, nous …
4. Pour faire une interview, elles …
5. Pour aller à Paris, tu …

Médiation

3 Des activités pour tout le monde

DAS PROGRAMM EINES JUGENDTREFFS AUF FRANZÖSISCH ERKLÄREN

Ihr schlagt euren französischen Austauschschülern vor, in den Jugendtreff zu gehen. Erklärt ihnen, was der Jugendtreff ist und was man dort machen kann.

JUGENDTREFF WALDENBRONN

SAMSTAG:
Tanzen für Mädchen, Tischfußball

MONTAG:
Die Kinder des Monsieur Mathieu
oder Überraschungsfilm

DIENSTAG:
Selbstverteidigung für Kinder

MITTWOCH:
Fußball, Gitarrenkonzert

DONNERSTAG:
Spieleabend (Kartenspiele, Brettspiele)
Schreibatelier

FREITAG:
Theaterwerkstatt
Kochkurs: Wir backen Crêpes.

STRATEGIE

Ihr müsst nicht jedes Wort wiedergeben. Unwichtiges könnt ihr weglassen. Im Wort „Kartenspiele" ist z. B. „Spiele" wichtiger als „Karten". Die Wendungen unten können euch helfen.

Alors, il y a …
On fait du / de la / de l' …
Ce sont des …
C'est quelque chose comme / pour faire …
Vous trouvez ça bien?

En forme

4 Bientôt samedi! (G 17)

GESPRÄCH: ZWEI PERSONEN UNTERHALTEN SICH DARÜBER, WAS SIE MACHEN WERDEN

Mettez les verbes au futur composé. Faites le dialogue.

Moi:

1. Tu (aller) chez Léo, samedi après-midi?

3. Mais non. Léo (inviter) Alex et Jérôme et ils (préparer) une surprise.

5. Mais non, nous (regarder) ensemble des combats de judo à Paris avec Morgane Ribout.

7. Oui, mais tu (ne pas regarder) les combats avec nous. C'est dommage!

Morgane Ribout, championne de judo

Toi:

2. Chez Léo? Oh non, Léo et ses copains (écouter) des CD de rock et moi, je déteste le rock.

4. Bof! Vous (faire) des jeux vidéo, comme toujours! C'est trop nul.

6. C'est vrai? Mais elle est vraiment super, Morgane Ribout! Ça (être) cool!

8. Quoi? Mais si!

SAGEN, WO ETWAS IN EINER WOHNUNG STEHT

Jeu de mots

5 Un rêve bizarre

1

2

3

4

5

6

A *Faites des phrases.*

Exemple:

1. C'est la catastrophe, l'ordinateur est dans l'entrée!

B *Et chez vous? Dans quelles pièces sont ces objets?*
(In welchen Zimmern sind diese Gegenstände bei euch?)

Exemple:

1. Chez nous, l'ordinateur est dans ma chambre.

> **Vis-à-vis**
>
> Attention! In Frankreich steht in **la chambre** (= Schlafzimmer) immer ein Bett. Wenn ihr allgemein von Zimmer sprechen wollt, benutzt das Wort **la pièce**.

Parler

6 Qui est «Scoubidou»?

FRAGEN FÜR EINE RÄTSEL-AUFGABE ERFINDEN

Schüler A wählt eine Figur aus dem Buch aus, verrät sie aber nicht. Er nennt sie vorläufig „Scoubidou". Schüler B stellt Fragen und versucht zu erraten, wer „Scoubidou" ist. Danach tauscht ihr die Rollen.

Elève B	Elève A
Exemple: – «Scoubidou» a quel âge?	– Je ne sais pas.
– Est-ce qu'il va au collège?	– Non, il ne va pas au collège.
– Qu'est-ce qu'il aime?	– Il aime jouer avec Malou et il aime faire un tour dans le parc.
– C'est **Malabar**!	– Oui, c'est ça!

Il / Elle a quel âge? | Est-ce qu' …? | Qu'est-ce qu' …? | Où / Quand / Comment / Pourquoi est-ce qu'… | C'est le père / la mère / la grand-mère de …?

habiter | faire du / de la / des | aimer, ne pas aimer, détester | travailler | aller au lit tard / à … heures. | aller chez … en voiture / à pied

Lire et écrire

7 Mon quartier et mes activités

EINE FRANZÖSISCHE E-MAIL VERSTEHEN UND BEANTWORTEN

A *Lisez le texte et les questions. Ecrivez vos réponses dans votre cahier.*

1. Quand est-ce que l'élève va arriver chez Valentin?
2. Un terrain de sport, qu'est-ce que c'est en allemand?
3. Qu'est-ce qu'on trouve dans une bibliothèque?
4. Pourquoi est-ce que Valentin et ses amis ne jouent pas dans la rue?
5. Est-ce qu'il y a une piscine dans le quartier de Valentin?
6. Est-ce qu'il y a un cinéma?

Bonjour,
C'est déjà fin mars et dans 15 jours, tu vas arriver chez nous. Alors, je vais te parler de mon quartier et de mes activités. Dans mon quartier, il y a mon collège et un terrain de sport. Il y a aussi un parc et une bibliothèque. Dans les rues, il y a des magasins et des cafés. Et il y a toujours des voitures, même le dimanche! Alors avec mes copains, on ne joue pas dans la rue. Dommage! Le mercredi après-midi, pour faire du foot, nous allons au terrain de sport et pour faire du roller, nous allons au parc. Le samedi, je fais un tour avec des amis ou je fais du saxophone avec mon copain Antoine. Le dimanche, ma famille et moi, nous faisons des jeux ou nous allons à «Aqua-Parc» faire de la natation. Ce n'est pas loin. Tu as envie de raconter comment c'est chez toi? Qu'est-ce que tu fais le week-end?
A bientôt,
Valentin

Regardez encore la **stratégie** à la page 68!

PORTFOLIO

B *Répondez au courriel de Valentin.*

71, 2

STRATEGIE

Lest Valentins E-Mail noch einmal genau durch.

- Wie beginnt er die E-Mail, wie beendet er sie?
- Was erzählt er (was, wann, wo)?
- Welche Fragen stellt er?

Schreibt dann eure Antwort. Beantwortet Valentins Fragen. Beginnt eure E-Mail mit einer Anrede und beendet sie mit einem Gruß.

Mon dico personnel
Lerne die Wörter für die Dinge und Orte, die in deinem Wohnviertel wichtig für dich sind. Beispiele findest du im Vokabular auf Seite 174.

Aufgaben erledigt? Prima!
Nehmt euch jetzt ein paar Minuten Zeit, um über die Fragen unten nachzudenken. Sprecht mit eurem Partner / eurer Partnerin darüber.

- Welche Aufgaben sind euch leichtgefallen?
- Welche Aufgaben fandet ihr schwierig?
- Was genau war schwierig?
- Was hat euch bei der Bearbeitung geholfen?

Bilan

Überprüfe, was du kannst!
Vergleiche deine Lösungen mit den Lösungen auf Seite 202.

1 Parler

Du kannst jetzt schon …

Und so kannst du den Satz anfangen:

Du kannst jetzt schon …	Und so kannst du den Satz anfangen:
1. … jemanden nach seinem Hobby fragen.	… comme activité?
2. … sagen, dass du (immer) samstagmorgens Sport machst.	… je fais du sport.
3. … nach dem Grund fragen.	… est-ce que tu rentres déjà?
4. … einen Grund angeben.	… il est tard.
5. … fragen, wann man etwas macht.	… qu'on va à Paris?
6. … fragen, ob jemand Schmerzen hat.	… as mal?
7. … jemanden nach dem Weg fragen.	Pardon, … piscine?
8. … jemanden bitten, etwas zu wiederholen.	Vous pouvez …?
9. … sagen, dass du hungrig und durstig bist.	J'ai …
10. … fragen, wie viel ein Crêpe kostet.	…, une crêpe?
11. … sagen, was du möchtest.	Je … une eau minérale, …
12. … einen schönen Tag wünschen.	Bonne …!

Mehr dazu 4bs7cf Weitere Übungen findest du im Internet.

2 Jeu de mots

Trouve les mots et complète les phrases.

1. Je vais passer la ? de vendredi à ? chez mon copain.
2. En avril, je vais passer 10 ? chez ma grand-mère.
3. Oh, il est ? . Il est ? minuit.
4. ? à 3 heures moins le quart, je fais de la guitare.
5. ? , je vais au lit à 9 heures et demie.

Grammaire

G17 aller faire qc: Das **Futur composé**

Aujourd'hui, (Heute …)
Alex **travaille** pour l'école.

Demain, (Morgen …)
elle **va** **faire** du sport,

elle **ne va pas** **travailler**.

G18 du, des: Die Präposition **de** und der bestimmte Artikel

Voilà une photo **des** filles:
Alex fait **du** judo.
Marie fait **de la** danse et **de l'**athlétisme.

de + les	→	des
de + le	→	du
de + la	=	de la
de + l'	=	de l'

G19 Regarde. Regardons. Regardez.: Der Imperativ

Aussage	Imperativ
je regarde	**Regarde.**
nous regard**ons**	**Regardons.**
vous regard**ez**	**Regardez.**
	Seht / Sehen Sie mal!

! je **vais** aber **Va** … Geh!
der Imperativ – **l'impératif**

G20 Est-ce que …? Fragen stellen

	Tu as mal?
Est-ce que	tu as mal?
Où est-ce que	tu as mal?

! Est-ce **qu'il** a mal?
Où est-ce **qu'elle** a mal?

G21 je prends, tu prends …: Das Verb **prendre** (nehmen)

Singular		Plural	
je	**prends**	nous	**prenons**
tu	**prends**	vous	**prenez**
il / elle / on	**prend**	ils / elles	**prennent**

Unité 6
On va à la fête!

Vis-à-vis

Mehr dazu p7p5sh

Seht euch die Bilder an: Wie feiert man den 14. Juli in Frankreich? Wisst ihr, wann man in Deutschland den Tag der Deutschen Einheit feiert? Was wisst ihr über wichtige Feiertage in anderen Ländern?
Ihr könnt auch das Video im Internet ansehen.

Le 14 Juillet, en France, c'est la Fête nationale. A Paris, il y a un grand feu d'artifice à la tour Eiffel. Les gens vont au bal et dansent dans la rue.

Findet die deutschen Wörter für ***une fête, un feu d'artifice, un bal, danser.***

PORTFOLIO

Am Ende dieser Unité kannst du von einem Fest erzählen. Du kannst auch über Kleidung sprechen.

Atelier A

Ecouter **1**

Dans le TGV

163 *Ecoutez et répondez:*

1. Qui parle?
2. Où est-ce que les personnes vont?
3. Pourquoi?

Qu'est-ce que vous comprenez encore?

Vis-à-vis

TGV steht für Train à Grande Vitesse. So heißt der französische Hochgeschwindigkeitszug. Was entspricht dem in Deutschland?

Approche **2**

Tu as rangé, Marie?

164 Aujourd'hui, les Chabane préparent l'arrivée de Delphine, une amie de Mme Chabane, et de sa fille Lilou.

75, 2

Clara: Hier, **j'ai rangé** notre chambre.
Marie: Quoi? Tu as posé des trucs sous mon lit, ça oui!
Clara: Ecoute, nous avons déjà discuté du problème! Je n'ai pas envie de ranger tes affaires.
Mme Chabane: Delphine et Lilou ont téléphoné. Elles arrivent à 11 h 25. Vous n'avez pas rangé?
Clara: Si, j'ai rangé mes affaires et on a fait le lit de Lilou.
M. Chabane: Bon, alors moi, je prépare le repas.
Clara: Papa, on fait aussi un gâteau?
Marie: Et moi, alors? Je reste ici et je range, c'est ça?
M. Chabane: Mais non, viens avec nous dans la cuisine. On range ensemble après.

A *Seht euch die fett gedruckte Form **j'ai rangé** an. Man nennt sie **Passé composé**. In dieser Form stecken zwei Verben. Wie lauten die Infinitive dieser beiden Verben?*

B *Findet heraus, welche Zeit das Passé composé ausdrückt. Sammelt weitere Beispiele für diese Form im Text und vergleicht sie.*

En forme **3**

Chez les Chabane

→ En plus 134, 1 △

Racontez au passé composé.

1. Mme Chabane (raconter) des histoires sur Delphine.
2. Puis, les filles (retrouver) Gabriel.
3. *Gabriel:* Où est-ce que vous (ranger) mes affaires?
4. *Marie:* Nous (ranger) tes jeux.
5. Tu (regarder) dans ta chambre?
6. *Clara:* Et puis, je (faire) un gâteau.
7. *Gabriel:* Moi aussi, je (travailler). Je (faire) un tour avec Moustique.

4 Le journal de Marie

165–167

Avant la lecture: *Delphine et Lilou vont arriver à Paris. A votre avis, que pense Marie?*

Jeudi 30 JUIN

Les grandes vacances ont commencé samedi dernier, mais je ne suis pas contente parce qu'on va rester à Paris en juillet! Et pourquoi est-ce qu'on reste? Parce que maman a invité son amie Delphine et sa fille Lilou ... C'est une idée nulle! Et puis je suis triste parce que mes copains et copines ne sont pas là ... 😕. Maman dit toujours: Lilou est une fille intéressante et elle est très bonne à l'école. Peut-être. Mais moi, je n'ai pas envie de rester ici pour une fille pas cool comme elle. Et puis est-ce qu'elle va être sympa avec moi?

Vendredi 7 JUILLET

Et voilà: Lilou est là! Mais d'abord, l'arrivée à la gare de Lyon. Nous avons cherché le train. Et Gabriel, qu'est-ce qu'il a fait? Monsieur a fait un tour dans la gare, il a écouté des chanteurs et il a oublié le train, Delphine et Lilou! La gare de Lyon est très grande. Alors, avec papa, on a cherché mon petit frère.
On a regardé à droite et à gauche et 10 minutes après, on a enfin retrouvé Gabriel et aussi maman et ses amies. Ouf!
Encore un mot: Lilou et moi, on va être des grandes copines! Mais salut, journal, Lilou arrive ...

Samedi 8 JUILLET

Hier soir, on a fait une petite fête pour l'arrivée de Lilou: Clara, Lilou et moi, on a fait des crêpes, on a dansé et on a discuté encore après minuit (c'est les vacances ...). Lilou aime bien Moustique. Et Moustique aime bien Lilou ... et son chapeau.

Lire

5 A propos du texte

A *Trouvez le bon ordre.*

B *Faites une phrase pour chaque image.*

1

2

3

4

5

6

Lire

6 In einem Text das Wichtigste herausfinden

A *Lest noch einmal den 2. Abschnitt von Maries Tagebuch (7 juillet). Welche der beiden folgenden Reihen enthält eher die Schlüsselwörter?*

1. d'abord | qu'est-ce qu'il a fait | écouté des chanteurs | Delphine et Lilou | à droite | à gauche | maman et ses amis | ouf

2. la gare de Lyon | cherché le train | Gabriel | fait un tour | oublié le train | cherché | frère | retrouvé

STRATEGIE

In jedem Text gibt es Wörter, die für den Inhalt wichtiger sind als andere.
Man nennt sie **Schlüsselwörter** (mots-clés).
Sie können dir helfen, die Hauptaussage eines Textes zu verstehen.

B *Arbeitet zu zweit. Lest den 3. Abschnitt von Maries Tagebuch (8 juillet). Schreibt wie in Teil A eine Wortreihe auf, in der die Schlüsselwörter stehen. Stellt eure Auswahl in der Klasse vor und vergleicht sie mit anderen.*

En forme **7**

Les vacances (G 22)

Avant l'arrivée de Lilou, Marie et Alex parlent des vacances.

Alex:
1. D'abord, **je fais** des t-shirts avec des photos de Malou.
2. Puis **je prépare** une fête avec mes copains de judo.
3. Et après, **on passe** trois semaines chez mes cousins.
4. Et vous, qu'est-ce que **vous faites**?

Marie:
5. **Nous ne quittons pas** Paris.
6. **Nous invitons** des amies de ma mère.
7. **Elles passent** quelques jours ici.
8. Et avec elles, **on va faire** des tours dans Paris.

Après les vacances, Alex et Marie racontent … Mettez les phrases au passé composé.

Parler **8**

Qu'est-ce que tu as fait hier? (G 22)

Un ami téléphone. Vous parlez de la journée d'hier. Utilisez les mots donnés.

Exemple: – Hier, j'ai invité … Puis, j'ai … Après, … Et toi, qu'est-ce que tu …?
– D'abord, j'ai … Nous …

hier | mercredi dernier | d'abord | puis | après | alors | enfin

regarder | écouter | travailler | jouer | inviter | retrouver | faire | passer | …

En forme **9**

Le 14 Juillet (G 23)

→ En plus 134, 2 △

A *Accordez les adjectifs.*

	maskulin	feminin
Singular	**grand**	**grande**
Plural	**grands**	**grandes**

Exemple: 1. Le 14 Juillet est **une** grande fête français**e**.

1. Le 14 Juillet est une (grand) fête (français).
2. Le soir, il y a un (joli) feu d'artifice et un (grand) bal.
3. Tout le monde danse: les parents, les (grand) et les (petit) enfants.
4. Les gens sont (content), c'est une fête (fantastique).
5. Au stand de crêpes, les crêpes sont (bon).
6. Et puis, on ne travaille pas le 14 Juillet, alors c'est un (bon) jour.

77, 7 **B** *Vergleicht die Stellung der Adjektive im Deutschen und im Französischen. Was fällt euch auf?*

Ecouter **10**

Ce soir, c'est le bal, mais d'abord …

168 *Ecoutez le texte deux fois. Puis corrigez les phrases.*

1. Clara est dans la cuisine.
2. Marie est contente.
3. Clara dit: Le t-shirt est petit pour toi.
4. Marie trouve le sac de Clara nul.
5. Lilou quitte l'appartement.

Atelier B

1 Au bal du 14 Juillet

169–172

1.

Chez les Chabane, une heure avant le bal.

M. Chabane: Les enfants, mettez l'eau pour Moustique dans la cuisine, s'il vous plaît. Le chien va rester ici.

Marie: Dommage, Moustique, mais papa a raison, un bal, ce n'est pas très intéressant pour un chien! Ecoute, je mets ma robe, et après, on va ensemble dans la cuisine.

78, 8

2.

Une heure après. Place de la Bastille, c'est déjà la fête.

Lilou: C'est bien, ici! Regarde les stands. Et la musique n'est pas mauvaise. On va danser?

Mme Chabane: Mais oui, allez danser! Clara, donne la main à ton petit frère, s'il te plaît!

Clara: Oh, zut, pourquoi toujours moi? Bon, viens Gabriel!

3.

Devant un stand, un grand garçon parle à un petit.

Le grand: Regarde les filles, Noah. Elles ne vont pas danser avec un petit comme toi!

Noah: Quoi, un petit comme moi? Reste ici et regarde!

Noah tourne sa casquette, met ses mains dans ses poches, puis il arrive devant les filles. Il demande à Marie:

Noah: Salut! Tu danses avec moi?

Marie: Euh … non merci, je n'ai pas envie.

Noah: Ecoute une minute! C'est un petit jeu entre mon frère et moi: tu danses avec moi et je gagne! Allez, il regarde!

Marie: Ah bon? Alors d'accord. On va montrer une petite danse à ton frère!

→

4. Cinq minutes après.

Lilou: Alors, Marie, tu as trouvé un petit copain?

Marie: Mais non! C'est un jeu entre les deux frères: j'ai dansé avec le petit garçon et il a gagné. Regarde, il parle à son frère, maintenant!

Clara: Toi, Marie, tu aides toujours tout le monde!

Lilou: Ah! C'est son frère, l'autre garçon? Alors, j'ai une bonne idée, regardez bien! Je vais demander une danse au grand frère.

Lilou: … Eh, toi, tu danses avec moi?

Le frère de Noah: Qui? Moi? Euh …! Non, … il est tard … viens, Noah, on rentre! Salut!

Lilou: Quoi? Salut? Tu regardes, ton petit frère danse pour toi, et puis «Au revoir, tout le monde»! C'est vraiment super de rencontrer des gens sympas comme toi! Bon, allez, Marie, nous, on danse!

Lire

2 A propos du texte

173

A *Qui parle?*

Exemple: **1.** Gabriel, tu restes avec Clara! → C'est Mme Chabane.

2. Tu es triste, Moustique? Mais nous allons bientôt rentrer.

3. Ouaouh, la place de la Bastille est vraiment grande.

4. Ma sœur est vraiment trop sympa avec tout le monde.

5. Je vais montrer à mon frère comment on parle à une fille!

6. Zut! Il danse vraiment avec elle. Il a gagné!

7. Aïe! Clara! Ma main!

B *Vous allez à une fête. Qu'est-ce que vous allez faire à la fête?*

…eu de sons

3 [ε] comme «fête» ou [e] comme «arrivée»?

174

A *Ecoutez les mots. Quand vous entendez* **[ε]**, *levez les mains.*

B *Ecoutez et répétez les phrases. Puis notez-les. Attention aux accents et aux apostrophes.*

juillet | même | février | mauvais | à pied | très | déjà | une journée | mettre | treize | Zoé | hier

En forme

4 A la fête … (G 24)

→ En plus 135, 3

Racontez au présent. Mettez les verbes à la bonne forme.

A

1.	**Deux garçons**	aider	une casquette.
2.	Noah	porter	**les filles.**
3.	Marie	**regarder**	le petit garçon.

B

1.	**Clara**	montrer	une danse	**à Gabriel.**
2.	Noah	**donner**	une petite danse	**au** frère de Noah.
3.	Marie et Noah	parler	**la main**	**à** Marie.
4.	Noah	demander		**à** son frère.

C *Racontez: mettez les phrases de B au passé composé.*

En forme

5 Le puzzle (G 24)

Spielt in Vierergruppen. Bildet sinnvolle Sätze mit den Puzzleteilen. Jedes Gruppenmitglied ist bei jedem Satz für eine Farbe zuständig. Wechselt die Zuständigkeit bei jedem Satz. Spielt 10 Minuten lang. Schreibt die Sätze auf. Setzt die Verben dabei ins Präsens. Die Gruppe mit den meisten sinnvollen Sätzen hat gewonnen.

poser | des questions | aux élèves | Le professeur

Nicolas | à ses copains | **raconter** | des histoires

des photos | **montrer** | Les parents | à leurs amis

à sa mère | Léa | **téléphoner**

Les élèves | au professeur | leurs cahiers | **donner**

6 Un courriel

175

de: lilou.malibert@hotmail.com
date: jeudi 21 juillet 2011 14:04
à: marie.chabane@net.fr
objet: Merci!

Chère Marie,
Merci et encore merci! Paris est vraiment fantastique! J'ai raconté le bal et même l'histoire de ton «copain» à mes copines. J'ai aussi montré les photos du feu d'artifice du 14 Juillet à mon père et il a bien aimé les couleurs, surtout le feu d'artifice bleu, blanc et rouge derrière la tour Eiffel.
Et merci pour ton joli cadeau d'anniversaire: la casquette rouge et jaune est vraiment super!

Salut de Lyon!
Lilou

Lire

7 A propos du texte

A **1.** A qui est-ce que Lilou a raconté le bal?
2. A qui est-ce qu'elle a montré les photos?
3. Qu'est-ce que le père de Lilou a bien aimé?
4. Qu'est-ce que c'est, le cadeau d'anniversaire de Marie pour Lilou?

B *Ecris un courriel pour dire merci pour un cadeau.*

Jeu de mots

8 Des vêtements et des couleurs (Vocabulaire, p. 178)

→ En plus 135, 4

bleu – blanc – rouge – noir – jaune – vert – gris

A *Quels vêtements est-ce que vous aimez? Quels vêtements est-ce que vous n'aimez pas?*

Exemple: J'aime bien la casquette jaune de Noah.

B *Dessinez vos vêtements de rêve et présentez votre dessin à votre classe. Vous pouvez aussi faire un collage.*

En forme **9**

Jouez à la tombola (G 23)

Jouez avec deux dés. Qu'est-ce que vous avez gagné?
Attention à la forme et à la place des adjectifs.

Exemple: Moi, j'ai gagné un joli sac gris et rouge. Et toi?

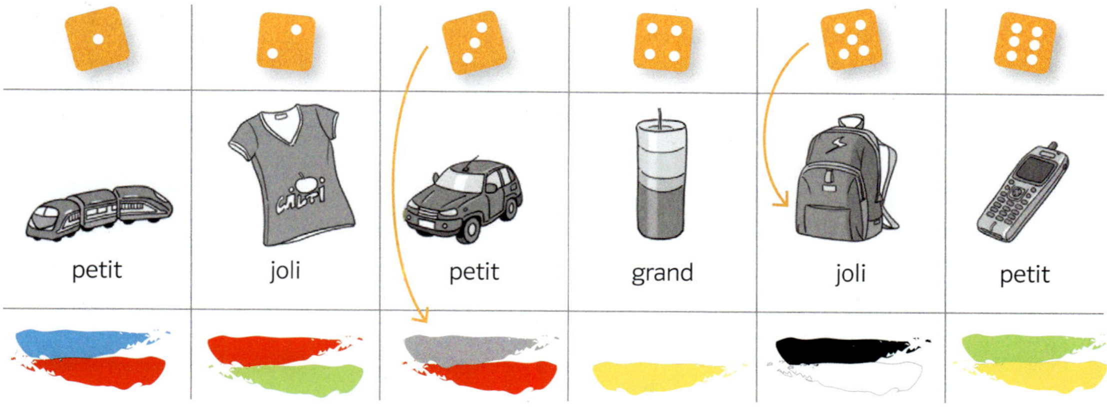

En forme **10**

Après la tombola (G 25)

→ En plus 136, 5 △

A *Complétez avec la bonne forme du verbe* ***mettre***.

mettent | mets | mettez | met | mets | mettons

Où est-ce que …

1. … tu ? le train?
2. … tes copains ? les t-shirts?
3. … je ? la voiture?
4. … vous ? les bougies?
5. … ta copine ? son sac?
6. … nous ? les portables?

B *Regardez l'image et trouvez des réponses aux questions de A. Utilisez le verbe mettre.*

Exemple:
1. – Où est-ce que tu mets le train?
   – Je mets le train sur ma table.

Ecrire **11**

Un poème sur …

Ecrivez un poème sur un garçon ou une fille, avec ou sans rime.
Les mots suivants peuvent vous aider.
(Schreibt ein Gedicht über einen Jungen oder ein Mädchen, mit oder ohne Reim. Die folgenden Wörter können euch helfen.)

mauvais	sympa	petit	noir	cadeau
juillet	je ne sais pas	joli	soir	techno
français …	chat …	nuit …	devoir …	vélo …

Il a 12 ans
Toujours content
Il est très grand
Et intéressant
Il aime les chiens
Et ses copains
Ça, c'est très bien.

Vis-à-vis

Wie werden diese Feste bei euch gefeiert?

Pratique: tâches

Ecouter et lire **1**

Des jours pas comme les autres

Mehr dazu 2bz6iz

176

Le 14 Juillet est **la Fête nationale** de la France: c'est l'anniversaire de la Révolution française. Mais il y a d'autres jours pas comme les autres …

Ecoutez et lisez les textes, puis trouvez les 5 erreurs sur les dessins.

1. C'est **Noël**! Dans la nuit du 24 décembre, le père Noël passe[1]. Et le matin[2] du 25, les enfants trouvent les cadeaux sous l'arbre[3]. Mais le 26 décembre, en France, tout le monde travaille.

2. Le premier dimanche de janvier, c'est la **Fête des Rois**[4]. On mange la galette[5] des rois. Quand on a trouvé la fève[6], on est le roi ou la reine.

3. C'est le **1er avril**, le jour des «poissons[7] d'avril»! Tout le monde fait des blagues[8], et souvent[9], on a un poisson en papier sur ses vêtements et on ne le sait pas!

4. A **Pâques**, les cloches apportent des œufs[10]. Les enfants cherchent les œufs dans l'appartement ou dans le jardin[11]. C'est bon, les œufs en chocolat!

5. Le 21 juin, c'est la **Fête de la musique**. Tout le monde est dans la rue. On écoute et on fait de la musique.

1 passer vorbeikommen – **2 le matin** am Morgen – **3 un arbre** ein Baum – **4 un roi, une reine** ein König, eine Königin – **5 une galette:** ein Kuchen – **6 une fève** eine dicke Bohne – **7 un poisson** ein Fisch – **8 une blague** *hier:* ein Streich – **9 souvent** oft – **10 un œuf** ein Ei – **11 un jardin** ein Garten

Ecrire

2 Une fête

Vous avez fait une fête avec vos amis ou votre famille. Ecrivez 8 phrases. Racontez:

- Quand est-ce que vous avez fait cette fête?
- Qui est-ce que vous avez invité?
- Qu'est ce que vous avez fait à la fête?

Médiation

3 Au joli mois de juillet

177

A *Du bist mit deinen Eltern in Frankreich im Urlaub. Am Nachmittag fährt ein Auto durch die Straßen und macht folgende Lautsprecherdurchsage. Erkläre deinen Eltern, worum es geht.*

B *In eurer Zeitung steht folgende Meldung. Du schlägst deinem französischen Austauschpartner vor, zu diesem Fest zu gehen. Erkläre ihm / ihr, was das für ein Fest ist und was es dort gibt.*

Kirchberg – 15. Juli:
Zum 20. Mal findet an diesem Samstag das **traditionelle Julifest** im Kiliansviertel statt. Das Fest startet um 15:00 Uhr mit der großen Kinder-Tombola[1].
Ab 19:00 Uhr spielt das River-Trio zum Tanz auf.

PORTFOLIO

4 Venez[2] à notre fête française!

Fais une affiche pour une fête française à ton collège.
Donne des informations sur la fête:

- *Qui?* – *Quand?*
- *Où?* – *Quoi?*

Mon dico personnel
Lerne die Wörter für die Dinge, die es bei eurem Fest gibt. (Vokabular, S. 179)

un sketch

un concert

des sandwichs *(m.)*

des boissons *(f.)*

des tartes flambées *(f.)*

1 une tombola [ytɔ̃bɔla] eine Tombola – 2 Venez. [vəne] Kommt!

Bilan

Überprüfe, was du kannst!
Vergleiche deine Lösungen mit den Lösungen auf Seite 203.

1 Parler

Du kannst jetzt schon …	*Und so kannst du den Satz anfangen:*
1. … einen Freund / eine Freundin fragen, was er / sie am letzten Samstag gemacht hat.	Qu'est-ce que …?
2. … erzählen, was du gemacht hast. (Freunde getroffen, Spiele gemacht)	D'abord, j'ai …
3. … sagen, wie es dir geht. (froh / traurig)	Je suis …
4. … sagen, was du anziehst. (Pulli / Turnschuhe).	Je …
5. … sagen, dass du jemandem geholfen hast. (Freund / Freundin)	J'ai …
6. … sagen, dass du jemandem etwas gegeben hast. (Freund / Buch)	J'ai donné …
7. … sagen, dass etwas eine gute Idee ist.	C'est une …

Mehr dazu q9rp3k

Weitere Übungen findest du im Internet.

2 En forme (G 23)

Bilde sinnvolle Sätze.
Bei manchen Sätzen sind mehrere Adjektive möglich!

1. A la fête, les gens sont **?**.
2. La musique n'est pas **?**.
3. Il y a des gaufres. Elles sont **?**.
4. Noah danse avec une **?** fille.
5. Il est très **?**.
6. Le **?** frère de Noah ne danse pas.
7. Mais après la fête, il dit: «Lilou est une fille **?**.»

intéressant | mauvais | content | grand | bon | joli | fantastique

3 Ecrire (G 24)

Racontez. Utilisez le passé composé.
*Attention à la préposition **à**!*

1. A la gare, Gabriel – parler à – un chanteur
2. Il – demander à – CD – le chanteur
3. Le chanteur – donner à – CD – le garçon
4. Gabriel – raconter à – histoire – sa famille
5. Il – montrer à – CD – ses copains

Grammaire

G 22 J'ai rangé ma chambre: Das Passé composé mit avoir

Aujourd'hui, (Heute ...)
Alex **téléphone**.

Hier, (Gestern ...)
elle a rangé sa chambre,
elle **n'** a **pas** téléphoné.

avoir — Participe passé

Infinitiv auf „-er"			**Participe passé auf „-é"**	
ranger	J'	**ai**	**rangé**	ma chambre.
poser	Tu	**as**	**posé**	des trucs sur mon lit.
chercher	Il	**a**	**cherché**	ses affaires.
discuter	Nous	**avons**	**discuté**	du problème.
préparer	Vous	**avez**	**préparé**	le repas?
téléphoner	Elles	**ont**	**téléphoné**.	
! **faire**	J'	**ai**	fait	mon lit.

G 23 Elle est contente: Das Adjektiv

Singular
Mehdi est content.
Alexandra est contente.

Plural
Mehdi et Léo sont contents.
Alexandra et Marie sont contentes.
! Léo et Marie sont contents.

das Adjektiv – **l'adjectif**

! Stellung!

J'ai retrouvé mon **t-shirt vert**.

J'ai retrouvé mon **joli t-shirt**.

Vor dem Nomen stehen:
petit (klein) bon (gut) mauvais (schlecht)
grand (groß) joli (hübsch)

G 24 J'ai montré le t-shirt à Jérôme: Das direkte und das indirekte Objekt

Alex montre **le t-shirt** **à son frère**.

direktes Objekt (**Wen?** oder **Was?**)

indirektes Objekt (**Wem?**)

Lerne die Verben immer mit ihren „Anschlüssen“:
demander **à** qn (indirektes Objekt)
aider qn (direktes Objekt).

das direkte Objekt – **l'objet direct**
das indirekte Objekt – **l'objet indirect**
das Subjekt – **le sujet**

! Stellung! Im Französischen S-V-O: Subjekt – Verb – Objekt (direkt vor indirekt)!

Aujourd'hui,	Alex	raconte	une histoire	à son frère.
Heute	erzählt	Alex	ihrem Bruder	eine Geschichte.

G 25 je mets, tu mets ...: Das Verb **mettre** (setzen / stellen / legen)

Singular		Plural	
je	**mets**	nous	**mettons**
tu	**mets**	vous	**mettez**
il / elle / on	**met**	ils / elles	**mettent**

Unité 7
P comme ... papa à Paris!

183 Super, papa passe une semaine à Paris! Il prépare un reportage sur notre ville pour son journal. Et moi, je suis son assistant! Nous allons visiter les endroits intéressants, faire des interviews avec des touristes et prendre des photos.

un assistant
un reportage
visiter
un touriste

PORTFOLIO
Am Ende dieser Unité könnt ihr in eurem Klassenzimmer eine Parisausstellung organisieren.

Le Louvre, un grand musée

La cathédrale Notre-Dame

La Défense: c'est un quartier très moderne.

Qu'est-ce que c'est en allemand?

un musée

moderne

une cathédrale

Trouvez ces monuments sur le plan de Paris à la fin de votre livre.

→ En plus 136, 1 △

Mehr dazu ug826y

Ihr könnt auch das Video im Internet ansehen.

Voilà l'Arc de triomphe.

Atelier

Approche **1**

Selbstständig arbeiten

86, 2

Die **Stationen** auf Seite 110 – 117 könnt ihr **selbstständig** und in **beliebiger Reihenfolge** bearbeiten. Die Stationen 1 – 3 müsst ihr machen, **Station 4** ist freiwillig. Geht am besten **zu zweit** auf eure Entdeckungsreise in und um Paris. Ihr bekommt einen **Laufzettel**, auf dem ihr festhalten könnt, was ihr bereits gemacht habt.

PORTFOLIO

Am Ende jeder Station findet ihr eine **Portfolioaufgabe**. Von diesen insgesamt vier Portfolioaufgaben müsst ihr nur **eine** bearbeiten.

Richtig gemacht?

Bei den meisten Aufgaben könnt ihr eure **Lösungen** auf **S. 203 überprüfen**. In dem Spiel am Ende der Lektion könnt ihr zeigen, was ihr in Unité 7 gelernt habt.

Neue Wörter

Versucht zunächst, **selbst herauszufinden**, was die Wörter bedeuten, bevor ihr im **Vokabelteil** nachseht. Wie ihr auf Seite 107 gesehen habt, ist das bei manchen Wörtern gar nicht schwer.

Aussprache

Hört zu Hause oder in der Klasse die **Tonaufnahmen** an. Im Vokabelteil findet ihr die **Lautschrift** der neuen Wörter. Oft könnt ihr die richtige Aussprache auch **selbst herausfinden**. Die folgende Übung zeigt euch, wie.

Stratégie **2**

Savoir prononcer

A *Diese Wörter habt ihr **schon gelernt**. Ihr wisst, wie man sie ausspricht.*

*Diese Wörter sind **neu**. Ihre Aussprache könnt ihr selbst herausfinden.*

comm**ent**	le v**ent**
cad**eau**	b**eau**
pie**d**	froi**d**
Truff**aut**	ch**aud**
bi**en**	un moy**en**
ils po**sent**	ils li**sent**

B *Findet heraus, wie man die folgenden neuen Wörter ausspricht. Welches schon gelernte Wort hilft euch jeweils bei der Aussprache?*

schon gelernt

une guitare
trop
une question
elles arrivent
un chanteur

neu

ils écrivent
fatigué
beaucoup
un avion
un lecteur

• ÜBER DAS WETTER SPRECHEN
• POSTKARTEN SCHREIBEN

Station 1

Bonjour de Paris!

Lire

1 Sur la tour Eiffel

184 Aujourd'hui, il fait beau et chaud. Sur la tour Eiffel, il y a beaucoup de touristes. M. Pirou commence ses interviews:

M. Pirou: … qu'est-ce que vous aimez, ici?

Un monsieur: C'est surtout la vue sur Paris. Elle est vraiment fantastique!

Une dame: Et puis la tour Eiffel est comme une petite ville: ici, il y a des restaurants, des boutiques de souvenirs, une poste, des films sur l'histoire de la tour Eiffel …

Le monsieur: Nous avons même visité le bureau de Gustave Eiffel …

Une autre dame: Vous écrivez pour un journal?

M. Pirou: C'est ça.

La dame: Moi, j'écris une carte postale, mais ici, il y a du vent. Oh! Ma casquette! Mes affaires!

Léo: Une minute! Je prends une photo.

A *Qu'est-ce qu'il y a sur la tour Eiffel?*

B *Regardez les mots à droite. Quels mots vont ensemble? Notez les expressions dans votre cahier.*

écrire	de touristes
il fait	fantastique
une vue	vent
il y a du	beau et chaud
beaucoup	une carte postale

Parler

2 Quel temps fait-il?

Bei fai**t**-il musst du die liaison machen: das -**t**- hört man, genauso wie bei **Quelle heure est-il.**

Faites des dialogues.

Exemple: – Quel temps fait-il aujourd'hui?
– Il fait chaud.
– Alors, je mets un t-shirt.

une veste · un anorak · un t-shirt · un pull · une casquette · …

ON DIT

Il fait froid.

Il neige.

Il fait mauvais.

Il pleut.

Il y a du vent.

Il fait beau.

Il fait chaud.

En forme

3 J'écris, tu lis … (G 26, 27)

→ En plus 136, 2 △

A *Complétez le filet à mots dans votre cahier. Trouvez 6–9 mots.*

écrire et lire: une carte postale – un poème – … – …

B *Regardez les verbes **écrire** et **lire** à la page 120. Puis jouez avec un dé et faites six phrases.*

Exemple: Elle écrit une carte postale.

je – tu – elle / il / on – nous – vous – ils / elles

Lire et écrire

4 Des cartes postales

A *Lisez les cartes postales des touristes. Quelle carte va avec quelle photo?*

B *Ecrivez une carte postale en français.*

1

2

3

Cher papi et chère mamie,
Comment allez-vous? Regardez mon copain sur la photo! Il n'est pas beau, mais il est cool, non?
Notre-Dame, c'est génial.
Bisous
Julie

Salut Léa,
Demain, il ne va pas faire beau. Alors, on va aller au musée du Louvre pour rencontrer la jolie Joconde!
Bises
Flavie

Coucou!
Nous écrivons de Paris. Aujourd'hui, on a visité la Défense. C'est intéressant et vraiment très moderne.
Grosses bises
Fabien et Liane

PORTFOLIO

5 A Paris, il fait beau!

Gestalte einen Wetterbericht in Form eines Bildgedichts wie im Beispiel rechts.

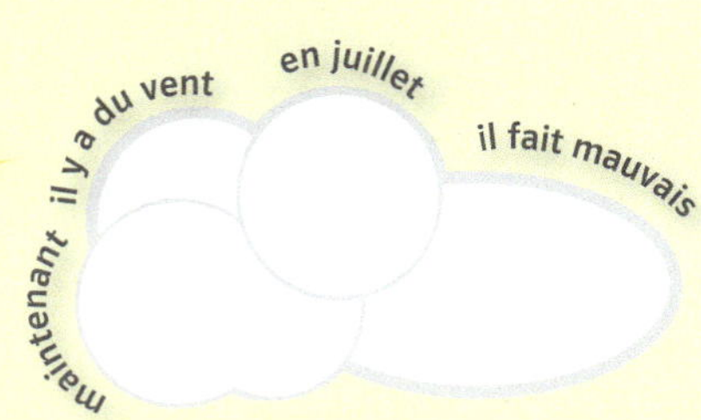

Station 2

ÜBER VERKEHRSMITTEL SPRECHEN

Des millions de kilomètres

Lire **1**

Trop tôt pour Léo

185

A 7 heures du matin, Léo et son père font déjà des interviews dans des bus, des gares et des stations de métro. C'est les vacances, et 7 heures, c'est tôt pour Léo. Il est encore fatigué.

M. Pirou: Ecoute ça, Léo! A Paris, les gens font 8 millions de kilomètres par jour avec les moyens de transport.

Léo: Combien de kilomètres, papa? Les gens sont un peu bizarres, tu ne trouves pas?

A *Ihr kennt schon diese Wörter:* → bientôt – enfin – à plus – attention – sport

Wie spricht man also diese Wörter aus? → tôt – matin – bus – station – transport

B *Lest euch gegenseitig den 1. Abschnitt des Textes vor. Benutzt die Methode «Lire et parler» auf S. 48.*

Vis-à-vis **2**

En train, en bus et en métro …

Mehr dazu k9k2zn

Voilà la gare de l'Est.

Tiens, une station de métro!

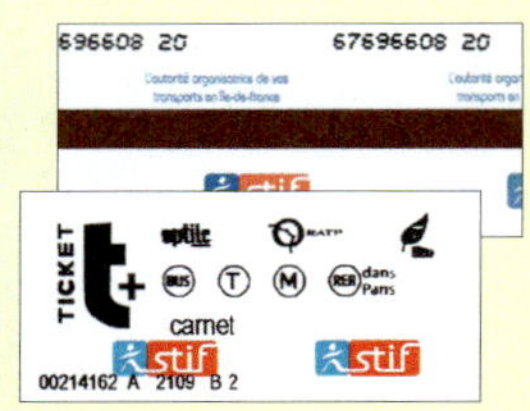

Voilà un ticket pour le métro ou pour le bus.

Le train arrive! A Paris, il y a six gares.

Zut! Le bus est en retard!

Le vélo, un moyen de transport écologique.

Super! Des vélos pour tout le monde!

A *Seht euch die Logos und Abkürzungen auf Seite 113 genau an. Zu welchen Pariser Verkehrsmitteln gehören sie? Welches Logo gehört nicht hierher?*

1 SNCF

2

3 TGV

4

5 velib'

6 RATP

B *Corrigez les phrases.*

1. A Paris, il y a 5 gares.
2. «Velib'», ce sont des trains pour tout le monde.
3. Voilà un «M» jaune. Ici, il y a un restaurant.
4. Un ticket de bus est aussi un ticket de cantine.

Parler

3 Comment est-ce que tu vas ...?

→ En plus 137, 3 △

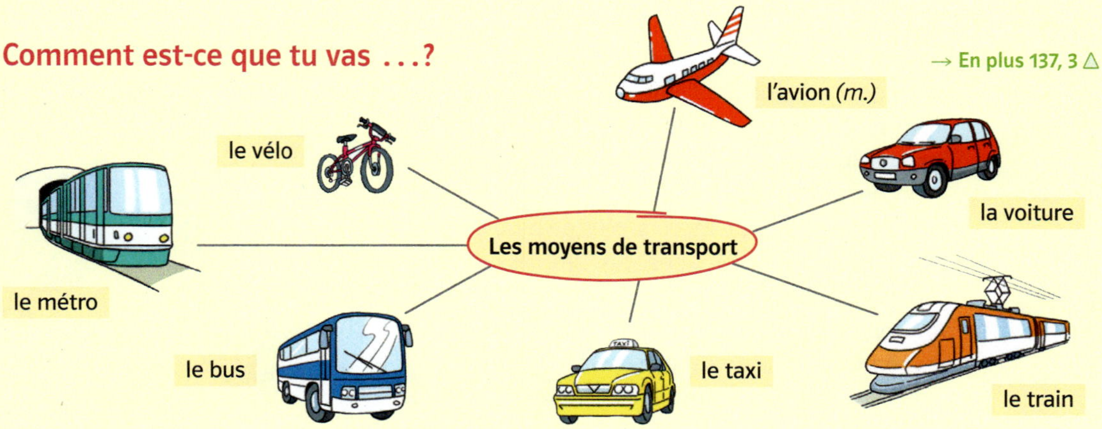

Faites des dialogues.

Exemple:
– Comment est-ce que tu vas à la piscine ?
– Je vais à la piscine en bus .

Continuez.

aller

à la piscine · à l'école · au cinéma · chez tes grands-parents · à la boulangerie · à la gare · à la poste

en métro · en bus · en train · en taxi · en voiture · en avion · à pied · à vélo

Ecouter

4 Chanson: Le blues des transports

Lest zuerst die Fragen. Hört das Lied mehrmals an und beantwortet die Fragen auf Deutsch in eurem Heft.

1. Für welches „Verkehrsmittel" wirbt das Lied?
2. Welche zwei Verkehrsmittel kommen in dem Lied nicht vor?

PORTFOLIO

5 Des mots-images

Wählt mindestens ein Verkehrsmittel.
Schreibt dessen Namen so, dass man am Schriftbild erkennt, was das Wort bedeutet.

Station 3

Au marché aux puces

EIN EINKAUFSGESPRÄCH FÜHREN

Lire **1**

Pas de problème!

187

M. Pirou: Bonjour, monsieur. Je fais un reportage avec mon fils … Je voudrais …

Le vendeur: Pas de problème, monsieur. Chez moi, on trouve des choses fantastiques! J'ai des jeux, des portables, des sacs, … Regardez! Même votre chien a déjà trouvé un copain, ici.

M. Pirou: Euh, … pour mon reportage, …

Le vendeur: Pas de problème! J'ai par exemple un super cadeau pour votre fils. C'est très joli: rouge, bleu et vert. On peut mettre ça dans sa poche. C'est petit, moderne et pratique. Tout le monde adore ça. Et alors, plus de problème pour faire ses devoirs, des jeux, des dessins ou pour inventer des histoires!

M. Pirou: Qu'est-ce que c'est? C'est cher?

Le vendeur: Non, ce n'est pas cher! 12 euros pour vous. C'est un stylo! Alors? C'est une bonne idée? Ah, mais voilà un autre client. Pas de problème, monsieur …

Das Wort ch**er** (lieb, teuer) spricht man wie sup**er** (toll).

Pourquoi est-ce que M. Pirou ne peut pas faire son interview? Commencez comme ça:

M. Pirou ne peut pas faire son interview parce que …

Vis-à-vis

Der Flohmarkt in Saint-Ouen ist der größte in Paris. Dort sind mehr als 2000 Händler, die alles Mögliche verkaufen, von allerlei Trödelware bis zu Kunstwerken.

LE MARCHÉ EST OUVERT:
samedi 9h – 18h00
dimanche 10h – 18h00
lundi 11h – 17h00

Parler

2 Vous désirez? (G 28)

→ En plus 137, 4 △

ne … pas de …	kein(e)
ne … plus de …	kein(e) … mehr
beaucoup de …	viel(e)
peu de …	wenig(e) …

ON DIT

le vendeur / la vendeuse	le client / la cliente
– Bonjour, monsieur / madame. Vous désirez?	– Bonjour. Je cherche **une guitare**.
– Désolé(e). Nous n'avons **pas de guitare**. / Désolé(e). Nous n'avons **plus de guitare**.	– Dommage. Je cherche aussi **une affiche** de cinéma.
– **Pas de** problème. Nous avons **beaucoup d'affiches**.	– **Elles** font / coûtent combien?
– **Elles** ne sont pas chères, **elles** font / coûtent **12 €**.	– Oh, c'est trop cher. Je prends **une affiche** pour **8 €**.
– D'accord. Voilà, monsieur / madame. Au revoir, monsieur / madame et bonne journée.	– Merci. Au revoir, monsieur / madame.

Travaillez à deux. Regardez les photos et faites des dialogues.

Ecouter

3 Un stand pas comme les autres

188

A *Lisez les questions. Ecoutez le texte et notez les réponses.*

1. Qui sont les personnes dans le texte?
2. Qu'est-ce que la sœur de la cliente aime?
3. Qu'est-ce qu'il y a au stand?

B *Hört noch einmal zu. Sammelt französische Wörter für Dinge, die man nicht kaufen kann.*

PORTFOLIO

4 Un monologue minute

Du bist mit deinem französischen Austauschpartner auf einem Flohmarkt. Ihr habt einen Stand aufgebaut und möchtet möglichst viel verkaufen. Bereite einen **monologue minute** (Einminutenrede) vor, in dem du deine Sachen anpreist. Schreibe die Rede auf und spiele sie in der Klasse vor. Du kannst sie auch aufnehmen.

INFORMATIONEN FINDEN UND WEITERGEBEN

Station 4

Au parc Astérix

Lire **1**

On va sur le grand huit?

Mehr dazu 27kd6u

189

Léo: Alors, c'est vrai, papa? On va au parc Astérix, demain? Cool!

M. Pirou: Oui, les parcs d'attractions sont intéressants pour les lecteurs de mon journal.

Léo: Malabar va être content aussi. Il aime les parcs. Et est-ce qu'on va aller aussi sur le grand huit? J'adore le grand huit!

M. Pirou: Ça oui, mais un chien dans le parc Astérix? Je ne sais pas, Léo. On va regarder sur Internet.

Léo et M. Pirou cherchent des informations. D'abord ils ne trouvent rien. Mais enfin, ils trouvent une liste de questions et réponses …

Wie spricht man das Wort **rien** aus? Denke an **bien** oder **chien**.

Qu'est-ce que c'est en allemand:
- *un «parc d'attractions»?*
- *un «lecteur»?*
- *«un grand huit»?*
- *«une liste»?*

Le parc Astérix est un parc d'attractions. Voilà le grand huit.

Lire **2**

Malabar au chenil[1]?

Lest den Text und beantwortet die Fragen:

Est-ce que je peux entrer dans le Parc avec mon chien?

Les animaux ne sont pas acceptés au Parc. Vous avez à votre disposition un chenil pour placer votre animal.
Le chenil se trouve au bout du parking P6, vous devez traverser le P2 à partir des caisses.
Le prix du chenil est de 7 € la journée, à régler sur place.

1. Dürfen Hunde in den Parc Astérix?
2. Was können Hundebesitzer tun, wenn sie den Park besuchen möchten?
3. Wie viel kostet es?

1 **un chenil [ɛ̃ʃənil]** Regardez à la page 16. Là, les chiens sont dans un chenil.

En forme

3 Malabar ne dit rien. (G 29)

Ecrivez les phrases. Mettez la bonne négation.

ne … pas	*nicht*
ne … rien	*nichts*

1. Les chiens ? entrent ? dans le parc.
2. Bof! Ça ? fait ?.
3. Je ? aime ? les attractions, moi.
4. Le grand huit, ce ? est ? pour moi.
5. Ce ? est vraiment ? intéressant.
6. Je reste ici. C'est sympa et ça ? coûte ?.
7. Mais… Idéfix, c'est aussi un chien! Il ? travaille ? dans le parc?

Parler

4 Tu aimes les parcs d'attractions?

ON DIT

J'aime bien les parcs d'attractions.	J'adore les …	Je n'aime pas trop les …	Je n'aime pas les …	Je déteste les …
J'aime bien visiter les parcs d'attractions.	J'adore visiter …	Je n'aime pas trop visiter …	Je n'aime pas visiter …	Je déteste visiter …

A *Posez des questions et répondez.*

Exemple:
– Tu aimes les parcs d'attractions ?
– Oui, j'adore les parcs d'attractions. Et toi?
– Moi, je n'aime pas trop les parcs d'attractions, mais j'aime bien regarder des films .

les parcs d'attractions	visiter les parcs d'attractions
le grand huit	aller sur le grand huit
les films	regarder des films
le foot	faire du foot
les feux d'artifice	regarder les feux d'artifice
les jeux vidéo (…)	faire des jeux vidéo (…)

B *Notez deux dialogues dans vos cahiers.*

PORTFOLIO

5 Des attractions pour tout le monde!

Suche im Internet Informationen über den Parc Astérix.

– Was gibt es dort alles zu sehen?
– Was kann man dort machen?
– Wann ist der Park geöffnet?
– Wie viel kostet der Eintritt?

Gestalte einen französischen Prospekt zum Parc Astérix.

Le jeu de l'escargot

Mit diesem Spiel könnt ihr eure Kenntnisse überprüfen. Spielt zu viert. Ihr benötigt einen Würfel und vier Spielsteine. Wer als Erster die Ziffer 20 erreicht und die Aufgabe richtig gelöst hat, hat gewonnen. Der Schüler / Die Schülerin mit der höchsten Augenzahl beginnt.

Vis-à-vis

Die Schnecke = l'escargot *(m.)*, auf der ihr spielt, zeigt die Anordnung der 20 arrondissements (Stadtviertel) von Paris.

Macht zuerst das Spiel. Sucht dann Informationen und Fotos zu Paris und macht eine Parisausstellung in eurer Klasse.

Redemittel / Wortschatz	Wissen	≠ …ist das Gegenteil von
Grammatik	surprise	

1. Combien de gares est-ce qu'il y a à Paris?
2. Joue au dé et fais quatre phrases avec **écrire**.
3. Quel temps fait-il? ☀ 🌡 🌡
4. En métro, ça va vite! Avance à la case 9! (Rücke auf Feld 9 vor!)
5. Il y a **beaucoup de** touristes ≠ ?
6. Trouve 3 monuments (Sehenswürdigkeiten) de Paris. (N'oublie pas les articles.)
7. Tu arrives à un stand. Qu'est-ce que le vendeur / la vendeuse demande?
8. Nous avons **encore** des devoirs ≠ ?
9. A un stand du marché, tu cherches un t-shirt de rugby. La vendeuse n'a plus de t-shirt de rugby à son stand. Qu'est-ce qu'elle dit?
10. Trouve 4 moyens de transport. (N'oublie pas les articles.)
11. Le bus est en retard! Passe un tour! (Setze einmal aus!)
12. Avec un ticket de métro, on peut prendre quels moyens de transport?
13. Trouve 3 expressions pour commencer une carte postale à ton amie française Léa.
14. Quand tu arrives, le métro quitte la station. Retourne à la case 5! (Gehe auf Feld 5 zurück!)
15. Qu'est-ce qu'il y a sur la tour Eiffel? Trouve 3 choses.
16. Qu'est-ce qu'on peut écrire? Trouve 4 choses et fais 4 phrases.
17. Joue au dé et fais quatre phrases avec **lire**.
18. Le métro est en retard! Passe un tour! (Setze einmal aus!)
19. Elle **déteste** le coca ≠ ?
20. La «Joconde» est dans un musée. Comment est-ce qu'il s'appelle?

Die Lösungen findet ihr auf Seite 204.

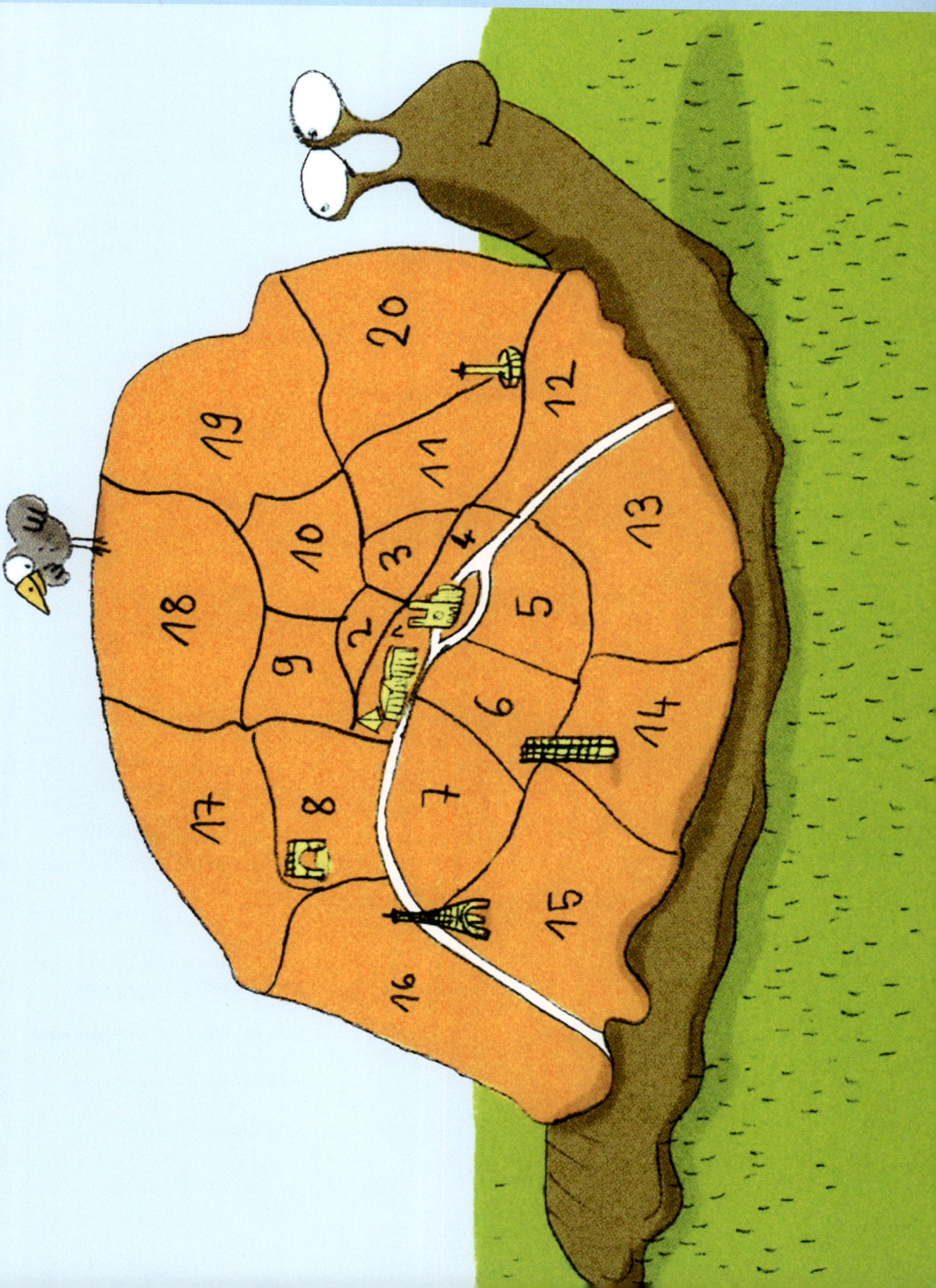
20
19
12
11
10
3
4
18
2
5
9
6
13
14
17
8
7
15
16

Grammaire

G 26 je lis, tu lis ...: Das Verb **lire** (lesen)

Singular		Plural	
je	lis	nous	lisons
tu	lis	vous	lisez
il / elle / on	lit	ils / elles	lisent

G 27 j'écris, tu écris ...: Das Verb **écrire** (schreiben)

Singular		Plural	
j'	écris	nous	écrivons
tu	écris	vous	écrivez
il / elle / on	écrit	ils / elles	écrivent

G 28 ne ... pas de, ne ... plus de, beaucoup de, peu de

Tu as **des** questions?
↓
Je n'ai **pas de** questions.
Je n'ai **plus de** questions.

J'ai **beaucoup de** questions.
J'ai **peu de** questions.

G 29 ne ... pas, ne ... plus, ne ... rien

Je **ne** sais **pas**.	Ich weiß **nicht**.
Je **ne** sais **plus**.	Ich weiß **nicht mehr**.
Je **ne** sais **rien**.	Ich weiß **nichts**.

! Je **n'é**cris pas / plus / rien.

Plaisir de lire

195 **A** *Ecoutez et lisez le poème, puis regardez les mots nouveaux. Ecoutez le poème encore une fois.*

Dans Paris

Dans Paris il y a une rue;
Dans cette[1] rue il y a une maison;
Dans cette maison il y a un escalier;
Dans cet escalier il y a une chambre;
Dans cette chambre il y a une table;
Sur cette table il y a un tapis;
Sur ce tapis il y a une cage;
Dans cette cage il y a un nid;
Dans ce nid il y a un œuf;
Dans cet œuf il y a un oiseau;

L'oiseau renversa[2] l'œuf;
L'œuf renversa le nid;
Le nid renversa la cage;
La cage renversa le tapis;
Le tapis renversa la table;
La table renversa la chambre;
La chambre renversa l'escalier;
L'escalier renversa la maison;
La maison renversa la rue;
La rue renversa la ville de Paris.

«Chanson enfantine des Deux-Sèvres», citée par Paul Eluard dans Poésie involontaire et poésie intentionnelle © Seghers, 1963

Paul Eluard (1895–1952), poète français

1 ce, cet, cette dieser, diese – **2 renversa** warf um (Infinitiv: renverser)

B *Bildet Gruppen mit fünf Schülern. Jeder Schüler einer Gruppe schreibt vier Verse dieses Gedichts jeweils auf einen Papierstreifen. Zeichnet zu jedem Vers ein einfaches Bild. Mischt eure Papierstreifen und versucht das Gedicht wieder zusammenzusetzen.*

C *Schreibt gemeinsam ein neues Gedicht.*

Exemple:

Dans ma ville, il y a mon quartier,
Dans …, il y a …
…
Sur mon lit, il y a mon chien.

Mon chien renverse le lit,
Le lit renverse la chambre
…

Révisions

Ecouter et parler

1 Comment trouver le stand de crêpes?

196

A *Sieh dir den Plan an.*

Du bist bei Léo, der in der rue Truffaut Nummer 23 wohnt. Du möchtest zum Crêpes-Stand gehen. Léo erklärt dir den Weg.

Höre ihm genau zu und betrachte den Plan. Bei welcher Nummer ist der Crêpes-Stand, bei 1, bei 2 oder bei 3?

B *Am Crêpes-Stand fragt dich ein Junge, wo Léo wohnt. Du erklärst ihm den Weg. Spielt die Szene.*

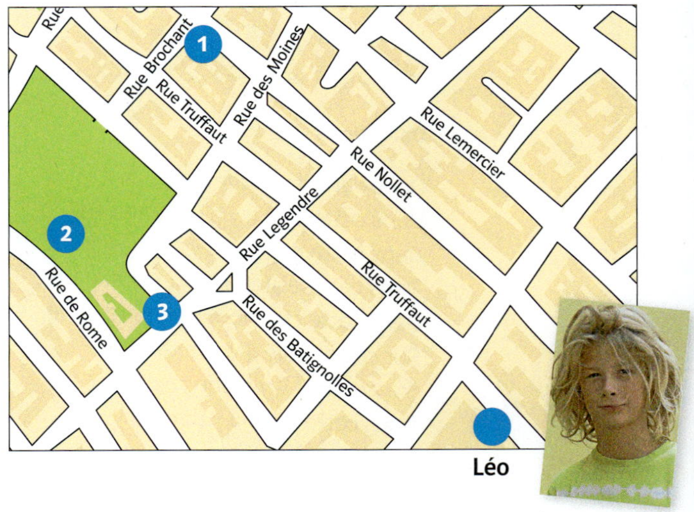

En forme

2 Sur la tour Eiffel (G 24)

Ecrivez les phrases.

Exemple: 1. Léo et son père visitent la tour Eiffel.

1. Léo / père / tour Eiffel / visiter.
2. M. Pirou / touristes / parler.
3. faire / Il / interviews.
4. Il / questions / poser / touristes.
5. aimer bien / Les touristes / vue sur Paris.
6. Une dame / amie / écrire / carte postale.
7. prendre / photos / Léo.
8. A la maison, Léo / photos / mère / montrer.

Lire et écrire

3 La carte postale de Marie

C'est la catastrophe! Moustique a joué avec la carte postale. Trouvez les mots et écrivez la carte. Attention à la forme des mots!

Chère Alex,
J'aime bien Lyon, c'est une ville ___. Je passe mon ___ avec Lilou. Elle habite avec sa ___ dans un ___ appartement de trois ___. Elle n'a pas de ___ et pas de ___ (pas comme moi avec Gabriel et Clara!). Elle fait beaucoup d'activités: elle fait de la ___, de la ___ et surtout du ___. Elle adore ça! Mais elle n'aime pas trop ___ sa chambre. Alors hier, elle n'a plus trouvé ses ___. Enfin, elle a ___ son chapeau et sa ___ sous son ___. Voilà, Lilou est un peu ___ toi et moi…
A très bientôt!
Bises
Marie

petit
gymnastique
intéressant
ranger
danse
frère
temps
comme
vêtement
mère
pièce
sœur
retrouver
lit
jupe
théâtre

On prépare le DELF

1 Compréhension de l'oral

197 *Lisez d'abord les questions. Ecoutez, puis trouvez les bonnes réponses.*

	A	B	C
1. C'est une information	à la radio?	à la gare?	à la télévision?
2. Le feu d'artifice commence à	dix heures et quart?	dix heures et demie?	onze heures moins le quart?
3. On présente un film samedi soir à	neuf heures et quart?	dix heures et quart?	neuf heures moins le quart?

2 Compréhension des écrits

Regardez le livre, lisez le texte, puis les phrases de 1 à 4. Vrai ou faux?

1. Sur le livre, il y a l'Arc de triomphe.
2. C'est un livre pour les professeurs.
3. Le livre parle des endroits intéressants de Paris.
4. Dans le livre, il y a des jeux.

De A comme Arc de triomphe à Z comme Zoo, les enfants partent à la découverte de Paris! Du haut de la tour Eiffel ou dans le métro, au musée ou dans la rue, les petits explorateurs vont résoudre les énigmes qui leur sont proposées. Jeu des 7 erreurs, labyrinthe, cherchez l'intrus, quoi-est-à-qui … à toi de jouer!

3 Production écrite

Tu es en vacances chez des amis. Ecris une carte postale à ton correspondant français. Raconte:
- *comment tu trouves la ville et les amis,*
- *quel temps il fait,*
- *quelles sont vos activités.*

4 Production orale

Tu es à Paris et tu as faim et soif. Tu as 6 euros. Au stand de crêpes, tu parles à un vendeur ou une vendeuse. Préparez le dialogue et jouez-le.

CRÊPES SUCREES

-Sucre	2€00
-Sucre/Banane	2€50
-Beurre/Sucre	2€50
-Confiture	2€50
-Miel	2€50
-Crème de marron	2€50
-Compote de pommes	2€50
-Grand-Marnier	3€00
-Nutella	3€00
-Nutella/Banane ou Chantilly ou Coco	3€50

△ Einfachere Zusatzübung
▲ Schwierigere Zusatzübung
Ohne Pyramide: Ergänzende Zusatzübung

zu Unité 1

Parler

1 Bonjour, le chien!

zu 20, 2

Complétez les phrases et présentez le dialogue.
(Ergänzt die Sätze und stellt den Dialog vor.)

d'ici | comment? | m'appelle | est-ce | es de | va | de Paris

Exemple: **1.** Bonjour! Ça va ?

1. Bonjour! Ça ??
3. Tu ? Paris?
5. Tu t'appelles ??
7. Qui ?, la fille?

2. Ça va, merci!
4. Oui, je suis ?.
6. Je ? Moustique.
8. C'est Marie.
Elle est ? aussi.

Ecrire

2 Je m'appelle Marie.

zu 21, 7

▲ *Trouvez les questions. (Findet die Fragen.)*

Exemple: **1.** Ça va?

1. – …? — Oui, ça va bien, merci!
2. – Tu …? — Je m'appelle Marie.
3. – Tu …? — Oui, je suis d'ici.
4. – Moustique, … chat? — Non. Moustique, c'est un chien.
5. – Et le garçon, ici, …? — C'est Léo.

zu Unité 2

Jeu de mots

1 Une maison de la presse

zu 29, 6

A *Welche der Dinge unten gibt es in einem Zeitschriften- und Schreibwarengeschäft? Findet die Wörter und ordnet sie in einem Wortnetz an.*

un crayon | un livre | une guitare | une affiche | une école | une chanson | un journal | une gomme

une maison de la presse

un carton | un saxophone | un chien | un cahier | une BD | un stylo | une rue | une maison

▲ **B** *Schreibt sieben Sätze mit den Wörtern eures Wortnetzes.*

Exemple: Mme Latière porte un carton.

Ecrire

2 Le journal de papa

zu 30, 9

Trouvez les mots et écrivez l'histoire.
(Findet die Wörter und schreibt die Geschichte.)

le journal · un chat · le chat · la rue · Merci · vite, viens · la maison de la presse · le journal · la catastrophe

Exemple: **1.** Marie est devant la maison de la presse avec Moustique.

1. Marie est devant … avec Moustique.
2. Moustique porte … de papa.
3. Zut! Que fait Moustique? Il regarde …!
4. … regarde aussi Moustique.
5. Marie dit: «Moustique, …!»
6. Marie et Moustique arrivent dans … de Marie.
7. Marie regarde Moustique: «Mais Moustique, où est le journal? Oh non, c'est …!»
8. Léo arrive. «Bonjour, Marie. Tu cherches …?»
9. «Oui! …, Léo!»

En forme

3 Qui aime DJ Nervi? (G 5)

zu 33, 6

Trouvez les pronoms. Mettez les verbes à la bonne forme.
(Findet die Pronomen. Setzt die Verben in die richtige Form.)

Exemple:
1. Voilà Marie et Alex. **Elles sont** dans le magasin.

1. Voilà Marie et Alex. **?** (être) dans le magasin de Mme Latière.
2. **?** (regarder) un journal de musique.
3. Voilà Mme Latière. **?** (travailler).
4. Voilà Jérôme. **?** (entrer) dans le magasin.
5. *Marie:* «Bonjour, Jérôme. **?** (aimer) la musique, toi?»
6. *Jérôme:* «Oui, **?** (aimer) DJ Nervi.»
7. *Marie:* «Oh, Alex et moi, **?** (détester) DJ Nervi!»
8. *Jérôme:* «Vous deux, **?** (être) une catastrophe!

Ecouter

4 Oh, pardon!

zu 33, 9

62

A *Ecoutez, puis, trouvez la bonne réponse. (Hört zu. Findet dann die richtige Antwort.)*

1. On est	**a** dans un magasin.	**b** dans un restaurant.	**c** dans la rue.
2. La fille parle	**a** avec un chat.	**b** avec un garçon.	**c** avec un monsieur.
3. Il est	**a** bizarre.	**b** super.	**c** sympa.

B *Vrai ou faux? Pas dans le texte?*

1. Théo va bien.
2. Léa déteste le foot.
3. Théo aime le rap.
4. Théo habite rue Nollet.
5. Le papa de Léa arrive.
6. Léa aime l'école.

En plus – différenciation

zu Unité 3

Parler **1**

Tu aimes les livres? (G 9)

zu 46, 6

Faites des dialogues.

Exemple:
– Tu aimes les livres ?
– Oui, j'aime bien les livres.
Et toi, tu aimes les CD de BB Brunes?
– Oh, oui. /
Ah, non! Je déteste les CD de BB Brunes.

sport | livres | chiens | gâteau | chats | BD | histoires | école | musique | CD | de … | ordinateurs | rock | chansons | magasins | cadeaux | vélo | jeux vidéo

aimer	*le*
	la
	l'
détester	*les*

Attention: singulier ou pluriel?

Jeu de mots **2**

La famille de Camille

zu 48, 9

Camille présente sa famille dans un poème. Trouvez les mots et écrivez le poème.
(Camille stellt ihre Familie in einem Gedicht vor. Findet die Wörter und schreibt das Gedicht auf.)

Je suis Camille, et voilà ma … !
Il y a mes …, Sabine et Laurent,
et mon …, il s'appelle Pierre.
Yvette, ma …, est super.
Puis, j'aime aussi ma … Julie,
Je déteste mon … Adrien.
Et toi, mon ami, tu aimes ta … ?

En forme **3**

Ma famille et mes copains

zu 51, 6

A *Mehdi parle de ses amis et de sa famille. Ecrivez les phrases. Attention à la forme du verbe **avoir**.*
(Mehdi erzählt von seinen Freunden und von seiner Familie. Schreibt die Sätze auf.
*Achtet auf die Form des Verbs **avoir**.)*

1. J'
2. Léo
3. Et toi, tu
4. Moi, j'
5. Mon frère et moi, nous
6. Mes grands-parents
7. Vous

avoir

un copain, il s'appelle Léo.
un chien, Malabar. Il est sympa!
aussi un chien? Moi non!
un frère et une sœur.
une chambre à deux.
une maison.
envie de regarder un DVD de ma famille?

B *Ecris cinq phrases sur tes amis et ta famille. Utilise le verbe **avoir**.*

En forme **4**

Tiens, qui est-ce?

zu 52, 8

Alex et sa tante regardent des photos d'Alex. Complétez.

mon / ma / mes
ton / ta / tes
son / sa / ses

Exemple: **1.** *La tante:* Ah, voilà **ton** frère avec …

1. *La tante:* Ah, voilà **?** frère avec **?** vélo!
Alex: Oui, c'est **?** frère avec **?** cadeaux d'anniversaire.

2. *La tante:* Ah, c'est dans **?** chambre.
Ce sont **?** copains?
Alex: Oui, ce sont **?** copains Léo et Mehdi.

3. *La tante:* Et là, c'est **?** amie?
Alex: Oui, c'est **?** copine Marie avec **?** frère, **?** sœur et **?** parents.

4. *La tante:* Et ici, c'est encore Jérôme!
Alex: Oui, il est devant **?** école avec **?** copains.

Parler **5**

Les amis des vacances

zu 52, 9

Dans un camping en France, Sarah parle avec Elise et Antoine parle avec Clément.

A *Regardez les informations. Puis complétez le dialogue de Sarah et d'Elise.*

Sarah: Moi, **?** ans. Et toi?
Elise: Moi, **?** ans. Tu es ici avec ta famille?
Sarah: Je suis ici avec **?** . Et toi?
Elise: Moi, je suis ici avec **?** .
Ils **?** quel âge, ton frère et tes sœurs?
Sarah: Mon frère **?** et mes sœurs **?**.
Et ta sœur, elle **?** quel âge?
Elise: **?**.

B *Jouez maintenant le dialogue d'Antoine et de Clément.*

Sarah
12 ans
parents
frère: 10 ans
sœurs: 8 et 16 ans

Elise
11 ans
grand-mère
et grand-père
sœur: 9 ans

Clément
12 ans
tante
amis: 11 et 13 ans

Antoine
13 ans
oncle et tante
cousin: 15 ans
cousine: 14 ans

zu Unité 4

Regarder et écouter

1 La journée de Moustique

zu 60, 1

A *Regardez d'abord les images. Quelle heure est-il?*

120

B *Ecoutez. Pour chaque phrase de Moustique, trouvez l'image et dites l'heure.*
(Hört zu. Findet zu jedem Satz von Moustique das richtige Bild und sagt, wie spät es ist.)

Exemple: **1.** Il est deux heures cinq.

Jeu de mots

2 Qu'est-ce que tu fais?

zu 62, 6

A *Notez les mots qui vont bien ensemble.*
(Schreibt die Wörter auf, die gut zusammenpassen.)

Exemple: ranger la salle de cours

ranger · retrouver · commencer · avoir · manger · avoir envie de

ses amis · faim · la salle de cours · jouer · dans 10 minutes · à la cantine

B *Ecrivez un petit texte avec les mots de* ***A****.*
Utilisez aussi la négation ***ne … pas****.*
(Schreibt einen kurzen Text mit den Wörtern aus ***A****.*
Verwendet auch die Verneinung ne … pas.)

Exemple: Il est midi. Nous rangeons la salle de cours. Aujourd'hui, je ne mange pas …

En forme

3 Au collège et après le collège (G 13, 14)

zu 63, 8

Exemple: **1.** Marie, tu as envie de rentrer? Tu vas à la maison.

1. Marie, tu as envie de rentrer? Tu …
2. Aïe! Mon pied! Aïe! Aïe! Je …
3. Il est midi et nous avons faim. Nous …
4. Léo a envie de jouer avec un copain. Alors il …
5. Vous cherchez un ordinateur? Alors vous …
6. Viens, Léo! C'est la récréation. On …
7. Vite, le cours d'allemand commence. On …
8. Marie et Alex cherchent un cadeau. Alors elles …

aller

à
dans
chez

infirmerie.
cour.
CDI.
salle de cours.
FNAC.
maison.
Mehdi.
cantine.

Ecouter

4 Vont, font, sont ou ont?

nach 66, 6

121

Ecoutez. Quel verbe est-ce que vous entendez? Après chaque phrase, notez la forme et l'infinitif du verbe dans votre cahier.

(Hört zu. Welches Verb hört ihr? Notiert nach jedem Satz die Form und den Infinitiv des Verbs in eurem Heft.)

forme	infinitif
1. elles sont …	être
2. elles …	

Ecrire

5 Une journée de rêve

nach 67, 9

Schreibt ein Gedicht über einen Tagesablauf.
Ihr könnt die vorgegebenen Ausdrücke verwenden.
Achtet auf den Reim.

A sept heures et demie
Je suis encore au lit
Il est huit heures et quart
…

A … heures et demie
Il est … heures et quart
Il est … heures vingt
Oh là là, c'est midi!
Il est bientôt … heures
Il est … heures dix

je suis en retard
c'est vrai? Mais c'est bizarre
salut et au revoir …

on retrouve les copains
maintenant, j'ai faim
on est dans le train …

je vais à l'infirmerie
je suis encore au lit
on fait une copie …

on travaille à l'ordinateur
voilà le professeur
avec ma sœur …

ils font nos exercices
tiens, voilà Béatrice
ensemble, on va à Nice …

Lire et écrire

6 Que fait Malabar?

nach 67, 10

Lisez d'abord tout le texte. Puis trouvez les mots et complétez le texte.
(Lest zuerst den ganzen Text. Findet dann die Wörter und vervollständigt den Text.)

1. Aujourd'hui c'est mercredi, ? c'est jeudi.
2. ? le collège, Léo et Malabar vont ? Mehdi.
3. Maintenant ils sont ? la chambre de Mehdi.
4. ? les deux copains jouent avec le chien, ? ils discutent.
5. Mais que fait Malabar? Il trouve un t-shirt ? le lit de Mehdi!
6. Mehdi dit: «Mais non, Malabar, viens ?, on joue!»
7. Léo dit: «Tu es ? moi, Mehdi. Tu aimes les chiens, mais tu ? aimes ? ranger.»

chez – sous – d'abord – ici – puis – après – ne … pas – demain – dans – comme

En forme

7 Dans la salle de cours (G 10, 16)

son / sa / ses
leur / leurs

zu 67, 11

Marie et ***son*** *copain.*

Marie et ***sa*** *professeure.*

Marie et ***ses*** *copains.*

Marie, Alex et ***leur*** *copain.*

Marie, Alex et ***leurs*** *copains*

Complétez avec **son, sa, ses, leur** *ou* **leurs.**

1. Le cours d'allemand commence. Les élèves font ? exercices d'allemand et préparent ? interrogation.
2. Mme Barette ne regarde pas ? élèves: elle cherche ? stylo.
3. Léo trouve ? professeure bizarre.
4. Après le cours de français, Marie va parler avec M. Racine, ? professeur de français.
5. Elle arrive avec ? interro. «Pardon, Monsieur, je …».
6. Mais aujourd'hui, M. Racine n'écoute pas bien ? élève, il regarde la cour.
7. Léo et Marie regardent ? professeur, puis ils quittent ? salle de classe.
8. Léo dit: «Nos profs sont bizarres, aujourd'hui! Ils ne trouvent pas ? affaires, ils n'écoutent pas ? élèves …»
9. Marie dit: «Tu as raison. Les professeurs sont comme ? élèves … Ils ont aussi envie d'avoir des vacances!»

zu Unité 5

En forme

1 Qu'est-ce que tu vas faire samedi? (G 17)

zu 78, 2

Parlez avec votre voisin, puis échangez les rôles.
(Sprecht mit eurem Nachbarn. Tauscht dann die Rollen.)

Exemple:

1. – Tu vas inviter tes **cousins**?
– **Non,** je **ne** vais **pas** inviter mes cousins. Je vais inviter mes **copains**.

1. inviter tes cousins?	– non, mes copains!
2. ranger ta chambre?	– non, la cuisine!
3. aller au gymnase?	– non, au stand de crêpes!
4. jouer dans la cour?	– non, dans le parc!
5. regarder la télé?	– non, une BD!
6. passer la journée à la maison?	– non, à Interclub!

Parler

2 Qu'est-ce qu'ils font? (G 18)

zu 80, 6

Regardez les dessins. Posez des questions et répondez.

Exemple:

1. – Alex fait du rugby? – Non, elle fait …

1. Alex: rugby?

2. Clara et ses amies: natation?

3. Léo: gymnastique?

4. Marie: foot?

5. Jérôme: danse?

6. Moustique et Malabar: musique?

Médiation

3 Pardon, euh … entschuldigen Sie bitte …

zu 81, 2

Am U-Bahn-Ausgang Marktplatz triffst du einen französischen Musiker, der nicht besonders gut Deutsch versteht. Er sucht ein Musikgeschäft.

In der Hand hält er eine Wegbeschreibung, die er von einem deutschen Kollegen hat.

Erkläre ihm den Weg auf Französisch.

- U-Bahn Marktplatz
- nach rechts, an der Rankestraße wieder rechts
- geradeaus, dann über die Kreuzung
- an der Willsdorfer Straße links, dann geradeaus
- an der Rosenstraße rechts
- 30 m, Laden rechts: Harrys Music-Shop!

En forme

4 Ecoute ta mère, Léo! (G 19)

nach 81, 2

A *Mme Pirou parle à son fils. Mettez les verbes à l'impératif.*

Exemple: **1.** Fais un jeu.

1. (Faire) un jeu.
2. (Aller) à la piscine.
3. Ou bien, (inviter) Mehdi.
4. (Jouer) dans le parc.
5. (Faire) du roller.

B *Mme Pirou parle à Léo et Mehdi.*

Exemple: **1.** Ne jouez pas dans la rue.

1. (Ne pas jouer) dans la rue.
2. (Ne pas traverser) la rue en roller.
3. (Ne pas rentrer) tard.
4. (Ne pas oublier) la clé.

C *Parlez à vos camarades. Utilisez l'impératif.*

Exemple:
Regardons dans le livre.

faire attention | ne pas chercher … | parler français | regarder … | aller à … | ranger … | ne pas oublier …

Parler

5 Quand est-ce que …?

zu 83, 5

Posez des questions et répondez.

dimanche	*am Sonntag*
le dimanche	*(immer) sonntags*

Exemple:

– Quand est-ce que tu retrouves tes amis ?

– L'après-midi, après l'école.

retrouver ses amis · faire ses devoirs · faire du sport · regarder la télé · manger · rentrer le soir · écouter des CD · quitter la maison le matin · aller au lit le soir

dimanche · le dimanche … · le matin · l'après midi · le soir · après l'école · après le repas · à … heures · de … à … heures

Ecrire

6 C'est samedi.

nach 85, 2

A *Trouvez les verbes qui vont avec ces compléments. (Findet die Verben, die zu diesen Ergänzungen passen.)*

aller · faire · avoir · passer

1. ? : la journée / la nuit / l'après-midi

2. ? : un jeu / du roller / un combat

3. ? : chez un ami / au parc / à la piscine

4. ? : raison / soif / faim

B *Cherchez des compléments qui vont avec ces verbes: (Sucht Ergänzungen, die zu diesen Verben passen.)*

gagner · manger · coûter

C *Ecrivez un petit texte de cinq phrases.*

Commencez comme ça: C'est samedi. Aujourd'hui, je vais … .

En forme

7 On prend les vélos? (G 21)

nach 85, 4

Complétez par les formes du verbe ***prendre.***

1. Après le collège, Léo et Mehdi ? leurs rollers et vont au parc.
2. Léo ? aussi son portable.
3. *Mehdi:* Nous ? les vélos pour aller au parc?
4. *Léo:* Oui, moi je ? le vélo.
5. *Mehdi:* Jérôme, tu vas au parc avec nous? Tu ? aussi le vélo?
6. *Jérôme:* Non, je n'ai pas envie. Vous ? le vélo, moi je reste ici.

zu Unité 6

En forme **1**

Qu'est-ce qu'ils ont fait hier? (G 22)

zu 93, 3

A **Exemple:** **1.** Alex **a gagné** le combat de judo.

1. Alex: gagner le combat de judo.
2. Léo et Mehdi: faire du roller.
3. Toi: faire tes devoirs?
4. Moi: écouter des CD.
5. Toi: retrouver ta clé?
6. Vous: regarder la télé?
7. Moi: travailler avec mon copain.
8. Nous: manger ensemble.

B **Exemple:** **1.** Damien **n'**a **pa**s gagné le combat.

1. Damien: ne pas gagner le combat.
2. Léo et Mehdi: ne pas travailler.
3. Toi: ne pas faire tes devoirs?
4. Moi: ne pas retrouver ma clé.
5. Nous: ne pas regarder la télé.
6. Moi: ne pas travailler avec mon copain.

Ecrire **2**

Une fête (G 23)

nach 96, 9

Regardez l'image et écrivez un petit texte sur cette fête.
Pour préparer votre texte, trouvez des noms et des adjectifs qui vont ensemble.

noms

Samedi, des chansons, une fête, un jeu, amis, des CD, une histoire, des gâteaux, un film …

adjectifs

français, allemand, bon, dernier, petit, joli, long, fantastique, intéressant, allemand …

Commencez comme ça: Samedi dernier, nous avons fait …

En forme

3 Les cadeaux de Noah (G 13, 24)

nach 99, 4

Après la fête, Noah est très content.
Il fait des cadeaux à tout le monde.
Faites des phrases.

donner qc à qn

à + le	→	**au**	à + la	→	**à la**
à + les	→	**aux**	à + l'	→	**à l'**
			à + nom	→	**à** Léo

Exemple: Noah a donné des jolies photos **aux** filles de sa classe.

Noah a donné:
1. des jolies photos ? (filles de sa classe)
2. un diabolo menthe ? (amie de Marie)
3. des petites voitures ? (enfants du quartier)
4. une orange ? (vendeur de crêpes)
5. un livre ? (oncle de son copain)
6. une gaufre ? (sœur de Marie)
7. une BD ? (frère de Marie)
8. une bise ? (Marie)

Ecouter et écrire

4 Quatre devinettes[1]

nach 100, 8

178 **A** *Regardez les images. Puis écoutez la première devinette.*
Retrouvez la personne dans les images. Puis écoutez la deuxième devinette.
Continuez.

Exemple: Olivier, c'est le numéro …

B *Choisissez deux des six personnes et décrivez-les.*
(Sucht zwei der sechs Personen aus und beschreibt sie.)

1 une **devinette**: ein Rätsel

Jeu de mots

5 Qu'est-ce que tu mets, aujourd'hui? (G 25)

nach 101, 10

A *Findet heraus, was das Verb **mettre** in den folgenden Ausdrücken jeweils bedeutet.*

B *Faites six phrases au présent. Commencez comme ça:*

mettre

- une annonce dans le journal → 1. Les parents de Mehdi …
- les photos sur Internet → 2. Comment est-ce que tu …?
- 15 minutes pour aller au collège → 3. Nous …
- une chemise blanche → 4. Aujourd'hui, je …
- la table → 5. Gabriel et Marie … s'il vous plaît.
- son enfant au lit → 6. Le père …

zu Unité 7

Ecouter

1 Une semaine à Paris: mais par où commencer?

nach 108

190

A *Regardez le titre de l'exercice et devinez: de quoi est-ce qu'on parle dans le texte que vous allez écouter? Répondez en allemand.*

B *Ecoutez tout le texte. Qui parle? Puis écoutez encore une fois et prenez des notes: Qu'est-ce qu'ils vont faire **lundi**? Où est-ce qu'ils vont aller **mardi, mercredi** et **jeudi**?*

jour	endroit
lundi	
mardi	
mercredi	
jeudi	

C *De quel endroit est-ce que le garçon parle à la fin? Qu'est-ce que vous savez sur cet endroit?*

Ecrire

2 Livres, journaux et Cie (G 26, 27)

nach 111, 3

Qu'est-ce que tu aimes lire? Qu'est-ce que tu aimes écrire? Pourquoi? Ecris quatre phrases. Les mots suivants peuvent t'aider.

- Je lis …
- J'aime écrire …
- Je trouve ça …

- parce que …
- génial, nul, triste,
- joli, trop long,
- intéressant, …

Médiation

3 Bienvenue à Paris!

nach 113, 3

△ **A** *Deine Nachbarn möchten nach Paris fahren.*
Sie fragen dich,
– wie sie dorthin kommen können,
– wie sie am besten innerhalb von Paris von einem Punkt zum anderen fahren können.
Lies den Text und beantworte ihre Fragen.

STRATEGIE

Gib nur die Informationen wieder, die für deine Nachbarn wirklich wichtig sind: Welche Verkehrsmittel gibt es? Was sind die Vor- und Nachteile?

Comment aller à Paris

Comment aller à Paris? Prenez le train et vous arriverez dans une des six gares de la capitale. Vous venez d'Allemagne? Alors, c'est la gare de l'Est ou la gare du Nord. Avec le train, on arrive directement dans le centre de Paris, c'est pratique.

Ou bien prenez l'avion! Vous arriverez à l'aéroport international de Roissy Charles de Gaulle. Pour aller dans le centre de la ville, il faut prendre le train, le bus ou le taxi.

Vous pouvez aussi aller à Paris en voiture. Arriver à Paris par l'autoroute n'est pas un problème, mais attention! Circuler dans la capitale, ce n'est vraiment pas facile! Prenez alors le bus ou le métro pour visiter la ville. C'est plus facile et c'est plus écologique! Et pour les sportifs, il y a aussi les stations vélib … et bien sûr les promenades à pied!

B *Die folgenden Wörter aus dem Text hast du noch nicht gelernt.*
Welche davon hast du trotzdem verstanden? Was hat dir dabei geholfen?

une capitale · le nord · directement · un centre · pratique
un aéroport · international · une autoroute · un sportif · une promenade

En forme

4 Un vendeur pas comme les autres (G 28)

nach 115, 2

△ *Complétez.*

1. Mesdames et messieurs! Vous n'avez **?** cadeaux pour vos amis?	keine
2. **?** problème!	kein
3. Regardez, j'ai **?** sacs: grands, petits, bleus …	viele
4. Comment? Vous ne cherchez **?** sacs!	keine
5. Alors, peut-être un portable? Allez, vite! Aujourd'hui, j'ai **?** portables!	wenige
6. Des bougies? Non, désolé, madame! Aujourd'hui, je n'ai **?** bougies.	keine mehr
7. Monsieur! Des petites voitures pour vos enfants? Comment? Vous n'avez **?** enfants? Alors, un joli chapeau pour vous?	keine
8. Ah bon! Vous avez déjà **?** chapeaux à la maison! Dommage!	viele
9. Mais regardez! Il y a **?** chapeaux comme ça!	wenige

Gut in Fremdsprachen: So lernst du erfolgreich.

1 Regelmäßig lernen

Lerne in regelmäßigen Abständen und in kleinen Portionen.
So bleibt das Gelernte besser im Gedächtnis!

2 Methoden anwenden

Die *Stratégies* im Buch zeigen dir Methoden, wie du mit Aufgabenstellungen umgehen kannst. Wende sie an!
Die wichtigsten *Stratégies* sind auf den folgenden Seiten zusammengefasst.

3 Was kann ich schon?

Mache dir klar, wo du stehst: Die *Bilan*-Seiten im Schülerbuch und die Seiten zur Selbsteinschätzung im *Cahier d'activités* zeigen dir, wo deine Stärken liegen und was du noch üben musst.

4 Wie lerne ich am besten?

Manche merken sich etwas am besten, wenn sie es hören und vor sich hin sprechen. Andere schreiben es lieber auf und malen vielleicht ein Bild dazu. Manche lernen am liebsten mit einem Computerprogramm. Probiere **verschiedene Lernwege** aus. Welcher Weg ist der beste für dich?

5 Aus Fehlern lernen

Fehler macht jeder. Wichtig ist, dass du aus ihnen lernst.
Dabei kann dir ein Fehlerprotokoll in Form einer Tabelle helfen.
Nach Klassenarbeiten und schriftlichen Übungen schreibst du deine Fehler in die entsprechende Spalte, markierst die Fehlerstelle und schreibst die richtige Form daneben.
Lege die Tabelle auf einer DIN-A4-Seite im Querformat an.

Datum	Rechtschreibung		Wort / Ausdruck		männlich / weiblich		Verbform	
	☹ falsch	☺ richtig	☹ falsch	☺ richtig	☹ falsch	☺ richtig	☹ falsch	☺ richtig
20. 10.	bizare	bizarre			une chat	un chat	tu est	tu es

Sieh dein Fehlerprotokoll vor Klassenarbeiten genau durch.
Nimm dir vor, diese Fehler nie wieder zu machen!

Mit dem Buch arbeiten

Es ist ein riesiger Vorteil, wenn du dich in deinem Französischbuch gut auskennst. Im Inhaltsverzeichnis vorn im Buch steht, wo du Wörter, Arbeitsanweisungen und Grammatik **nachschlagen** kannst.

Zu einigen Übungen gibt es **Lösungen** im Anhang des Buches.
So gehst du damit um:

1. Löse die Übungen zuerst selbst.
2. Lies deine Lösungen genau durch und verbessere die Fehler, die du entdeckst.
3. Vergleiche jetzt deine Lösungen genau mit den Lösungen im Buch, Buchstabe für Buchstabe.
4. Welche Fehler hast du gemacht? Schreibe sie in dein Fehlerprotokoll.

Einen „Wegweiser“ zu deinem Französischbuch findest du auf Seite 7.

Mehr dazu d4id3b

Mit dem Portfolio arbeiten

Das Portfolio ist ein **Ordner,** in dem du deinen eigenen Lernfortschritt verfolgen kannst. Nimm einen Ordner und trenne ihn mit Deckblättern in 2 Bereiche.

- Im Bereich **„Mein Französisch-Dossier“** kannst du gelungene Arbeiten aus dem Französischunterricht aufbewahren, z. B. deinen „Steckbrief“, Geschichten oder Plakate. *Dossier* bedeutet „Sammlung von Dokumenten“.
- Im Bereich **„Meine Sprachen-Biografie“** kannst du die Bögen für die Selbsteinschätzung sammeln, die du im *Cahier d'activités* ausfüllst.

Ecouter

- **Den Zusammenhang verstehen**
  Auch wenn du nicht jedes Wort verstehst, kannst du schon einiges herausfinden und Notizen dazu machen:
  - **Wer** spricht?
  - **Wie** sprechen die Leute? Achte auf den Tonfall: ist es eine Frage, eine Aussage, eine Warnung …?
  - Versuche die Situation zu verstehen. Achte auch auf Geräusche. **Was** geschieht?

Was will ich wissen?
Worauf muss ich achten?

- Was machst du, wenn es darum geht, ganz **bestimmte Informationen** herauszuhören? Konzentriere dich auf ganz bestimmte **Schlüsselwörter.** Wenn du z. B. herausfinden willst, was jemand mag, achte darauf, was er nach dem Schlüsselwort *J'aime* … sagt. Wenn du eine Uhrzeit verstehen willst, konzentriere dich auf die Zahlen, die du hörst.

Lire

Was? Wann? Wo? ...
Mache Notizen. Die W-Fragen können dir helfen.

- Um die **Gesamtaussage** eines Textes zu verstehen, musst du nicht jedes einzelne Wort kennen.

  1. Sieh dir zunächst die Überschrift und die Bilder an. Sie verraten oft schon viel. **Worum geht es** in dem Text?
  2. Lies den Text dann **einmal ganz** durch. Wenn du ein Wort nicht verstehst, lies trotzdem weiter.
  3. Lies den Text noch einmal durch. Welche Wörter erinnern dich an deine **Muttersprache,** an das **Englische** oder an eine **andere Sprache**? Manche Wörter kannst du auch verstehen, wenn du auf den **Zusammenhang** des Textes achtest (siehe Beispiel).
  4. Lies den Text ein weiteres Mal und mache dabei Notizen. Suche nach **Schlüsselwörtern** *(mots-clés)*. Sie können dir helfen, die Hauptaussage des Textes zu verstehen.

- ***Wörter verstehen*** *(Beispiel zu Punkt 3)*

Französisch	weitere Sprache	Deutsch	Zusammenhang
spectacle cinéma plus grand	 Englisch: cinema	Spektakel plus (und, mehr) Grand Prix (großer Preis)	salle de spectacles

Parler

- Die richtige **Aussprache** der Wörter und Sätze kannst du auf der *Découvertes*-CD und natürlich von deiner Französischlehrerin oder deinem Französischlehrer hören. In den *Jeu de sons*-Übungen lernst du wichtige Laute und Lautverbindungen wie die *liaison* (z. B. Übung 4, S. 32).
  Wenn du nicht weißt, wie man ein neues Wort ausspricht, überlege, welches bekannte Wort ähnliche Buchstaben enthält, z. B. neu: b**eau** ⟶ bekannt: cad**eau**.

- Das **Vorlesen** kann dir helfen, **flüssig sprechen** zu lernen. So kannst du mit einem Partner üben: Nimm dein Buch und setze dich deinem Partner gegenüber. Lies nun einen Satz leise, bis du ihn auswendig kannst. Blicke dann deinem Partner in die Augen. Sprich den Satz laut, aber ohne dabei ins Buch zu sehen. Wechselt euch ab, bis der ganze Text gelesen ist.

- Nützliche **Redewendungen** für den Alltag findest du in den gelben *On dit*-Kästen. Auf S. 81 steht zum Beispiel, wie du nach dem Weg fragst und wie du nachfragen kannst, wenn du etwas nicht verstanden hast. Weitere Redewendungen findest du im Vokabular. Übe diese Wendungen zusammen mit einem Partner.

Ecrire

- Wenn du etwas aus dem Buch **abschreibst,** versuche dir ein ganzes Wort zu merken und es auf einmal aufzuschreiben. Vergleiche dann Buchstabe für Buchstabe, ob du es genau so geschrieben hast, wie es im Buch steht. Nimm dir die Zeit zu vergleichen, dann machst du weniger Fehler!
- Wenn du einen **eigenen Text** schreibst, sammle die wichtigen Punkte zuerst auf einem **Stichwortzettel**. Wenn du über eine Person schreibst, kann dein Stichwortzettel z. B. so aussehen:

  nom: __________
  adresse: __________
  âge: __________
  anniversaire: __________
  frère: __________
  sœur: __________
  amis: __________
  aime: __________
  déteste: __________

  Stehen alle wichtigen Punkte auf deinem Stichwortzettel? Prima, dann schreibe deinen Text. Verbinde deine Sätze mit „kleinen Wörtern" wie *et, mais, parce que, … d'abord, puis …*

  Mache nach dem Schreiben eine kurze Pause. Lies deinen Text dann noch einmal genau durch. Verstehst du, was du geschrieben hast? Fehlt etwas? Entdeckst du Fehler?
  Verbessere sie und schreibe sie in dein Fehlerprotokoll.

  Achte besonders auf diese **Fehlerquellen:**
  - Angleichung von Subjekt und Verb: Elle**s** aim**ent**; **tu** habite**s**.
  - Angleichung von Nomen und Adjektiv: **une** robe vert**e**, maman est content**e**.

Médiation

Bei der *Médiation* geht es darum, jemandem zu helfen, der die Sprache – Französisch oder Deutsch – nicht so gut kennt wie du.

Am besten kannst du helfen, wenn du dich in den anderen hineinversetzt und dir klarmachst, **welche Information** wirklich **wichtig** für ihn ist. Du musst nicht jedes einzelne Wort wiedergeben. Unwichtiges kannst du weglassen.

Wenn du ein wichtiges Wort nicht weißt, kannst du versuchen es zu umschreiben.

en français
en allemand
c'est quelque chose comme …
c'est pour faire …
avec ça, vous pouvez …
avec ça, on peut …
comme ça, on …

Lautzeichen

Vokale (Selbstlaute)

[a]	madame	wie in *Banane*
[e]	téléphoner	wie in *telefonieren*
[ə]	**je** m'appelle	wie in *Tasse*
[ɛ]	je m'appelle	wie in *bellen*
[i]	il, bizarre	wie in *Brille, Liebe*
[o]	**au**ssi	wie in *Rose*
[ɔ]	comment	wie in *Loch*
[ø]	monsieur	wie in *böse*
[œ]	t-shirt	wie in *Stöcke*
[u]	bonjour	wie in *Tube*
[y]	Salut!	wie in *Tür*

Konsonanten (Mitlaute)

[ʒ]	bonjour	wie in *Journalist*
[f]	famille, photo	wie in *Familie, Foto*
[ʀ]	bonjour	wie in *Rad, hören*
[s]	Moustique	wie in *Maß*
[z]	bizarre	wie in *Saal, Rose*
[v]	Viens!	wie in *Wasser*
[ɲ]	Allemagne	wie in *Lasagne*
[ŋ]	camping	wie in *Camping*
[ʃ]	**ch**at	wie in *schön*

Nasalvokale

[ɔ̃]	bonjour	werden durch die Nase gesprochen und deshalb **Nasalvokale** genannt.
[ɑ̃]	croissant	
[ɛ̃]	bien	

Halbkonsonanten

[j]	bien	wie in *ja*
[w]	**toi**	wie in englisch: *water*
[ɥ]	je suis	kurz gesprochenes [y], gehört zum folgenden Vokal.

Symbole und Abkürzungen

fam.	*familier* (= umgangssprachlich)
ugs.	umgangssprachlich
f.	*féminin* (= feminin, weiblich)
m.	*masculin* (= maskulin, männlich)
sg.	*singulier* (= Singular, Einzahl)
pl.	*pluriel* (= Plural, Mehrzahl)
Adv.	Adverb, frz. *adverbe*
inv.	*invariable* (= unveränderlich)

	Aussprache beachten!
‿	Zwei Wörter werden wie ein Wort ausgesprochen, z. B. *les‿amis* [lezami]
	Schreibung beachten!
qc	*quelque chose* (= etwas)
qn	*quelqu'un* (= jemand)

Bevor du beginnst, dich mit dem Vokabular zu beschäftigen

A1 Im Vokabular beziehen sich die Buchstaben und Zahlen auf die Texte und Aufgaben in den *Unités*.

Vis-à-vis
…

Diese Kästchen informieren dich über Besonderheiten, z. B. wie sich Franzosen begrüßen und verabschieden, wie rasend schnell der TGV im Vergleich zum ICE ist und vieles mehr.

Wörter in blauen Kästen enthalten **Wortfelder** (schwarze Wörter: kenne ich schon, blaue Wörter: brauche ich nicht zu lernen) oder **Lernwortschatz** (rechter Kasten).

A l'école Was man für die Schule braucht.

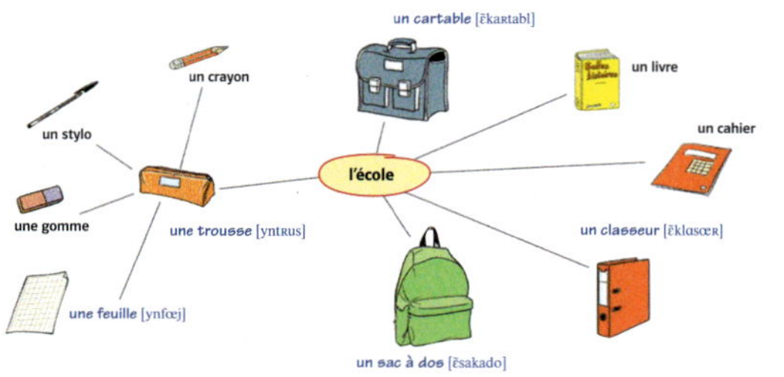

un, deux, trois … So zählt man!

0	zéro [zeʀo]	**4**	quatre [katʀ]
1	un [ɛ̃]	**5**	cinq [sɛ̃k]
2	deux [dø]	**6**	six [sis]
3	trois [tʀwa]		

AUF EINEN BLICK

Hier erfährst du das Wichtigste zu einem bestimmten Thema, damit du z. B. in einer bestimmten Situation die passenden Wendungen und Ausdrücke parat hast. In dieser Rubrik sind oft auch Wörter zu einem Sachgebiet zusammengefasst, das erleichtert das Behalten enorm!

MON DICO PERSONNEL

Das ***dico personnel*** ist dein „persönliches Wörterbuch". In dieses kannst du Wörter und Ausdrücke eintragen, die im Vokabular ab S. 150 in *blauer Handschrift* gesetzt und für dich persönlich wichtig sind. Diese blauen Wörter oder Ausdrücke brauchst du, wenn sie für dich nicht wichtig sind, nicht zu lernen.

Mehr dazu j74y7v

Die Lernwörter kannst du im Internet anhören.

Tipps zum Vokabellernen

Wie lernst du am besten? Ab der Unité 2 gibt es zu Beginn jeder Unité einen TIPP.
Er hilft dir, Abwechslung in das Vokabellernen zu bringen.
Jeder Mensch lernt anders, daher solltest du das für dich passende Verfahren selbst bestimmen, z. B.
- Lies die linke Spalte erst von oben nach unten, dann von unten nach oben (die Lautschrift erleichtert dir die Aussprache).
- Decke die mittlere (deutsche) Spalte mit einem Blatt ab und schreibe die von dir „vermutete" deutsche Bedeutung auf das Blatt. Am Ende deckst du die Spalte auf und vergleichst sie mit deinem Aufschrieb. Unsicherheiten kannst du unterstreichen oder farblich markieren.
- Schreibe Wörter auf Karteikarten: das französische Wort (am besten mit Beispielsatz) auf die Vorderseite, das deutsche Wort (mit Beispielsatz) auf die Rückseite.

Mehr dazu j74y7v

Die Lernwörter kannst du im Internet anhören.

Aussprache:
Hier im Vokabular findest du zu jedem französischen Wort die Lautschrift in eckigen Klammern.

Übersetzung:
In der mittleren Spalte steht die Übersetzung des französischen Wortes.

Zusatzinformationen:
In der rechten Spalte findest du Beispielsätze, Hilfen zur Aussprache, Tipps und vieles mehr.

Au début Bienvenue!

1	**Bienvenue!** [bjɛ̃vny]	Willkommen!	Bien …: ***i*** = [j] wie in *ja*, ***en*** = [ɛ̃] wird durch die Nase gesprochen und deshalb „Nasalvokal" genannt. …**venue**: [v] wie in ***W**asser*, [y] wie in *T**ü**r*
	Salut! *(fam.)* [saly]	Hallo! / Grüß dich!	**Salut, Sarah!** Hallo Sarah! / Grüß dich Sarah! **S**alut: [s] wie in Englisch ***s**afe* oder ***s**ong* *fam.* ist die Abkürzung von *familier* und bedeutet, dass das Wort vor allem in der Umgangssprache verwendet wird.
	je m'appelle [ʒəmapɛl]	ich heiße	**Salut! Je m'appelle Sarah!** Hallo! Ich heiße Sarah! **J**e: [ʒ] wie in ***J**ournalist*, [ə] wie in *Fab**e**l*; je m'app**e**lle: [ɛ] wie in *b**e**llen*
	et [e]	und	**et**: [e] wie in ***E**lefant*. Das *t* von *et* wird nicht ausgesprochen.
	toi [twa]	du	**Et toi?** Und du? t**oi**: [w] wie in englisch: ***w**ater*
	moi [mwa]	ich	
2	**Ça va?** [sava]	Wie geht's?	
	oui [wi]	ja	
	merci [mɛʀsi]	danke	me**r**ci: [ʀ] wie in ***R**ad*
	A plus! *(fam.)* [aplys]	Bis später!	
	Bonjour! [bɔ̃ʒuʀ]	Guten Tag!	**Bonjour, Thomas!** Guten Tag, Thomas! B**on**jour: [ɔ̃] „Nasalvokal"
	bien *(adv.)* [bjɛ̃]	gut *(Adv.)*	**– Ça va bien? – Oui, ça va.** – Geht's dir gut? – Ja (es geht mir gut). *Adv.* ist die Abkürzung von „Adverb", auf Französisch *adverbe*.
	Au revoir! [ɔʀvwaʀ]	Auf Wiedersehen!	**au** revoir: [ɔ] wie in *L**o**ch*

Vis-à-vis

Mit **„Salut!"** begrüßen sich Freunde untereinander. Kennt man sich nicht so gut oder grüßt man Erwachsene, dann sagt man **„Bonjour (madame/monsieur)!"**.

Salut! *(fam.)* [saly]	Tschüs!	

Vis-à-vis

Von Freunden oder guten Bekannten verabschiedet man sich meist mit **„Salut!"**, von Erwachsenen eher mit **„Au revoir!"**.

un **ami** / une **amie** [ɛ̃nami/ynami]	ein Freund / eine Freundin	**Sarah est une amie de Lucie.** Sarah ist eine Freundin von Lucie.
Bonjour, les amis! [bɔ̃ʒuʀlezami]	Guten Tag, Freunde!	les‿amis: [z] wie in *Saal, Rose* ‿ bedeutet, dass zwei Wörter wie ein einziges ausgesprochen werden.

3 une **chanson** [ynʃɑ̃sɔ̃]	ein Lied	**chan** …: [ʃ] wie in ***sch**ön*, [ɑ̃] „Nasalvokal"
Venez! [vəne]	Kommt! *(Aufforderung)*	
à [a]	in, nach	**Venez à Paris!** Kommt nach Paris!
un **copain** / une **copine** *(fam.)* [ɛ̃kɔpɛ̃/ynkɔpin]	ein Freund / eine Freundin	**Léo est un copain de Thomas.** **Sarah est une copine de Marie.** Léo ist ein Freund von Thomas. Sarah ist eine Freundin von Marie.

à demain [adəmɛ̃]	bis morgen	
4 **voilà** [vwala]	da ist, da sind	**Voilà Lucie!** Da ist Lucie!
une **bise** *(fam.)* [ynbiz]	ein Kuss, ein Küsschen	Die Aussprache der Lautzeichen [s] und [z] kannst du dir gut merken, wenn du an das Zischen einer Schlange [s] z. B. in *Salut* und an das Summen einer Biene [z] denkst.

Vis-à-vis

Une bise ist ein angedeuteter Kuss auf beide Wangen; so begrüßen sich in Frankreich Verwandte und gute Bekannte.

pour [puʀ]	für	
aussi [osi]	auch	aussi: [o] wie in *Rose*
Quoi? [kwa]	Was?	**Quoi, une bise?** Was, ein Kuss?
Je pique une crise! *(fam.)* [ʒəpikynkʀiz]	Ich krieg die Krise.	
vite *(adv.)* [vit]	schnell *(Adv.)*	**Venez vite!** Kommt schnell!
Appelle la police! [apɛllapɔlis]	Ruf die Polizei!	
pas de dessert [padədesɛʀ]	kein Nachtisch	Achte auf die Aussprache: le de**ss**ert [lədesɛʀ], le dé**s**ert [lədezɛʀ]
dans le désert [dɑ̃ldezɛʀ]	in der Wüste	
5 un **bonbon** [ɛ̃bɔ̃bɔ̃]	ein Bonbon	
c'est bon ! [sɛbɔ̃]	das ist gut!	

un croissant [ɛ̃kʀwasɑ̃]	ein Croissant *(Hörnchen)*	
un ballon [ɛ̃balɔ̃]	ein Ball	
un lapin [ɛ̃lapɛ̃]	ein Kaninchen	
un volcan [ɛ̃vɔlkɑ̃]	ein Vulkan	
une main [ynmɛ̃]	eine Hand	
un chien [ɛ̃ʃjɛ̃]	ein Hund	
un crayon [ɛ̃kʀɛjɔ̃]	ein Bleistift	
un éléphant [ɛ̃nelefɑ̃]	ein Elefant	Achte auf die Schreibung: französisch: Akzente auf dem *e*, deutsch: *f* statt *ph*.
un enfant [ɛ̃nɑ̃fɑ̃]	ein Kind	Achte auf die Bindung: les‿enfants [lezɑ̃fɑ̃].
une maison [ynmɛzɔ̃]	ein Haus	
un gratin [ɛ̃gʀatɛ̃]	ein Auflauf *(Speise, Gericht)*	
6 **mon petit chat** [mɔ̃pətiʃa]	mein kleines Kätzchen	
8 **dans la rue** [dɑ̃lary]	auf der Straße	
une maison de la presse [ynmɛzɔ̃dəlapʀɛs]	ein Zeitschriften- und Schreibwarengeschäft	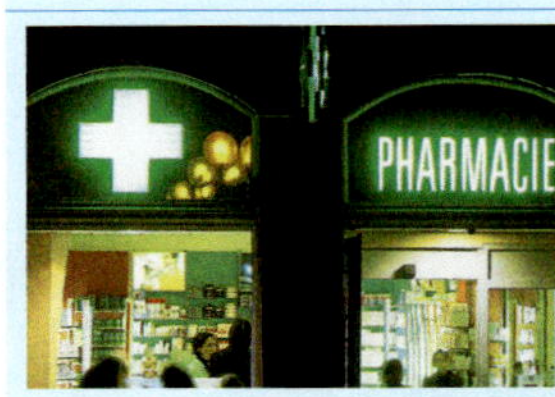 
un bureau de poste [ɛ̃byʀodəpɔst]	ein Postamt	
une pharmacie [ynfaʀmasi]	eine Apotheke	
un cinéma [ɛ̃sinema]	ein Kino	
un parc [ɛ̃paʀk]	ein Park	französisch: un **parc**, deutsch: ein **Park**.
une boulangerie [ynbulɑ̃ʒʀi]	eine Bäckerei	
un café [ɛ̃kafe]	ein Café	

Vis-à-vis

In einem **Café** kann man etwas trinken und eine Kleinigkeit essen. Dem deutschen „Café" mit Torten und Kuchen entspricht in Frankreich eher der **Salon de thé**.

une médiathèque [ynmedjatɛk]	eine Mediathek	In einer Mediathek kann man verschiedene Medien nutzen, ausleihen oder kaufen.
un restaurant [ɛ̃ʀɛstɔʀɑ̃]	ein Restaurant	

un, deux, trois ... So zählt man auf Französisch bis zwölf!

0	zéro [zeʀo]	**4**	quatre [katʀ]	**7**	sept [sɛt]	**10**	dix [dis]
1	un [ɛ̃]	**5**	cinq [sɛ̃k]	**8**	huit [ɥit]	**11**	onze [ɔ̃z]
2	deux [dø]	**6**	six [sis]	**9**	neuf [nœf]	**12**	douze [duz]
3	trois [tʀwa]						

Aussprache:
Hier im Vokabular findest du zu jedem französischen Wort die Lautschrift in eckigen Klammern.

Übersetzung:
In der mittleren Spalte steht die Übersetzung des französischen Wortes.

Zusatzinformationen:
In der rechten Spalte findest du Beispielsätze, Hilfen zur Aussprache, Tipps und vieles mehr.

Unité 1 Bonjour Paris!

Atelier A1

Bonjour! [bɔ̃ʒuʀ]	Guten Tag!	**bon**...: [ɔ̃] wird durch die Nase gesprochen und deshalb „Nasalvokal" genannt. ...**jour**: [ʒ] wie in ***J**ournalist* , [ʀ] wie in ***R**ad*
Paris [paʀi]	Paris *(Hauptstadt Frankreichs)*	Im Französischen wird das „s" von *Paris* nicht ausgesprochen.
Moustique [mustik]	*Name eines Hundes*	Mou**s**tique: [s] wie in *lu**s**tig* 
et [e]	und	[e] wie in ***E**lefant*. Das ***t*** von ***et*** wird nicht ausgesprochen.
Malabar [malabaʀ]	*Name eines Hundes*	
Viens! [vjɛ̃]	Komm! *(Aufforderung)*	**vien**s: [v] wie in ***W**asser*, [ɛ̃] „Nasalvokal"
papa [papa]	Papa	
vite [vit] *(adv.)*	schnell *(Adv.)*	**Viens papa! Vite!** Komm Papa! Schnell! *Adv.* ist die Abkürzung von „Adverb", auf Französisch *adverbe*.
Miaou! [mjau]	Miau!	*Miaou!* So miaut eine Katze auf Französisch.
Ouah, ouah! [wawa]	Wau, wau!	[w] wie in englisch: ***w**ater*  So bellt ein Hund auf Französisch.
S.P.A. [ɛspea]	die S.P.A.	
Ça va? [sava]	Wie geht's?	Das Häkchen unter dem ***C/c*** bedeutet, dass man das ***c*** wie [s] statt [k] ausspricht. Die Franzosen nennen dieses Häkchen „une **cédille**".
je m'appelle [ʒəmapɛl]	ich heiße	**Bonjour! Je m'appelle Marie.** Guten Tag! Ich heiße Marie. j**e**: [ə] wie in *Fab**e**l*, m'app**e**lle: [ɛ] wie in *b**e**llen*
Qui est-ce? [kiɛs]	Wer ist das?	
Attention! [atɑ̃sjɔ̃]	Achtung!, Vorsicht!	Attenti**on**: [ɔ̃] „Nasalvokal"

Vis-à-vis

Die **S.P.A. Refuge Grammont** ist ein Tierheim in einem Pariser Vorort. Die S.P.A. kümmert sich um verlassene und gequälte Tiere, die sie auf Tierheime im ganzen Land verteilt.

non [nɔ̃]	nein	**Attention, Moustique! Non!** Pass auf, Moustique! Nein!
Pardon. [paʀdɔ̃]	Entschuldigung.	
Salut! *(fam.)* [saly]	Hallo! / Grüß dich!	Sal**u**t: [y] wie in *Tür* *fam.* ist die Abkürzung von *familier* und bedeutet, dass das Wort vor allem in der Umgangssprache verwendet wird.

Vis-à-vis

Mit **„Salut!"** begrüßen sich Freunde. Kennt man sich nicht so gut oder grüßt man Erwachsene, dann sagt man **„Bonjour (madame/monsieur)!"**.

comment? [kɔmɑ̃]	wie? *(Fragewort)*	c**o**mment: [ɔ] wie in *Loch*
Tu t'appelles comment? [tytapɛlkɔmɑ̃]	Wie heißt du?	*tu t'appelles* wird wie *je m'appelle* ausgesprochen, das ***s*** am Ende bleibt stumm.
c'est [sɛ]	das ist	**C'est Moustique!** Das ist Moustique!
moi [mwa]	ich *(betont)*	**Moi, je m'appelle Marie!** Ich, ich heiße Marie!
je suis [ʒəsɥi]	ich bin	s**u**is [ɥ]: kurz gesprochenes [y], gehört zum folgenden Vokal [ɥi]. Das ***s*** am Ende wird nicht ausgesprochen!
toi [twa]	du *(betont)*	**Moi, je suis Marie. Et toi?** Ich, ich bin (ich heiße) Marie. Und du?

Atelier B1

voilà [vwala]	da ist, da sind	**Voilà Malabar!** Da ist Malabar!
bizarre [bizaʀ]	komisch, merkwürdig	bizarre: [z] wie in ***S**aal, Ro**s**e* Die Aussprache der Lautzeichen [s] und [z] kannst du dir gut merken, wenn du an das Zischen einer Schlange [s] z. B. in „Salut" und an das Summen einer Biene [z] denkst.

un chat [ɛ̃ʃa]	eine Katze	**ch**at: [ʃ] wie in ***sch**ön*
un chien [ɛ̃ʃjɛ̃]	ein Hund	
mais [mɛ]	aber	
oui [wi]	ja	oui ⟷ non ⟷ bedeutet „ist das Gegenteil von etwas"
bien *(adv.)* [bjɛ̃]	gut *(Adv.)*	*Adv.* ist die Abkürzung von „Adverb", auf Französisch *adverbe.*
merci [mɛʀsi]	danke	**– Ça va? – Oui, ça va bien, merci.** – Wie geht's? – Es geht mir gut, danke.
ici [isi]	hier, hierher	
tu es [tyɛ]	du bist	
de / d' [də]	von, aus	
aussi [osi]	auch	**– Je m'appelle Manon. Et toi?** **– Moi, je m'appelle Manon aussi.** – Ich heiße Manon. Und du? – Ich, ich heiße auch Manon. **au**ssi: [o] wie in *Rose*

super *(inv.)* [sypɛʀ]	super, toll	Achte auf die Betonung: französisch: sup**er**, deutsch: **su**per *inv.* = *invariable* (unveränderlich)
un **garçon** [ɛ̃gaʀsɔ̃]	ein Junge	
une **fille** [ynfij]	ein Mädchen, eine Tochter	**fille**: [ij] wie ***i*** + ein starkes ***j*** aussprechen!
il est [ilɛ]	er ist	**Léo est de Paris.** Léo ist aus Paris.
elle est [ɛlɛ]	sie ist	**Marie est de Paris aussi.** Marie ist auch aus Paris.

! Merke dir gut die Formen von **être**: **je suis** (ich bin), **tu es** (du bist), **il est** (er ist), **elle est** (sie ist).

fantastique [fɑ̃tastik]	fantastisch, toll	
B3 un **copain** / une **copine** *(fam.)* [ɛ̃kɔpɛ̃ / ynkɔpin]	ein Freund / eine Freundin	
B4 une **dame** [yndam]	eine Dame, eine Frau	
B6 un **monsieur** [ɛ̃məsjø]	ein Herr, ein Mann	[ø] wie in *bö*se
Toulouse [tuluz]	Toulouse	
Strasbourg [stʀasbuʀ]	Straßburg	
Brest [bʀɛst]	Brest	
Nice [nis]	Nizza	

Toulouse

Strasbourg

Nice

B7 **madame** … [madam]	Frau …	**Bonjour, madame!** Guten Tag!
Bof! *(fam.)* [bɔf]	Na ja., Ach.	
Au revoir! [ɔʀvwaʀ]	Auf Wiedersehen!	**Au revoir, monsieur!** Auf Wiedersehen!

Schreibe ***madame*** und ***monsieur*** immer klein, außer in den Abkürzungen ***Mme*** und ***M.*** und in der schriftlichen Anrede (z. B. in einem Brief).

Vis-à-vis

Wenn man im Französischen eine erwachsene Person begrüßt oder sich von ihr verabschiedet, sagt man nach **Bonjour / Au revoir** in der Regel **madame** oder **monsieur**.

un, deux, trois ... So zählt man auf Französisch bis zwölf!

0	zéro [zeʀo]	**4**	quatre [katʀ]	**7**	sept [sɛt]	**10**	dix [dis]
1	un [ɛ̃]	**5**	cinq [sɛ̃k]	**8**	huit [ɥit]	**11**	onze [ɔ̃z]
2	deux [dø]	**6**	six [sis]	**9**	neuf [nœf]	**12**	douze [duz]
3	trois [tʀwa]						

AUF EINEN BLICK

Prendre contact avec les autres Mit anderen Kontakt aufnehmen

– Salut, Marie! Ça va?	**– Oui, ça va bien, merci.** **– Et toi?**	– Hallo Marie, wie geht's?	– Danke, es geht mir gut. – Und wie geht es dir?
– Tu es de Paris?	**– Oui, je suis de Paris.**	– Bist du aus Paris?	– Ja, ich bin aus Paris.
– Bonjour, madame! / monsieur! / Marie!		– Guten Tag! / – Guten Tag, Marie!	
– Ça va bien?	**– Oui, ça va bien, merci.** **– Bof!**	– Geht's (dir, ...) gut?	– Ja, es geht (mir) gut. – Na ja.
– Au revoir, monsieur! / madame! / Marie!		– Auf Wiedersehen! / – Auf Wiedersehen, Marie!	
– A plus! [aplys] / A tout à l'heure! [atutalœʀ]		– Bis später! / Bis gleich!	

Wörter in blauer Handschrift müssen nicht gelernt werden; du kannst sie in dein dico personnel eintragen.

MON DICO PERSONNEL

Mon chien, mon chat ... Mein Hund, meine Katze und andere Tiere

un hamster [ɛ̃amstɛʀ]

une tortue [yntɔʀty]

une perruche [ynpɛʀyʃ]

un serpent [ɛ̃sɛʀpɑ̃]

un rat [ɛ̃ʀa]

un perroquet [ɛ̃peʀɔkɛ]

un canari [ɛ̃kanaʀi]

un cochon [ɛ̃kɔʃɔ̃]

Unité 2 Copain, copine

TIPP

un oder une? Lerne die Nomen immer mit ihren Begleitern! Du kannst die **männlichen** Nomen **blau**, die **weiblichen** Nomen **rot** aufschreiben oder markieren.
Um dir Wörter gut zu merken, solltest du sie auch **laut** vorsagen. Gehe beim Lernen auf und ab und mache **Bewegungen** zu den Vokabeln; dadurch behältst du sie viel besser.

TU TE RAPPELLES?

Erinnerst du dich?

Es gibt Wörter, die man leicht vergisst oder die schwer zu schreiben sind.
Daher wirst du in diesen ***Tu te rappelles?***-Kästen an solche Wörter erinnert, die du schon gelernt hast und in dieser Unité wieder vorkommen.

je suis	ich bin	**mais**	aber
tu es	du bist	**aussi**	auch
il est, elle est	er ist, sie ist	**moi aussi, toi aussi**	ich auch, du auch
c'est	das ist	**ici**	hier, hierher
et	und	**voilà**	da ist, da sind

un **magasin** [ɛ̃magazɛ̃]	ein Geschäft, ein Laden	magasin: [z] wie das Summen einer Biene.
un **journal** [ɛ̃ʒuʀnal]	eine Zeitung	
une **BD** [ynbede]	ein Comic	
une **affiche** [ynafiʃ]	ein Plakat, ein Poster	  
Qu'est-ce que c'est? [kɛskəsɛ]	Was ist das?	
à (Paris) [a]	in, nach (Paris)	**C'est un magasin à Paris.** Das ist ein Geschäft in Paris.
une **maison** [ynmɛzɔ̃]	ein Haus	
une **maison de la presse** [ynmɛzɔ̃dəlapʀɛs]	ein Zeitschriften- und Schreibwarengeschäft	
Que fait Léo? [kəfɛleo]	Was macht Léo?	
regarder qc [ʀəgaʀde]	etwas ansehen, etwas betrachten 	**Léo regarde une BD.** Léo sieht sich einen Comic an. **qc** ist die Abkürzung von **quelque chose** [kɛlk(ə)ʃoz] und bedeutet „etwas".
parler [paʀle]	sprechen	
avec [avɛk]	mit	**Un monsieur parle** [paʀl] **avec Malabar.** Ein Mann spricht mit Malabar.
arriver [aʀive]	(an)kommen	**Une fille arrive** [aʀiv]. Ein Mädchen kommt.
chercher qn / qc [ʃɛʀʃe]	jemanden / etwas suchen	**Marie arrive. Elle cherche** [ʃɛʀʃ] **Léo.** Marie kommt (an). Sie sucht Léo. **qn** ist die Abkürzung von **quelqu'un** [kɛlkɛ̃] und bedeutet „jemand".
Atelier A1 **français** [fʀɑ̃sɛ / fʀɑ̃sɛz]	französisch	
en français [ɑ̃fʀɑ̃sɛ]	auf Französisch	**Qu'est-ce que c'est en français?** Wie heißt das auf Französisch?

un stylo [ɛ̃stilo]	ein Füller, ein Kuli	
une gomme [yngɔm]	ein Radiergummi	
un livre [ɛ̃livʀ]	ein Buch	
un cahier [ɛ̃kaje]	ein Heft	
un crayon [ɛ̃kʀɛjɔ̃]	ein Bleistift	
un truc *(fam.)* [ɛ̃tʀyk]	ein Ding, eine Sache	**C'est un truc bizarre.** Das ist ein komisches Ding.
A2 **écouter** qn / qc [ekute]	jemandem zuhören, etwas anhören	Vor Vokal wird ***je*** zu ***j'***: **J'écoute** [ʒekut].
trouver qn / qc [tʀuve]	jemanden / etwas finden	Das ***e*** von *je trouve* (ich finde) wird nicht gesprochen: [ʒətʀuv]. Diese Regel gilt für alle Verben, die auf ***-er*** enden.
porter qc [pɔʀte]	etwas tragen	**Je porte** [ʒəpɔʀt]. Ich trage.
travailler [tʀavaje]	arbeiten	**Je travaille** [ʒətʀavaj]. Ich arbeite.
A3 **dans** [dɑ̃]	in	
une rue [ynʀy]	eine Straße 	**la** rue = **die** Straße
dans la rue [dɑ̃laʀy]	auf der Straße	französisch: **dans** la rue, deutsch: **auf** der Straße
entrer [ɑ̃tʀe]	eintreten, hereinkommen	**Un chat entre dans le magasin.** Eine Katze kommt ins Geschäft herein. **le** magasin = das Geschäft

! **Entrer** ist ein regelmäßiges Verb und hat daher dieselben Endungen wie alle regelmäßigen Verben auf **-er**: j'ent**re** [ʒɑ̃tʀ] (ich trete ein), tu ent**res** [tyɑ̃tʀ] (du trittst ein), il ent**re** [ilɑ̃tʀ] (er tritt ein), elle ent**re** [ɛlɑ̃tʀ] (sie tritt ein), on ent**re** [ɔ̃nɑ̃tʀ] (man tritt ein/wir treten ein)

euh … [ø]	äh … 	**euh** …: sagt man, wenn man zögert.
là [la]	da, dort	**Ah, tu es là!** Ah, da bist du (ja)!
Chut! [ʃyt]	Pst!	
pour [puʀ]	für	
une école [ynekɔl]	eine Schule	**Tu travailles pour l'école?** Arbeitest du für die Schule? **le** und **la** werden vor Vokal zu **l'**.

Vis-à-vis

Das Wort **école** bezeichnet die Schule im Allgemeinen. Mit zwei Jahren gehen die Kinder in den Kindergarten (**école maternelle**), mit sechs in die Grundschule (**école élémentaire**), mit elf wechseln sie für vier Jahre aufs **collège** (dt. Sek I), anschließend können sie für drei weitere Jahre aufs **lycée** gehen, um das Abitur zu machen.

en vacances *(f., pl.)* [ɑ̃vakɑ̃s]	in den Ferien	**On est en vacances.** Wir haben Ferien. **On** bedeutet „man", in der Umgangssprache auch „wir".
Tiens! [tjɛ̃]	Sieh mal! / Schau mal!	
une grand-mère [yngʀɑ̃mɛʀ]	eine Großmutter	**Voilà grand-mère.** Da ist Großmutter.

Latière [latjɛʀ]	39	*Familienname*	
il dit / elle dit [ildi/ɛldi]	40	er sagt / sie sagt	**Elle dit bonjour.** Sie sagt „Guten Tag".
un **carton** [ɛ̃kaʀtɔ̃]	41	ein Karton	
un **ami** / une **amie** [ɛ̃nami/ynami]	42	ein Freund / eine Freundin	**Lucie est l'amie d'Anne.** Lucie ist die Freundin von Anne. Hier im Vokabular werden die Nomen meistens mit dem unbestimmten Artikel (**un** oder **une**) angegeben, auch wenn sie vorn im Buch mit dem bestimmten Artikel (**le** oder **la**) vorkommen.
Malou [malu]	43	*Name einer Katze*	
Zut! *(fam.)* [zyt]	44	Mist!, Verdammt!	
une **catastrophe** [ynkatastʀɔf]	45	eine Katastrophe	Achte auf die Schreibweise: französisch: une **c**atastrophe, deutsch: eine **K**atastrophe.

A l'école Was man für die Schule braucht.

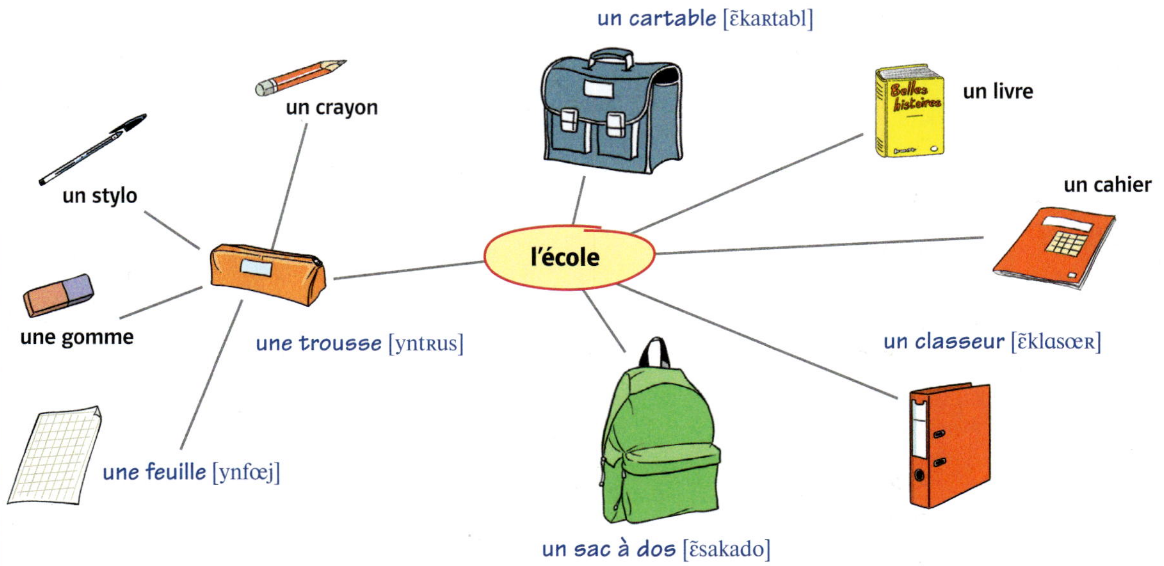

Atelier B 2

être [ɛtʀ]	46	sein	**C'est Malabar!** Das ist Malabar. **Ce sont Malabar et Moustique!** Das sind Malabar und Moustique.

! Du kennst schon die Formen **je suis**, **tu es**, **il est** und **elle est**. Die übrigen Formen lauten: **on‿est** [ɔ̃nɛ] (man ist, wir sind), **nous sommes** [nusɔm] (wir sind), **vous‿êtes** [vuzɛt] (ihr seid/Sie sind), **ils sont** und **elles sont** [ilsɔ̃/ɛlsɔ̃] (sie sind).
Vous steht auch für die höfliche Anrede (= „Sie").

devant [dəvɑ̃]	47	vor (örtlich)	**Léo et Marie sont devant le magasin.** Léo und Marie sind vor dem Geschäft.

habiter [abite]	wohnen	**J'habite à Paris.** Ich wohne in Paris.
! j'habit**e**, tu habit**es**, il habit**e**, elle habit**e**, on‿habit**e** [ɔ̃nabit], nous‿habit**ons** [nuzabitɔ̃], vous‿habit**ez** [vuzabite], ils‿habit**ent** [ilzabit], elles‿habit**ent** [ɛlzabit].		
rue Nollet [ʀynɔlɛ]	*Name einer Straße in Paris*	**J'habite rue Nollet.** Ich wohne in der Rue Nollet.
où [u]	wo; wohin	**Tu habites où?** Wo wohnst du?
rue Truffaut [ʀytʀyfo]	*Name einer Straße in Paris*	
un t-shirt [ɛ̃tiʃœʀt]	ein T-Shirt	t-shi**r**t: [œ] wie in *Stöcke*
aimer qn / qc [eme]	jemanden / etwas lieben, jemanden / etwas mögen	 
! j'aim**e**, tu aim**es**, il aim**e**, elle aim**e**, on‿aim**e** [ɔ̃nɛm], nous‿aim**ons** [nuzɛmɔ̃], vous‿aim**ez** [vuzɛme], ils‿aim**ent** [ilzɛm], elles‿aim**ent** [ɛlzɛm].		
le rugby [ləʀygbi]	das Rugby (Ballspiel)	
le judo [ləʒydo]	das Judo	**– Tu aimes le rugby? – Oui, et j'aime aussi le judo.** – Magst du Rugby? – Ja, und ich mag auch Judo.
Qu'est-ce que … ? [kɛskə]	Was … ?	**Qu'est-ce que tu aimes?** Was magst du?
le sport [ləspɔʀ]	der Sport	deutsch: Ich mag Sport. französisch: J'aime **le** sport.
la musique [lamyzik]	die Musik	
un frère [ɛ̃fʀɛʀ]	ein Bruder	**Nous sommes frère et sœur. / On est frère et sœur.** Wir sind Geschwister.
une sœur [ynsœʀ]	eine Schwester	
sympa [sɛ̃pa]	nett	**Alex et Jérôme sont sympas.** Alex und Jérôme sind sympathisch. **sympa** ist die Kurzform von **sympathique**.
détester qn / qc [detɛste]	jemanden / etwas verabscheuen	
! je détest**e**, tu détest**es**, il/elle/on détest**e**, nous détest**ons**, vous détest**ez**, ils/elles détest**ent**.		
ça [sa]	das	**– Je déteste ça!** – Ich mag das überhaupt nicht!
d'accord [dakɔʀ]	einverstanden, o.k.	**– Tu es d'accord? – Oui!** – Bist du einverstanden? – Ja!
alors [alɔʀ]	nun, jetzt, dann	**Alors, au revoir, Jérôme!** Dann auf Wiedersehen, Jérôme.
ouf [uf]	Uff!	 
B7 **le rock** [ləʀɔk]	Rock, die Rockmusik	
le foot(ball) [ləfut(bɔl)]	der Fußball *(Sportart)*	
un vélo [ɛ̃velo]	ein Fahrrad	
la techno [latɛkno]	Techno *(Musikstil)*	
le rap [ləʀap]	Rap *(Musikstil)*	
la gymnastique [laʒimnastik]	das Turnen, die Gymnastik	Kurzform: la gym [laʒim]
une chanson [ynʃɑ̃sɔ̃]	ein Lied	
classique [klasik]	klassisch	**la musique classique** die klassische Musik

AUF EINEN BLICK

Questions et réponses
Fragen und Antworten

– Qu'est-ce que c'est en français?	**– C'est un crayon.**	– Wie heißt das auf Französisch?	– Das ist ein Bleistift.
– Que fait Léo / Marie?	**– Il porte un carton.** **– Elle parle avec un monsieur.**	– Was macht Léo / Marie?	– Er trägt einen Karton. – Sie spricht mit einem Mann.
– Tu habites où?	**– J'habite à Paris.**	– Wo wohnst du?	– Ich wohne in Paris.
– Tu habites rue Nollet?	**– Non, j'habite rue Truffaut.**	– Wohnst du in der rue Nollet?	– Nein, ich wohne in der rue Truffaut.
– Tu aimes le rugby?	**– Oui, et j'aime aussi le judo.**	– Magst du Rugby?	– Ja, und ich mag auch Judo.

MON DICO PERSONNEL

J'aime / Je déteste …
Ich mag … / Ich mag überhaupt nicht …

le rock / le rap / la techno	Rockmusik / Rap / Techno	**la natation** [lanatasjɔ̃]	Schwimmen
le foot(ball)	Fußball	**le cinéma** [ləsinema]	Kino
le vélo	Fahrrad fahren	**la télé(vision)** [latelevizjɔ̃]	Fernsehen
le rugby / le judo	Rugby / Judo	**le roller** [ləʀɔlœʀ]	Rollerskaten, Inlinerfahren
la gym(nastique)	Turnen	**l'athlétisme** *(m.)* [latletism]	Leichtathletik
l'ordi(nateur)	Computer	**le basket(ball)** [ləbaskɛ̃tbɔl]	Basketball

Unité 3 Bon anniversaire, Léo!

TIPP

Mehrere leichte Gewichte kannst du besser stemmen als ein großes, schweres! Genauso ist das mit dem Vokabellernen: Lerne die neuen Wörter in **kleinen Portionen** von höchstens 10–15 Wörtern. Und wenn du **regelmäßig 10 Minuten** übst, ist das viel besser als nur ab und zu. Beim nächsten Vokabeltest wirst du punkten!

TU TE RAPPELLES?

alors	nun, jetzt, dann	**là**	da, dort
ça	das	**d'accord**	einverstanden
dans	in	**avec (toi et moi)**	mit (dir und mir)
Ça va?	Wie geht's?	**pour (toi)**	für (dich)
Comment?	Wie?	**Qu'est-ce que c'est?**	Was ist das?

un **anniversaire** [ɛ̃nanivɛʀsɛʀ]	ein Geburtstag	**Bon anniversaire! / Joyeux anniversaire!** Alles Gute zum Geburtstag! / Herzlichen Glückwunsch zum Geburtstag! [bɔnanivɛʀsɛʀ] [ʒwajøzanivɛʀsɛʀ]

Vis-à-vis

Zum Geburtstag wird in Frankreich das Lied *Joyeux anniversaire* gesungen; die Melodie ist dieselbe wie bei *Happy birthday to you* oder *Zum Geburtstag viel Glück.*

Atelier A1

une **idée** [ynide]	eine Idee	**C'est une idée super.** Das ist eine Superidee.
des [de]	***des*** *ist der Plural von* ***un*** *und* ***une****.*	**Fabien et Victor sont des frères.** Fabien und Victor sind Brüder.

un livre

des livres

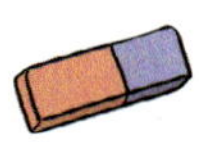
une gomme

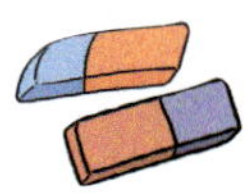
des gommes

un **cadeau** [ɛ̃kado]	ein Geschenk	**Des idées pour un cadeau.** Ideen für ein Geschenk.
la **FNAC** [lafnak]	die FNAC	

Vis-à-vis

Die **FNAC** ist eine franz. Ladenkette, die hauptsächlich Bücher, CDs, DVDs und Elektronikartikel vertreibt, oft zu günstigeren Preisen als anderswo.

bientôt [bjɛ̃to]	bald	**C'est bientôt l'anniversaire de Léo!** Bald ist Léos Geburtstag.
Ah, bon? [abɔ̃]	Ach ja? / Wirklich?	
ensemble [ɑ̃sɑ̃bl]	gemeinsam, zusammen	**On cherche un cadeau ensemble?** Sollen wir gemeinsam ein Geschenk suchen?
une **histoire** [ynistwaʀ]	eine Geschichte	Plural: **des‿histoires** [dezistwaʀ] Geschichten
ou [u]	oder	Gleiche Aussprache: ***ou*** = „oder", ***où*** = „wo".

un ordinateur [ɛ̃nɔʀdinatœʀ]	ein Computer	**des ordinateurs** Computer *(Mehrzahl)* Kurzform: **l'ordi** [lɔʀdi]
un CD / des **CD** [ɛ̃sede / desede]	eine CD / CDs	**Alex écoute des CD.** Alex hört CDs (an). **des CD** und **des BD** erhalten im Plural **kein -s**.
il y a [ilja]	es gibt, es ist, es sind	**Moustique est dans le carton. / Dans le carton, il y a un chien.** Moustique ist im Karton. / In dem Karton ist ein Hund.

A 2

d'abord [dabɔʀ]	zuerst	
bien sûr [bjɛ̃syʀ]	Sicherlich!, Na klar!, Selbstverständlich!	
Qu'est-ce qu'il y a? [kɛskilja]	Was gibt es?	**– Qu'est-ce qu'il y a dans le magasin de Mme Latière?** **– Dans le magasin, il y a des livres, des BD ...** – Was gibt es im Geschäft von Frau Latière? – In dem Geschäft gibt es Bücher, Comics ...

A 3

préparer qc [pʀepaʀe]	etwas vorbereiten	**On prépare l'anniversaire.** Wir bereiten den Geburtstag vor.

! je prépar**e**, tu prépar**es**, il prépar**e**, elle prépar**e**, on prépar**e**, nous prépar**ons**, vous prépar**ez**, ils prépar**ent**, elles prépar**ent**.

la France [lafʀɑ̃s]	Frankreich	
l'**Allemagne** *(f.)* [lalmaɲ]	Deutschland	Allema**gn**e: [ɲ] wie in *Lasa**gn**e*
en Allemagne [ɑ̃nalmaɲ]	in Deutschland	en France et en‿Allemagne [ɑ̃nalmaɲ]
Allô? [alo]	Hallo? *(am Telefon)*	französisch: **allô**, deutsch: **hallo**, englisch: **hello**

Vis-à-vis

In Frankreich meldet man sich am Telefon nicht mit seinem Namen, sondern mit **„Allô?"**.

Pirou [piʀu]	*Familienname*	Familiennamen werden im Französischen ohne Plural-*s* am Ende geschrieben: deutsch: die Pirou**s**, französisch: les Pirou.
un train [ɛ̃tʀɛ̃]	ein Zug	**Tu es dans le train?** Bist du im Zug?
Cologne [kɔlɔɲə]	Köln	**Tu es à Cologne?** Bist du in Köln?

AUF EINEN BLICK

en – à – dans 3-mal „in"

Le papa de Léo est **en** Allemagne.
Léos Papa ist **in** Deutschland.

Tu es **à** Cologne?
Bist du **in** Köln?

Tu es **dans** le train?
Bist du **im** Zug?

demain [dəmɛ̃]	morgen	**Tu es là demain?** Bist du morgen da? **A** demain! **Bis** morgen!
ton / ta / tes [tɔ̃/ta/te]	dein / deine	**tes copains** deine Freunde
mon / ma / mes [mɔ̃/ma/me]	mein / meine	**mon / ton** copain, **ma / ta** copine, **mes / tes** copains, **mes / tes** copines
C'est dommage. [sɛdɔmaʒ]	Das ist schade.	
inviter qn [ɛ̃vite]	jemanden einladen	**Tu invites tes copains?** Lädst du deine Freunde ein?
! j'invite, tu invit**es**, il invit**e**, elle invit**e**, on‿invit**e**, nous‿invit**ons**, vous‿invit**ez**, ils‿invit**ent**, elles‿invit**ent**.		
allemand [almɑ̃/almɑ̃d]	deutsch	
en allemand [ɑ̃nalmɑ̃]	auf Deutsch	
A bientôt! [abjɛ̃to]	Bis bald.	
maman *(f.)* [mamɑ̃]	Mama, Mutti	
une bougie [ynbuʒi]	eine Kerze	**la** bougie (die Kerze) → **les** bougies (die Kerzen), **le** train (der Zug) → **les** trains (die Züge)
un gâteau / des **gâteaux** [ɛ̃gato/degato]	ein Kuchen / Kuchen	**Mme Pirou prépare un gâteau pour six.** Mme Pirou bereitet einen Kuchen für sechs (Personen) vor. Ebenso: un cadeau / des cadeau**x**
aujourd'hui [oʒuʀdɥi]	heute	
ranger qc [ʀɑ̃ʒe]	etwas aufräumen	
! je rang**e**, tu rang**es**, il rang**e**, elle rang**e**, on rang**e**, nous ran**geons**, vous rang**ez**, ils rang**ent**, elles rang**ent**.		
une chambre [ynʃɑ̃bʀ]	ein (Schlaf)Zimmer	
s'il te plaît [siltəplɛ]	bitte *(wenn man jemanden duzt)*	s'il **vous** plaît = wenn man jemanden siezt
maintenant [mɛ̃tnɑ̃]	jetzt	
une affaire [ynafɛʀ]	eine Sache, eine Angelegenheit	Achte auf die Bindung: mes‿affaires [mezafɛʀ].
toujours [tuʒuʀ]	immer	**Toujours des histoires.** Immer dasselbe Theater.

AUF EINEN BLICK

Zeitangaben „heute, morgen, immer …"

d'abord	zuerst	**demain**	morgen	**souvent** [suvɑ̃]	oft
maintenant	jetzt	**bientôt**	bald	**puis** [pɥi]	dann
aujourd'hui	heute	**toujours**	immer	**tout de suite** [tutsɥit]	sofort

A9

une famille [ynfamij]	43	eine Familie	
un enfant [ɛ̃nɑ̃fɑ̃]	44	ein Kind	Achte auf die Bindung: les‿enfants [lezɑ̃fɑ̃].

Ma famille
Eltern, Geschwister und Verwandte

Atelier B1

son / sa / ses *(+ Nomen)* [sɔ̃ / sa / se]	45	sein / seine; ihr / ihre	**Ses copains et ses copines arrivent.** Seine / Ihre Freunde und seine / ihre Freundinnen kommen an. **son** copain (sein/ihr Freund), **sa** copine (seine/ihre Freundin), **ses** copain**s** (seine/ihre Freunde), **ses** copine**s** (seine/ihre Freundinnen)
C'est ça? [sɛsa]	46	Stimmt's?	

	avoir [avwaʀ]	haben	Achte auf die Aussprache: ils‿ont [ilzɔ̃] (sie haben), aber: ils sont [ilsɔ̃] (sie sind)
!	j'**ai** [ʒe], tu **as** [tya], il **a** [ila], elle **a** [ɛla], on‿**a** [ɔ̃na], nous‿**avons** [nuzavɔ̃], vous‿**avez** [vuzave], ils‿**ont** [ilzɔ̃], elles‿**ont** [ɛlzɔ̃].		
	encore [ɑ̃kɔʀ]	noch	
	un **DVD** [ɛ̃devede]	eine DVD	**des DVD** wie **des CD** und **des BD:** ohne ***-s*** im Plural.
	un **jeu** / des **jeux** [ɛ̃ʒø]	ein Spiel / Spiele	Achte auf den Plural mit **-x**. Nomen mit Plural auf **-x**: des cadeau**x** (Geschenke), des gâteau**x** (Kuchen), des jeu**x** (Spiele), des journ**aux** (Zeitungen)
	un **jeu vidéo** / des **jeux vidéo** [ɛ̃ʒøvideo / deʒøvideo]	ein Computerspiel / Computerspiele	Achte auf die Schreibung: des jeu**x** vidé**o**
	avoir faim [avwaʀfɛ̃]	Hunger haben	**Vous avez faim?** Habt ihr / Haben Sie Hunger?
	manger qc [mɑ̃ʒe]	etwas essen	Achte auf das **e** bei „nous mang**e**ons“.
!	je mang**e**, tu mang**es**, il/elle/on mang**e**, nous mang**eons**, vous mang**ez**, ils/elles mang**ent**.		
	souffler qc [sufle]	etwas ausblasen	
	puis [pɥi]	dann	
	chanter [ʃɑ̃te]	singen	
!	je chant**e**, tu chant**es**, il chant**e**, elle chant**e**, on chant**e**, nous chant**ons**, vous chant**ez**, ils chant**ent**, elles chant**ent**.		
	avoir onze ans [avwaʀɔ̃zɑ̃]	elf Jahre alt sein	**Mehdi a onze ans.** Mehdi ist elf Jahre alt. Achte auf den Unterschied: J'**ai** onze ans, maintenant! Ich **bin** jetzt 11 Jahre alt.
	avoir envie de faire qc [avwaʀɑ̃vi]	Lust haben, etwas zu tun	**Tu as envie de regarder un DVD?** Hast du Lust, eine DVD anzusehen?
	sur [syʀ]	auf, über	un jeu vidéo **sur** mon ordinateur (ein Computerspiel **auf** meinem Computer), un livre **sur** Paris (ein Buch **über** Paris)
	une **surprise** [ynsyʀpʀiz]	eine Überraschung	französisch: **une surprise**, englisch: a **surprise**
B7	un **mois** [ɛ̃mwa]	ein Monat	
	une **année** [ynane]	ein Jahr	**L'année a 12 mois.** Ein Jahr hat zwölf Monate.
	quand [kɑ̃]	wann	**– L'anniversaire de Léo, c'est quand? – Son anniversaire, c'est le 19 décembre.** – Wann hat Léo Geburtstag? – Er hat am 19. Dezember Geburtstag.
	le **premier** [ləpʀəmje]	der erste	**L'anniversaire de Marie, c'est le premier mars.** Marie hat am ersten März Geburtstag. Statt **le premier** kannst du auch **le 1er** schreiben. Ab der Zahl zwei schreibt man beim Datum so: le **deux** décembre (der 2. Dezember), le **trois** février (der 3. Februar).
B9	l'**âge** *(m.)* [laʒ]	das Alter	**Tu as quel âge?** Wie alt bist du?
	il s'appelle [ilsapɛl]	er heißt	**– Il s'appelle comment? – Il s'appelle Léo.** – Wie heißt er? – Er heißt Léo.

... treize, quatorze ... So zählt man ab 13. Die Zahlen bis zwölf findest du auf der Seite 150.

		20	vingt [vɛ̃]	30	trente [tʀɑ̃t]
		21	vingt-et-un [vɛ̃teɛ̃]	31	trente-et-un [tʀɑ̃teɛ̃]
		22	vingt-deux [vɛ̃tdø]	32	trente-deux [tʀɑ̃tdø]
13	treize [tʀɛz]	23	vingt-trois [vɛ̃ttʀwa]	33	trente-trois [tʀɑ̃ttʀwa]
14	quatorze [katɔʀz]	24	vingt-quatre [vɛ̃tkatʀ]	34	trente-quatre [tʀɑ̃tkatʀ]
15	quinze [kɛ̃z]	25	vingt-cinq [vɛ̃tsɛ̃k]	35	trente-cinq [tʀɑ̃tsɛ̃k]
16	seize [sɛz]	26	vingt-six [vɛ̃tsis]	36	trente-six [tʀɑ̃tsis]
17	dix-sept [disɛt]	27	vingt-sept [vɛ̃tsɛt]	37	trente-sept [tʀɑ̃tsɛt]
18	dix-huit [dizɥit]	28	vingt-huit [vɛ̃tɥit]	38	trente-huit [tʀɑ̃tɥit]
19	dix-neuf [diznœf]	29	vingt-neuf [vɛ̃tnœf]	39	trente-neuf [tʀɑ̃tnœf]

Les mois de l'année Von Januar bis Dezember

janvier [ʒɑ̃vje]	Januar
février [fevʀije]	Februar
mars [maʀs]	März
avril [avʀil]	April
mai [mɛ]	Mai
juin [ʒɥɛ̃]	Juni

juillet [ʒɥijɛ]	Juli
août [ut]	August
septembre [sɛptɑ̃bʀ]	September
octobre [ɔktɔbʀ]	Oktober
novembre [nɔvɑ̃bʀ]	November
décembre [desɑ̃bʀ]	Dezember

Die Monate sind im Französischen alle **männlich**:

le premier janvier, le premier février ...	der erste Januar, der erste Februar ...
le deux mars, le trois avril [lətʀwazavʀil], **le quatre mai ...**	der 2. März, der 3. April, der 4. Mai ...

AUF EINEN BLICK

L'anniversaire etc. Geburtstag, Alter und Familie

– Bon anniversaire, ... (Léo)!		– Alles Gute zum Geburtstag ... (Léo)!	
– Joyeux anniversaire!		– Herzlichen Glückwunsch zum Geburtstag!	
– Ton anniversaire, c'est quand?	**– Mon anniversaire, c'est le deux août.**	– Wann hast du Geburtstag?	– Ich habe am 2. August Geburtstag.
– Tu as quel âge?	**– J'ai ... (douze) ans.**	– Wie alt bist du?	– Ich bin ... (12) Jahre.
– Tu as des frères et sœurs?	**– Oui, j'ai un frère et deux sœurs.**	– Hast du Geschwister?	– Ja, ich habe einen Bruder und zwei Schwestern.
– Il s'appelle comment, ton frère?	**– Il s'appelle ... (Marc).**	– Wie heißt dein Bruder?	– Er heißt ... (Marc).

MON DICO PERSONNEL

Les fêtes Feste, die in Frankreich gefeiert werden.

l'anniversaire *(m.)* [laniveʀsɛʀ]	Geburtstag
le baptême [ləbatɛm]	Taufe
le mariage [ləmaʀjaʒ]	Hochzeit
le 14 Juillet [ləkatɔʀzʒɥijɛ]	14. Juli (franz. Nationalfeiertag)
Pâques *(f.)* [pak]	Ostern
la Pentecôte [lapɑ̃tkot]	Pfingsten
Noël *(m.)* [nɔɛl]	Weihnachten
le nouvel an [lənuvɛlɑ̃]	Neujahr

TIPP

Schaffe dir ein **angenehmes Lernumfeld,** in dem du ungestört ohne fremde Geräuschquellen üben kannst.
Bahn, Bus, Bett, Badewanne: Hilfreich ist auch, wenn du **immer an denselben Orten** lernst. So wird Lernen zur Gewohnheit und der Erfolg nicht ausbleiben, garantiert!

Unité 4 Au collège Balzac

TU TE RAPPELLES?

encore	noch	**bientôt**	bald
puis	dann	**d'abord**	zuerst
où / ou	wo / oder	**ensemble**	zusammen
sur	auf, über	**Tiens!**	Na so was!, Sieh mal!
aujourd'hui	heute	**Qu'est-ce qu'il y a?**	Was gibt es?
toujours	immer	**quand**	wann

un collège [ɛ̃kɔlɛʒ]	1	ein „Collège"	**au** [o] collège Balzac – **auf** dem Collège Balzac

Vis-à-vis

Le collège: Nach der Grundschule (fünf Jahre) gehen alle französischen Kinder für vier Jahre aufs „collège". Sie sind dann ungefähr elf Jahre alt. Die Klassen werden so genannt: **la 6ᵉ** [lasizjɛm], **la 5ᵉ** [lasɛ̃kjɛm], **la 4ᵉ** [lakatʀijɛm], **la 3ᵉ** [latʀwazjɛm].

Honoré de Balzac [ɔnɔʀedəbalzak]	2	Honoré de Balzac *(frz. Schriftsteller; 1799–1850)*
une cour [ynkuʀ]	3	ein (Schul-)Hof
un élève / une élève [ɛ̃nelɛv / ynelɛv]	4	ein Schüler / eine Schülerin
jouer [ʒwe]	5	spielen

Tu joues avec moi? Spielst du mit mir?

un cours [ɛ̃kuʀ]	eine Unterrichtsstunde	**Aujourd'hui, ils ont un cours d'allemand. / A huit heures, ils ont français.** Heute haben sie eine Stunde Deutsch. / Um acht Uhr haben sie Französisch. gleich ausgesprochen, unterschiedlich geschrieben: [kuʀ] **une cour, un cours**
être en retard [ɛtʀɑ̃ʀətaʀ]	zu spät kommen	**Elle est en retard.** Sie kommt zu spät.
un CDI [ɛ̃sedei]	ein CDI	**Ils travaillent au CDI.** Sie arbeiten im CDI.

Vis-à-vis

CDI ist die Bezeichnung für die Bibliothek an französischen Schulen.

une cantine [ynkɑ̃tin]	eine Kantine, eine Mensa	**Qu'est-ce qu'il y a à la cantine?** Was gibt es in der Kantine?
une infirmerie [ynɛ̃fiʀməʀi]	eine Krankenstation	**Il est à l'infirmerie.** *hier:* Er ist im Krankenzimmer.
Aïe! [ai]	Aua!	
un pied [ɛ̃pje]	ein Fuß	
une journée [ynʒuʀne]	ein Tag	
une heure [ynœʀ]	eine Stunde	Achte auf die Bindung, wenn Zahlen voranstehen, z. B. deux‿heures [døzœʀ], trois‿heures [tʀwazœʀ].
sept heures [sɛtœʀ]	sieben Uhr	**Il est sept heures.** Es ist sieben Uhr.
un lit [ɛ̃li]	ein Bett	
sept heures et demie [sɛtœʀedəmi]	halb acht	
les **toilettes** *(f.)* [letwalɛt]	die Toilette	
huit heures et quart [ɥitœʀekaʀ]	Viertel nach acht	
Racine [ʀasin]	*Familienname*	**A huit heures et quart, Marie a un cours de français avec M. Racine.** Um Viertel nach acht hat Marie Französisch bei M. Racine.
midi [midi]	zwölf Uhr (mittags)	**Midi, c'est l'heure de la cantine.** 12 Uhr mittags ist Essenszeit.
commencer [kɔmɑ̃se]	anfangen, beginnen	**Deux heures cinq: Le cours de musique commence.** Fünf nach zwei: die Musikstunde fängt an.

Atelier A1

! je commence, tu commences, il/elle/on commence, nous commençons, vous commencez, ils/elles commencent

après [apʀɛ]	nach; danach	
rentrer [ʀɑ̃tʀe]	zurückkommen, nach Hause gehen	
six heures moins le quart [sizœʀmwɛ̃lkaʀ]	Viertel vor sechs	

	Französisch	Deutsch	Beispiel / Hinweis
	chez qn [ʃe]	bei jemandem	**Il est chez Alex.** Er ist bei Alex.
	la **télévision** [latelevizjɔ̃]	das Fernsehen	**Nous regardons la télé.** Wir sehen fern. **la télé** ist die Kurzform von **la télévision**.
A2	**Quelle heure est-il?** [kɛlœʀɛtil]	Wie viel Uhr ist es? / Wie spät ist es?	Du kannst auch fragen: **Il est quelle heure?**
	à quelle heure? [akɛlœʀ]	um wie viel Uhr?	**Tu rentres à quelle heure?** Um wie viel Uhr kommst du nach Hause?
	de … à	von … bis	**Les enfants sont à l'école de huit heures à cinq heures.** Die Kinder sind von acht bis fünf in der Schule.
A3	une **clé** [ynkle]	ein Schlüssel	**une clé USB** [ynkleyɛsbe] ein USB-Stick
	lundi *(m.)* [lɛ̃di]	Montag	
	aller [ale]	gehen, fahren	**Léo va au CDI.** Léo geht ins CDI.
!	je **vais**, tu **vas**, il/elle/on **va**, nous‿**allons**, vous‿**allez**, ils/elles **vont**		Aber: Il va **chez** Alex. (Person)
	ne … pas [nə … pa]	nicht	Léo **ne** trouve **pas** son copain. Marie **n'**écoute **pas** Alex.
	la **6ᵉA** [lasizjɛma]	die Klasse 6A	la **6ᵉA** = la **sixième A**
	une **minute** [ynminyt]	eine Minute	**Le cours d'allemand commence dans deux minutes.** Die Deutschstunde fängt in zwei Minuten an.
	une **classe** [ynklas]	eine Klasse	
	Barette	*Familienname*	
	un **professeur** / une **professeure** [ɛ̃pʀɔfesœʀ/ynpʀɔfesœʀ]	ein Lehrer / eine Lehrerin	**Mme Barette est prof d'allemand.** Mme Barette ist Deutschlehrerin. **un prof / une prof** ist die Kurzform von „un(e) professeur(e)".
	sous [su]	unter	
	une **salle de cours** [ynsaldəkuʀ]	ein Klassenraum	
	Excusez-moi. [ɛkskyzemwa]	Entschuldigen Sie. / Entschuldigung!	Wenn du jemanden duzt, sagst du **Excuse-moi.** Zum Behalten dieses Ausdrucks kann dir das Englische **Excuse me** helfen.
	une **place** [ynplas]	ein Platz	**Léo va à sa place.** Léo geht zu seinem Platz.
	la **main** [lamɛ̃]	die Hand	**Dans sa main, il a la clé USB.** Er hat / hält den USB-Stick in seiner Hand.
	la **récréation** [laʀekʀeasjɔ̃]	die Pause	**Après trois heures de cours, c'est la récréation.** Nach drei Stunden Unterricht gibt es eine Pause. In der Umgangssprache benutzt man häufig die Kurzform **la récré** [laʀekʀe].
	retrouver qn / qc [ʀətʀuve]	jemanden treffen; etwas wiederfinden	**Les garçons retrouvent Marie et Alex dans la cour.** Die Jungs treffen Marie und Alex im Hof.
	en 6ᵉB [ɑ̃sisjɛmbe]	in der 6B	
	raconter qc [ʀakɔ̃te]	etwas erzählen	**Léo raconte l'histoire de la clé USB.** Léo erzählt die Geschichte vom USB-Stick.

Vis-à-vis

In Frankreich haben die Kinder in der Regel **kein** eigenes Klassenzimmer.

Il / Elle est à qui? [ɛlɛtaki / ilɛtaki]	Wem gehört er / sie / es?	
Je ne sais pas. [ʒənəsɛpa]	Ich weiß nicht.	
Ce ne sont pas mes affaires. [sənəsɔ̃pamezafɛʀ]	Das sind nicht meine Sachen.	*hier:* Ich will damit nichts zu tun haben.
discuter (de qc) [diskyte]	(über etwas) diskutieren, sich (über etwas) unterhalten	

Les jours de la semaine

Montag, Dienstag, Mittwoch …

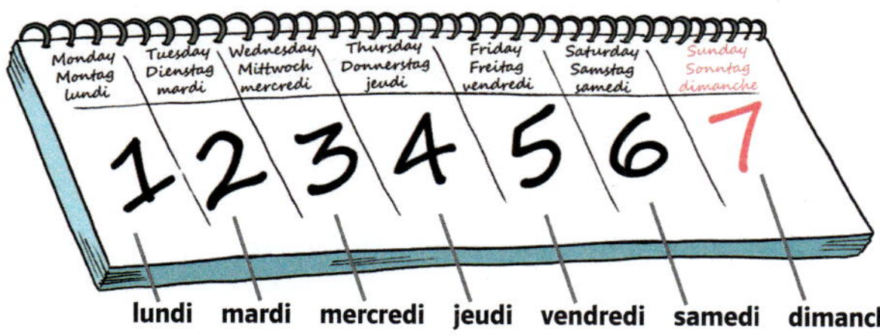

Aujourd'hui, c'est mercredi. Demain, c'est jeudi.
Heute ist Mittwoch. Morgen ist Donnerstag.

Die Wochentage sind im Französischen alle **männlich:**
le lundi, **le** mardi … montags, dienstags …

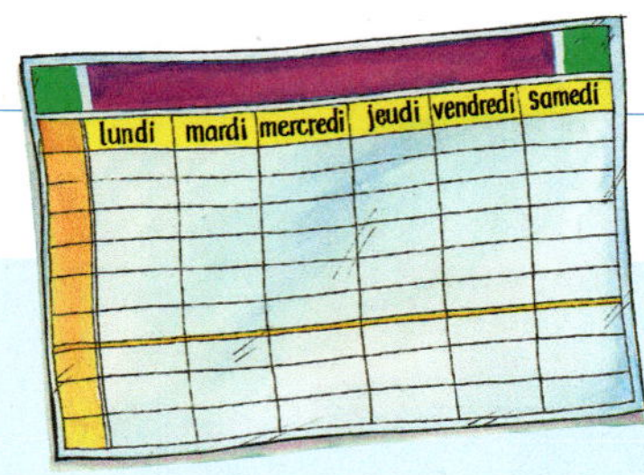

Atelier

B1	**le temps** [lətɑ̃]	die Zeit	
	l'**emploi** *(m.)* **du temps** [lɑ̃plwadytɑ̃]	der Stundenplan	
B3	**un mot** [ɛ̃mo]	ein Wort	
	un gymnase [ɛ̃ʒimnaz]	eine Turnhalle	**Un gymnase** darf nicht mit „ein Gymnasium" übersetzt werden; „das Gymnasium" heißt auf Französisch **le lycée** [ləlise].
B4	**un rêve** [ɛ̃ʀɛv]	ein Traum	
	cool *(fam.)* [kul]	cool	
	cliquer [klike]	klicken	
	notre / nos [nɔtʀ / no]	unser / unsere	**notre** père – **nos** pères
	votre / vos [vɔtʀ/vo]	euer / eure; Ihr / Ihre	**notre / votre** professeur, **nos / vos** professeur**s**, **notre / votre** professeure, **nos / vos** professeure**s**
	leur / leurs [lœʀ]	ihr / ihre	**Voilà les parents, leurs enfants et leur chien.** Das sind die Eltern, ihre Kinder und ihr Hund.
	une interrogation [ynɛ̃teʀɔgasjɔ̃]	eine Klassenarbeit	Kurzform: **une interro**
	quelque chose [kɛlkəʃoz]	etwas	Abkürzung: **qc**
	un sac [ɛ̃sak]	eine Tasche	
	faire qc [fɛʀ]	etwas machen	

! je **fais**, tu **fais**, il/elle/on **fait**, nous **faisons**, vous **faites**, ils/elles **font**

	une **copie** [ynkɔpi]	eine Kopie	Achte auf die unterschiedliche Schreibung: französisch: **copie**, englisch: cop**y**, deutsch: **K**opie
	un **exercice** [ɛ̃nɛgzɛRsis]	eine Übung	Achte auf die unterschiedliche Schreibung: französisch: exerci**c**e, englisch: exerci**s**e
	si	doch	**– On ne fait pas ça. – Mais si!** – Das tut man nicht. – Aber doch!
	comme ça [kɔmsa]	so, auf diese Weise	
	comme [kɔm]	wie	**C'est comme un cadeau!** Das ist wie ein Geschenk!
	avoir raison [avwaRRɛzɔ̃]	recht haben	**Léo n'a pas raison.** Léo hat kein / nicht recht.
	les **devoirs** *(m., pl.)* [ledəvwaR]	die (Haus)Aufgaben	**Vous faites vos devoirs?** Macht ihr eure Hausaufgaben?
B5	une **partie** [ynpaRti]	ein Teil	**Quel titre va avec quelle partie?** Welcher Titel passt zu welchem (Text-)Teil?
	un **titre** [titR]	Titel	
	la **fin** [lafɛ̃]	das Ende, der Schluss	**à la fin** = zum Schluss
B10	**derrière** [dɛRjɛR]	hinter	**La clé USB est derrière l'ordinateur.** Der USB-Stick ist / liegt hinter dem Computer.

AUF EINEN BLICK

Où est Moustique? Il est ...

sur le sac

dans le train

sous le lit

derrière l'ordinateur

devant la télé

AUF EINEN BLICK

A l'école
Personen, Orte und was es sonst noch in der Schule gibt.

le collège	das Collège	**les devoirs** *(m.)*	die Hausaufgaben
un élève	ein Schüler	**un exercice**	eine Übung
une élève	eine Schülerin	**une interro(gation)**	eine Klassenarbeit
un prof(esseur)	ein Lehrer	**un CDI**	das CDI
une prof(esseure)	eine Lehrerin	**le gymnase**	Turnhalle
la classe	die Klasse	**la cantine**	die Kantine
la salle de cours	der Klassenraum	**la cour**	der (Schul-)Hof
avoir cours	Unterricht haben	**la récré(ation)**	die Pause
un cours (de français)	eine Unterrichtsstunde (eine Französischstunde)		

AUF EINEN BLICK

Parler de l'école — Über die Schule sprechen

– Les cours commencent à quelle heure? **– A huit heures.**	– Um wie viel Uhr beginnt der Unterricht? – Um acht Uhr.
– A huit heures et quart, nous avons un cours de français avec M. … / Mme …	– Um Viertel nach acht haben wir eine Französischstunde / haben wir Französisch bei Herrn … / Frau …
– Vous êtes en 6ᵉA? **– Non, nous sommes en 6ᵉB.**	– Seid ihr in der 6A? – Nein, wir sind in der 6B.
– Qu'est-ce qu'il y a à la cantine?	– Was gibt es in der Kantine?
– Qu'est-ce que vous faites après la cantine? **– Nous allons au CDI.**	– Was macht ihr nach der Kantine? – Wir gehen ins CDI.
– On fait les devoirs ensemble?	– Sollen wir die Hausaufgaben gemeinsam machen?
– Tu rentres à quelle heure?	– Um wie viel Uhr gehst du nach Hause?

MON DICO PERSONNEL

A l'école — Unterrichtsfächer

allemand	Deutsch	**éducation musicale** [edykasjɔ̃mysikal]	Musik
français	Französisch		
anglais [ɑ̃glɛ]	Englisch	**arts plastiques** [aʀplastik]	Kunst
mathématiques [matematik]	Mathematik	**E.P.S. (Education physique et sportive)** [epeɛs]	Sport
histoire-géo [histwaʀʒeɔ]	Geschichte und Erdkunde	**S.V.T. (Sciences de la vie et de la terre)** [ɛsvete]	Biologie
		technologie [tɛknɔlɔʒi]	Technik

Unité 5 Un samedi dans le quartier

TIPP

Vokabeln lassen sich besonders gut einprägen, wenn man sie **„vernetzt“** lernt. Zwei Beispiele für solche Netze hast du schon auf den Seiten 153 und 159 kennen gelernt. Von dem Ausgangswort in der Mitte gehen immer mehrere „Zweige“ aus, an die du die passenden Begriffe schreibst. Probiers mal aus!

TU TE RAPPELLES?

euh …	äh …	**Alors (j'écoute)!**	Nun (ich höre).
Chut!	Pst!	**Bon d'accord.**	Gut, einverstanden!
Zut!	Mist!, Verdammt!	**D'accord?**	Einverstanden?
Aïe!	Aua!	**Comment?**	Wie (bitte)?
Bon, …	Na gut, …	**Ah bon?**	Ach ja?, Wirklich?

un **quartier** [ɛ̃kaʀtje]	ein Stadtviertel	Achte auf die Aussprache: [**kaʀtje**]
Batignolles	Batignolles *(Name eines Viertels in Paris)*	
le, la dix-septième [lə/ladisɛtjɛm]	der, die, das siebzehnte	
un **arrondissement** [ɛ̃naʀɔ̃dismɑ̃]	ein Arrondissement *(ein Verwaltungsbezirk)*	
une **photo** [ynfɔto]	ein Foto	
un **parc** [ɛ̃paʀk]	ein Park	Achte auf die Schreibung: französisch: pa**rc** deutsch: Pa**rk**, englisch: pa**rk**
le **roller** [ləʀɔlœʀ]	das Inlinerfahren	**Le roller, c'est super!** Inlinerfahren ist super!
une **avenue** [ynavəny]	eine Straße 	**C'est l'avenue de Clichy.** Das ist die avenue de Clichy. Clichy [kliʃi] *Kleinstadt bei Paris*
Interclub 17 [ɛ̃tɛʀklœbdisɛt]	Interclub 17 *(Name eines Jugendzentrums)*	
une **activité** [ynaktivite]	eine Freizeitbeschäftigung	
tout le monde [tulmɔ̃d]	alle, jeder	**A Interclub 17, il y a des activités pour tout le monde.** Im Interclub 17 gibt es Freizeitbeschäftigungen für jeden / alle.
un **stand** [ɛ̃stɑ̃d]	ein Stand, eine Bude	
une **crêpe** [ynkʀɛp]	eine Crêpe	

Atelier A1

un **taxi** [ɛ̃taksi]	ein Taxi	
aller faire qc [alefɛʀ]	etwas tun werden	**Elle va rentrer à six heures.** Sie wird um sechs Uhr nach Hause gehen. Mit **aller** und einem **Verb** im Infinitiv kannst du ausdrücken, was du in der Zukunft (z. B. morgen) machen wirst.
passer qc [pase]	etwas verbringen	

la nuit [lanɥi]	die Nacht	**la nuit de vendredi à samedi** die Nacht von Freitag auf Samstag
une entrée [ynɑ̃tʀe]	ein Eingang	
le soir [ləswaʀ]	der Abend	
ce soir [səswaʀ]	heute Abend	
un jour [ɛ̃ʒuʀ]	ein Tag	
A plus, ma puce! [aplysmapys]	Bis später, mein Kleines.	
une voiture [ynvwatyʀ]	ein Auto	
en voiture [ɑ̃vwatyʀ]	mit dem Auto	
loin [lwɛ̃]	weit *(Adv.)*	**Marie n'habite pas loin.** Marie wohnt nicht weit weg.
à pied [apje]	zu Fuß	**– On va chez Marie en voiture? – Non, on va à pied.** – Fahren wir mit dem Auto zu Marie? – Nein, wir gehen zu Fuß.

A3

un appartement [ɛ̃napaʀtəmɑ̃]	eine Wohnung	
une pièce [ynpjɛs]	ein Zimmer	**Ils habitent dans un appartement de quatre pièces.** Sie wohnen in einer Vierzimmerwohnung.

Vis-à-vis

Un appartement ist „eine Wohnung", deutsch „Appartement" heißt im Französischen **un studio** [ɛ̃stydjo].
Une pièce ist das allgemeine Wort für „Zimmer"; **une chambre** wird meistens für „Schlafzimmer" verwendet.

une salle de bains [ynsaldəbɛ̃]	ein Badezimmer	**Je passe la nuit dans la salle de bains?** Soll ich die Nacht im Bad verbringen?
un salon [ɛ̃salɔ̃]	ein Wohnzimmer	
une table [yntabl]	ein Tisch	
Chabane [ʃaban]	*französischer Familienname*	**Alex est à table avec les Chabane.** Alex sitzt mit den Chabanes am Tisch. Familiennamen im Französischen immer ohne **-s:** **les** Chabane
un repas [ɛ̃ʀəpa]	ein Essen; eine Mahlzeit	
minuit *(m.)* [minɥi]	Mitternacht, 12 Uhr nachts	**Tu vas avoir faim à minuit!** Du wirst Mitternacht Hunger haben. Il est **minuit** (24 Uhr). Il est **midi** (12 Uhr).
le matin [ləmatɛ̃]	der Morgen	**demain matin** morgen früh Ebenso: **demain soir** morgen Abend
un tour [ɛ̃tuʀ]	eine Tour, ein Rundgang	
le samedi [ləsamdi]	samstags	**samedi** = Samstag
l'après-midi *(m./f.)* [lapʀɛmidi]	der Nachmittag	
faire du judo [fɛʀdyʒydo]	Judo machen, betreiben	**Le samedi après-midi, je fais du judo.** Samstagnachmittags mache ich Judo.

l'**athlétisme** *(m.)* [latletism]	die Leichtathletik	**faire du/de la/de l':** **faire du foot** Fußball spielen, **faire de la musique** musizieren, **faire de l'athlétisme** Leichtathletik machen
je voudrais ... [ʒəvudʀɛ]	ich möchte gerne ...	**Je voudrais bien regarder la télé.** Ich möchte / würde gern fernsehen.
le bruit [ləbʀɥi]	das Geräusch, der Lärm	
déjà [deʒa]	schon	
tard [taʀ]	spät	**Il est déjà tard!** Es ist schon spät.
une cuisine [ynkɥizin]	eine Küche	
quitter qc [kite]	etwas verlassen	Das Gegenteil von **quitter qc** ist **entrer dans qc.**
des **spaghettis** *(m., pl.)* [spageti]	Spaghetti	

Les pièces d'un appartement

Was zu einer Wohnung gehört.

la salle à manger [lasalamɑ̃ʒe]

le salon / **la salle de séjour** [lasaldəseʒuʀ]

la cuisine

la chambre d'enfant [laʃɑ̃bʀdɑ̃fɑ̃]

l'entrée *(f.)*

la chambre

la salle de bains

les toilettes
les W.-C. [levese]

A5

la **natation** [lanatasjɔ̃]	das Schwimmen	
la **danse** [ladɑ̃s]	der Tanz, das Tanzen	
le **théâtre** [ləteatʀ]	das Theater	**faire du théâtre** Theater spielen
une **guitare** [yngitaʀ]	eine Gitarre	Vergleiche die Schreibung: französisch: **guitare**, englisch: **guitar**, deutsch: **Gitarre**

A6

comme [kɔm]	als	**Qu'est-ce que tu fais comme sport?** Was für einen Sport machst du?

Les sports So bleibt man fit.

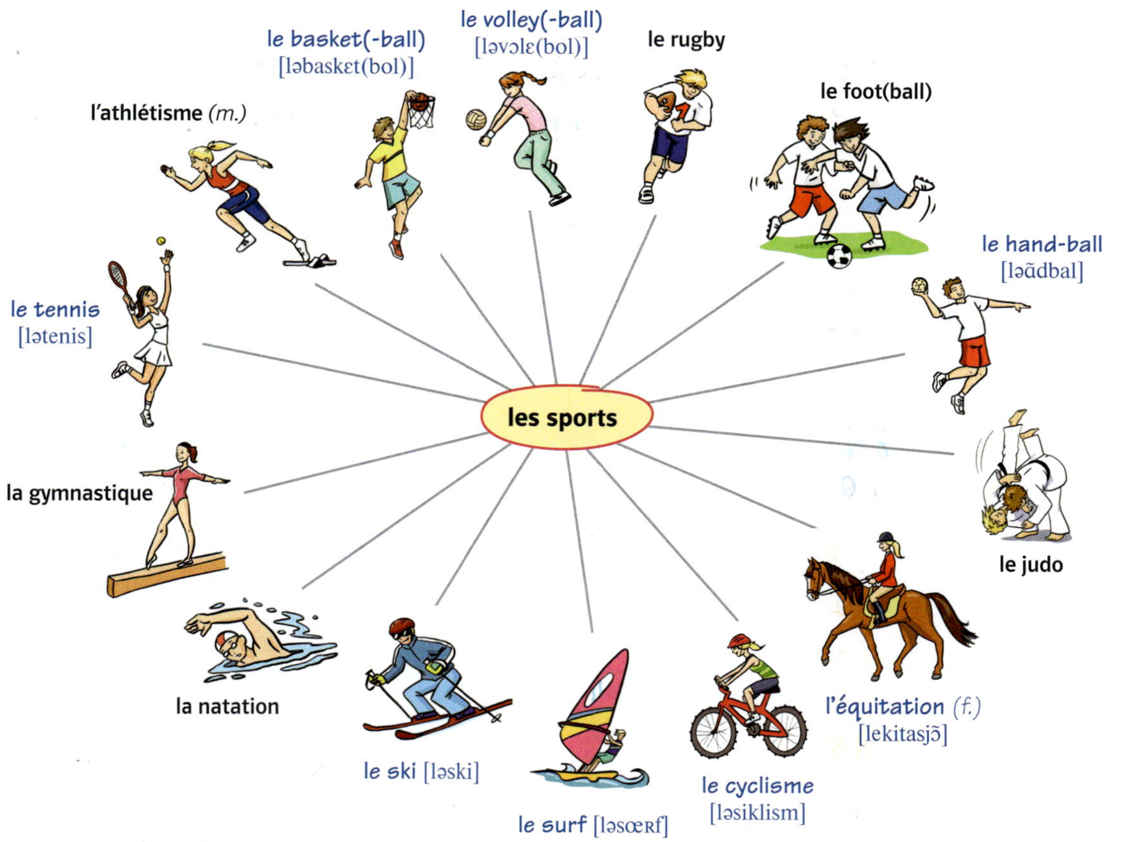

Atelier B1

à droite [adʀwat]	(nach) rechts	**Va à droite.** Geh nach rechts.
tourner [tuʀne]	drehen, abbiegen	
à gauche [agoʃ]	(nach) links	**Puis, tourne à gauche.** Biege dann links ab.
une **boulangerie** [ynbulɑ̃ʒʀi]	eine Bäckerei	
tout droit [tudʀwa]	geradeaus	**Va tout droit.** Geh geradeaus.

	un café [ɛ̃kafe]	ein Café	

Vis-à-vis

In einem **Café** kann man etwas trinken und eine Kleinigkeit essen. Dem deutschen „Café" mit Torten und Kuchen entspricht in Frankreich eher der **Salon de thé**.

	traverser qc [tʀavɛʀse]	etwas überqueren	**Traversez la rue.** Überquert die Straße.
	un carrefour [ɛ̃kaʀfuʀ]	eine Kreuzung	
B2	**pour faire** qc [puʀfɛʀ]	um etwas zu tun	**Pour aller à la boulangerie, s'il vous plaît?** Wie komme ich zur Bäckerei, bitte?
	Vous pouvez répéter, s'il vous plaît? [vupuveʀepete]	Können Sie bitte wiederholen?	
	Merci beaucoup! [mɛʀsiboku]	Vielen Dank!	
	la poste [lapɔst]	die Post	
	une piscine [ynpisin]	ein Schwimmbad	
B3	**un champion / une championne** [ɛ̃ʃɑ̃pjɔ̃/ynʃɑ̃pjɔn]	ein Champion, ein Meister / eine Meisterin	
	un numéro [ɛ̃nymeʀo]	eine Nummer	**le champion numéro 1** der Champion Nummer 1
	un combat [ɛ̃kɔ̃ba]	ein Kampf	
	vraiment [vʀɛmɑ̃]	wirklich	**Elle est vraiment cool.** Sie ist richtig (= wirklich) cool.
	même [mɛm]	sogar	
	une interview [ynɛ̃tɛʀvju]	ein Interview	französisch / deutsch: gleiche Schreibung, nur der Artikel ist unterschiedlich: **une** interview, **ein** Interview.
	est-ce que [ɛskə]	*Frageformel* 	**Est-ce que tu as envie de faire une interview avec moi?** Hast du Lust, ein Interview mit mir zu machen?
	gagner (qc) [gaɲe]	(etwas) gewinnen	
	poser qc [poze]	etwas setzen / stellen / legen	
	une question [ynkɛstjɔ̃]	eine Frage	**Après les combats, Marie pose des questions.** Nach den Kämpfen stellt Marie Fragen.
	Comment est-ce que ... ? [kɔmɑ̃ɛskə]	Wie ... ?	
	tomber [tɔ̃be]	fallen	**Comment est-ce que tu tombes?** Wie fällst du?
	faire mal [fɛʀmal]	weh tun	**Est-ce que ça fait mal?** Tut das weh?
	pourquoi? [puʀkwa]	warum?	
	parce que [paʀskə]	weil	**– Pourquoi est-ce que ça ne fait pas mal? – Parce qu'on fait des exercices pour ça.** – Warum tut das nicht weh? – Weil wir das trainieren. Auf **pourquoi?** antwortet man fast immer mit **parce que**.
	trop [tʀo]	zu viel, zu sehr	

	nul [nyl]	blöd	
	C'est trop nul! *(fam.)* [sɛtʀonyl]	Das ist zu blöd! *(ugs.)*	So kannst du sonst noch ausdrücken, wie du etwas findest: **C'est bizarre! C'est super! C'est cool!**
Atelier C1	**avoir mal** [avwaʀmal]	Schmerzen haben	**Tu as mal?** Tut dir etwas weh?
	le parc des Batignolles [ləpaʀkdebatiɲɔl]	der Park von Batignolles	
	un portable [ɛ̃pɔʀtabl]	ein Handy	**un portable** ist die Kurzform von **téléphone portable**
	un SMS [ɛ̃ɛsɛmɛs]	eine SMS	**Sur le portable de Léo, il y a un SMS de Marie!** Auf dem Handy von Léo ist eine SMS von Marie. Neben **un SMS** sagt man auch **un texto** [tɛksto].
	un film [ɛ̃film]	ein Film	
	avoir soif [avwaʀswaf]	Durst haben	**– Tu as soif? – Oui, mais j'ai faim aussi.** – Hast du Durst? – Ja, aber ich habe auch Hunger.
	prendre qc [pʀɑ̃dʀ]	etwas nehmen; *hier:* essen	**On prend quelque chose au stand de crêpes?** Sollen wir eine Kleinigkeit am Crêpesstand essen?
!	je prends, tu prends, il/elle/on prend, nous pre**n**ons, vous pre**n**ez, ils/elles pre**nn**ent		
	une gaufre [yngofʀ]	eine Waffel	
	Ça coûte combien? [sakutkɔ̃bjɛ̃]	Wie viel kostet das?	Nach dem Preis fragst du mit **Ça coûte combien?** oder **Ça fait combien?** Nach dem Preis einer *BD* oder einer *Crêpe* fragst du so: **Ça coûte combien, la BD / la crêpe?**
	un euro / des **euros** [ɛ̃nøʀo / dezøʀo]	ein Euro / Euros	
	un centime [ɛ̃sɑ̃tim]	ein Cent	
	un vendeur / **une vendeuse** [ɛ̃vɑ̃dœʀ / ynvɑ̃døz]	ein Verkäufer / eine Verkäuferin	
	un coca [ɛ̃koka]	eine Cola	**Je voudrais un coca.** Ich möchte gern eine Cola. **Die** Cola ist im Französischen männlich: **un** coca.
	une eau minérale [ynomineʀal]	ein Mineralwasser	
	un jus de pomme [ɛ̃ʒydpɔm]	ein Apfelsaft	
	une orange [ynɔʀɑ̃ʒ]	eine Orange	**un jus d'orange** ein Orangensaft
	un diabolo menthe [ɛ̃djabɔlomɑ̃t]	ein Diabolo Menthe	Ein **diabolo menthe** ist ein Mixgetränk aus Minzsirup und Limonade.
	Ça fait ... [safɛ]	Das macht ..., Das kostet ...	**– Ça fait combien? – Ça fait 4 euros 90.** – Wie viel kostet das? – Das kostet 4 Euro 90.
C5	**un client** / **une cliente** [ɛ̃klijɑ̃ / ynklijɑ̃t]	ein Kunde / eine Kundin	
	Bonne journée! [bɔnʒuʀne]	Einen schönen Tag!	**Bonne journée!** sagt man bei einer Verabschiedung.

40 … 100 Noch mehr Zahlen!

Die Zahlen von 0 bis 12 findest du auf Seite 150, die von 13 bis 39 auf Seite 161.

40	quarante	70	soixante-dix	80	quatre-vingts	90	quatre-vingt-dix
41	quarante-et-un	71	soixante-et-onze	81	quatre-vingt-un	91	quatre-vingt-onze
42	quarante-deux	72	soixante-douze	82	quatre-vingt-deux	92	quatre-vingt-douze
50	cinquante	73	soixante-treize	83	quatre-vingt-trois	93	quatre-vingt-treize
51	cinquante-et-un	74	soixante-quatorze	84	quatre-vingt-quatre	94	quatre-vingt-quatorze
52	cinquante-deux	75	soixante-quinze	85	quatre-vingt-cinq	95	quatre-vingt-quinze
60	soixante	76	soixante-seize	86	quatre-vingt-six	96	quatre-vingt-seize
61	soixante-et-un	77	soixante-dix-sept	87	quatre-vingt-sept	97	quatre-vingt-dix-sept
62	soixante-deux	78	soixante-dix-huit	88	quatre-vingt-huit	98	quatre-vingt-dix-huit
69	soixante-neuf	79	soixante-dix-neuf	89	quatre-vingt-neuf	99	quatre-vingt-dix-neuf
						100	cent [sɑ̃]

AUF EINEN BLICK

Activités Freizeitaktivitäten erfragen und darüber sprechen.

Qu'est-ce que tu fais comme activité/sport?	
Je fais …	Ich …
– de la musique	– mache Musik
– de la guitare	– spiele Gitarre
– de la danse	– tanze
– du sport	– mache/treibe Sport
– de l'athlétisme	– mache Leichtathletik
– du foot	– spiele Fußball
– de la natation	– schwimme
– du vélo	– fahre Rad

Qu'est-ce que tu vas faire ce soir/demain … ?	
Je vais …	Ich werde …
– écouter des CD	– CDs anhören
– regarder la télé	– fernsehen
– regarder un film avec …	– einen Film mit … ansehen
– regarder un DVD	– eine DVD ansehen
– inviter des copains	– Freunde einladen
– aller au judo	– zum Judo gehen
– jouer sur l'ordi	– am Computer spielen
– aller au cinéma [sinema]	– ins Kino gehen

MON DICO PERSONNEL

Mon quartier … ton quartier Diese Wörter kannst du vielleicht gebrauchen.

Du hast schon einige Wörter gelernt, mit denen du dein Wohnviertel beschreiben kannst, z. B. une **boulangerie**, un **bureau de poste**, un **café**, un **cinéma**, une **école,** une **piscine**, un **restaurant**.
Hier findest du noch mehr Wörter, die für dich wichtig sein könnten. Die für dich interessanten Wörter kannst du in dein **dico personnel** übertragen.

une **maison des jeunes**	ein Jugendzentrum	un **coiffeur**	ein Frisör
un **terrain de foot**	ein Fußballplatz	une **papeterie**	ein Schreibwarengeschäft
un **club de foot**	ein Fußballverein	un **supermarché**	ein Supermarkt
un **club sportif**	ein Sportverein	un **grand magasin**	ein Kaufhaus
une **école de musique**	eine Musikschule	un **kiosque**	ein Kiosk
un **glacier**	eine Eisdiele	une **bibliothèque**	eine Bücherei

Unité 6 On va à la fête!

TIPP

Lerne bei **Verben** immer die **Ergänzungen** mit, also: inviter **qn** – **jemanden** einladen; regarder **qc** – **etwas** betrachten, **etwas** ansehen. Es gibt Verben, die neben der Ergänzung **qn/qc** auch noch die Präposition **à** bei sich haben, auch die solltest du immer mitlernen, z. B. parler **à** qn – **mit** jemandem sprechen.

TU TE RAPPELLES?

aller	gehen, fahren	**faire**	machen
on va aller	wir werden gehen / fahren	**avoir**	haben
ranger	aufräumen	**nous‿avons** [nuzavõ]	wir haben
ils vont ranger	sie werden aufräumen	**vous‿avez** [vuzave]	ihr habt
être	sein	**ils‿ont** [ilzõ], **elles‿ont** [ɛlzõ]	sie haben

une **fête** [ynfɛt]	ein Fest, eine Party	
une **fête nationale** [ynfɛtnasjɔnal]	ein Nationalfeiertag	**Le 14 Juillet, en France, c'est la Fête nationale.** Der 14. Juli ist der französische Nationalfeiertag.

Vis-à-vis

Der französische **Nationalfeiertag** geht auf den Beginn der **Französischen Revolution** im Jahre 1789 zurück.
Seit 1879 ist der 14. Juli offizieller Nationalfeiertag.

les **gens** *(m., pl.)* [leʒɑ̃]	die Leute	
un **bal** [ɛ̃bal]	ein Ball, ein Fest	
danser [dɑ̃se]	tanzen	**Les gens vont au bal et dansent dans la rue.** Die Leute gehen zum Fest und tanzen auf der Straße.
grand / grande [gʀɑ̃/gʀɑ̃d]	groß	⇔ un grand [gʀɑ̃] monsieur, **une** grande [gʀɑ̃d] dame
un **feu** / des **feux** [ɛ̃fø/defø]	ein Feuer, Feuer *(Plural)*	**le feu** erhält im Plural ein **-x: des / les feux**.
un **feu d'artifice** [ɛ̃fødaʀtifis]	ein Feuerwerk	
la **tour Eiffel** [latuʀɛfɛl]	der Eiffelturm	

Vis-à-vis

Der **Eiffelturm** verdankt seinen Namen dem Architekten Gustave Eiffel und wurde für die Weltausstellung 1889 erbaut. Er ist 324 m hoch.

Atelier A1

le **TGV** [ləteʒeve]	der TGV	

TGV

Vis-à-vis

Der **TGV** erreicht auf der Strecke **Stuttgart-Paris** eine Spitzengeschwindigkeit von 320 km in der Stunde.
Für die 600 km lange Strecke benötigt er nur drei Stunden und 40 Minuten.

une **personne** [ynpɛʀsɔn]	eine Person	

AUF EINEN BLICK

2x où **Wo** man wohnt und **wohin** man geht.

Tu habites **où?**	**Wo** wohnst du?	Vous allez **où**?	**Wohin** geht ihr?
Où est-ce que ton copain habite?	**Wo** wohnt dein Freund?	**Où** est-ce que tu vas?	**Wohin** gehst du?

A2	l'**arrivée** *(f.)* [laʀive]	die Ankunft	**l'arrivée** (hier neu) gehört zu derselben Wortfamilie wie **arriver** (schon bekannt). So kann man die Bedeutung neuer Wörter oft selbstständig erschließen.
	hier [jɛʀ]	gestern	Erinnerst du dich? **aujourd'hui** = heute, **demain** = morgen
	un **problème** [ɛ̃pʀɔblɛm]	ein Problem	**Nous avons déjà discuté du problème.** Wir haben schon über das Problem diskutiert.
	téléphoner à qn [telefɔne]	mit jemandem telefonieren, jemanden anrufen	
	rester [ʀɛste]	bleiben	**Je reste ici et je range, c'est ça?** Ich bleibe hier und räume auf, ok?
A4	un **journal** / des **journaux** [ɛ̃ʒuʀnal / deʒuʀno]	eine Zeitung; *hier:* ein Tagebuch	Achte auf den unregelmäßigen Plural: **des journaux**.
	les **vacances** *(f., pl.)* [levakɑ̃s]	der Urlaub, die Ferien	
	dernier / dernière [dɛʀnje / dɛʀnjɛʀ]	letzter / letzte / letztes	**samedi dernier** letzten Samstag
	content / contente [kɔ̃tɑ̃ / kɔ̃tɑ̃t]	zufrieden	
	triste / triste [tʀist / tʀist]	traurig	**Tu es triste? – Oui, je suis vraiment triste.** Bist du traurig? – Ja, ich bin sehr / wirklich traurig.
	intéressant / intéressante [ɛ̃teʀɛsɑ̃ / ɛ̃teʀɛsɑ̃t]	interessant	Achte auf die Aussprache mit zwei Nasalen: **in**téress**ant** [ɛ̃teʀɛsɑ̃].
	très [tʀɛ]	sehr	Das **s** wird nicht ausgesprochen.
	bon / bonne [bɔ̃ / bɔn]	gut	Achte auf die Aussprache: **bon** wie in **bon**jour.
	peut-être [pøtɛtʀ]	vielleicht	
	une **gare** [yngaʀ]	ein Bahnhof	„**Der** Bahnhof" ist im Französischen feminin: **la** gare. → Pariser Bahnhöfe S. 184
	un **chanteur** / une **chanteuse** [ɛ̃ʃɑ̃tœʀ / ynʃɑ̃tøz]	ein Sänger / eine Sängerin	Bekannt sind **chanter** und **la chanson**; so kann **un chanteur** gut behalten werden.
	oublier qc [ublije]	etwas vergessen	
	petit / petite [pəti / pətit]	klein	**On a cherché mon petit frère et ma petite sœur.** Wir haben meinen kleinen Bruder und meine kleine Schwester gesucht.
	enfin [ɑ̃fɛ̃]	schließlich, endlich	
	un **chapeau** [ɛ̃ʃapo]	ein Hut	

Vis-à-vis

Als Zeichen der Bewunderung für eine Leistung sagen (nicht nur) die Franzosen **Chapeau!**, was soviel wie „Hut ab!" oder „Respekt!" bedeutet.

	joli / jolie [ʒoli / ʒoli]	hübsch, nett	
	une **robe** [ynʀɔb]	ein Kleid	
	long / longue [lɔ̃ / lɔ̃g]	lang	
	un **pantalon** [ɛ̃pɑ̃talɔ̃]	eine Hose	un pantalon long, une robe longue
	vert / verte [vɛʀ / vɛʀt]	grün	un t-shirt vert, une robe verte

Atelier B1

avant [avɑ̃]	vor	

AUF EINEN BLICK

avant, après ... „vor“, „nach“ und andere knifflige Wörter

Les copains arrivent une heure	**avant** la fête.	(**vor** dem Fest)	une heure **avant**	**(vorher, davor)**
Ils rentrent à la maison	**après** la fête.	(**nach** dem Fest)	une heure **après**	**(danach)**
devant le stand de crêpes	(**vor** dem Crêpesstand)		**derrière** la voiture	(**hinter** dem Auto)

mettre qc [mɛtʀ]	etwas legen / setzen / stellen; etwas anziehen	**Je mets mon pantalon vert?** Soll ich meine grüne Hose anziehen?
! je mets, tu mets, il / elle / on met, nous mettons, vous mettez, ils/elles mettent. Passé composé: j'ai **mis**		
la Place de la Bastille [laplasdəlabastij]	der Platz der Bastille	
mauvais / mauvaise [movɛ / movɛz]	schlecht	**La musique n'est pas mauvaise, elle est bonne.** Die Musik ist nicht schlecht, sie ist gut.
donner qc à qn [dɔne]	jemandem etwas geben	**Donne la main à ton petit frère, s'il te plaît!** Gib deinem kleinen Bruder bitte die Hand. **la main** steht für **qc**, **à ton petit frère** für **à qn**.
Quoi? [kwa]	Was?	**Quoi, un petit comme moi?** Was, ein Kleiner wie ich?
une **casquette** [ynkaskɛt]	eine Kappe, eine Schirmmütze	
la **poche** [lapɔʃ]	die Tasche, die Hosentasche	
demander (qc) à qn [dəmɑ̃de]	jemanden fragen; jemanden nach etwas fragen, jemanden um etwas bitten	**Noah demande à Marie: «Tu danses avec moi?»** Noah fragt Marie: „Tanzt du mit mir?“ **Regarde, Noah demande une danse à Marie!** Sieh, Noah bittet Marie um einen Tanz. demander **à qn** = jemanden fragen demander **qc à qn** = jemanden nach etwas fragen, jemanden um etwas bitten
entre [ɑ̃tʀ]	zwischen	**un jeu entre toi et moi** ein Spiel zwischen dir und mir
montrer qc à qn [mɔ̃tʀe]	jemandem etwas zeigen	
parler à qn [paʀle]	mit jemandem sprechen	**Regarde, il parle à son frère, maintenant!** Sieh, jetzt spricht er mit seinem Bruder.
aider qn [ede]	jemandem helfen	**Toi, Marie, tu aides toujours tout le monde.** Du Marie, du hilfst immer allen.
autre / autre [otʀ]	anderer / andere / anderes	**L'autre garçon, c'est son frère!** Der andere Junge ist sein Bruder. Im Singular immer **autre**, im Plural immer **autres**.
rencontrer qn [ʀɑ̃kɔ̃tʀe]	jemanden treffen, jemandem begegnen	**C'est super de rencontrer des gens sympas comme toi!** Das ist super, sympathische Leute wie dich zu treffen.

B6

un **courriel** [ɛ̃kuʀjɛl]	eine E-Mail	Neben **un courriel** ist auch **un e-mail** [ɛ̃nimɛl] und **un mél** [ɛ̃mɛl] gebräuchlich.

	une couleur [ynkulœʀ]	eine Farbe	Achte auf die Schreibung, wenn du schon das englische Wort für „Farbe" kennen gelernt hast: französisch: **couleur**, englisch: **colour**.
	surtout [syʀtu]	vor allem	
	bleu / bleue [blø]	blau	Die Aussprache ist dieselbe, die Schreibung nicht.
	blanc / blanche [blɑ̃ / blɑ̃ʃ]	weiß	**un** t-shirt **blanc**, **une** robe **blanche**
	rouge / rouge [ʀuʒ]	rot	Im Singular immer **rouge**, im Plural immer **rouges**.

Vis-à-vis

bleu, blanc, rouge sind die Farben der französischen Flagge. Diese Farben werden bei vielen öffentlichen Feierlichkeiten verwendet, so z. B. wenn Flugzeuge anlässlich des französischen Nationalfeiertags über die Champs-Elysées fliegen.

	jaune / jaune [ʒon]	gelb	Im Singular immer **jaune**, im Plural immer **jaunes**.
B 8	**un vêtement** [ɛ̃vɛtmɑ̃]	ein Kleidungsstück	
	noir / noire [nwaʀ]	schwarz	Die Aussprache ist dieselbe [nwaʀ], die Schreibung nicht: noir, noir**e**.
	gris / grise [gʀi / gʀiz]	grau	**un** pantalon gris [gʀi], **une** robe grise [gʀiz]
	un jean [ɛ̃dʒin]	eine Jeans	
	une basket [ynbaskɛt]	ein Turnschuh	
	une jupe [ynʒyp]	ein Rock	
	un anorak [ɛ̃naɔʀak]	ein Anorak	
	une chemise [ynʃəmiz]	ein Hemd	
	une veste [ynvɛst]	eine Jacke	
	une chaussure [ynʃosyʀ]	ein Schuh	**Elle aime bien les chaussures noires.** Sie mag schwarze Schuhe sehr.
	un pull [ɛ̃pyl]	ein Pulli	
B 11	**un poème** [ɛ̃pɔɛm]	ein Gedicht	

AUF EINEN BLICK

Les vêtements

Kleider machen Leute.

un t-shirt	ein T-Shirt	**une veste**	eine Jacke
un pantalon	eine Hose	**des baskets** *(f.)*	Turnschuhe
un jean	eine Jeans	**des chaussures** *(f.)*	Schuhe
une robe	ein Kleid	**les fringues** *(f.) (fam.)* [lefʀɛ̃g]	die Klamotten
une jupe	ein Rock	**un short** [ɛ̃ʃɔʀt]	Shorts
un pull(over)	ein Pulli, ein Pullover	**un sweat** [ɛ̃swɛt]	ein Sweatshirt
une chemise	ein Hemd	**un blouson** [ɛ̃bluzɔ̃]	ein Blouson, eine Jacke

AUF EINEN BLICK

Les adjectifs männlich und weiblich

Singular (m.)/(f.)	Plural (m.)/(f.)	Singular (m.)/(f.)	Plural (m.)/(f.)
content / contente	contents / contentes	français / française	français / françaises
petit / petite	petits / petites	gris / grise	gris / grises
allemand / allemande	allemands / allemandes	bizarre	bizarres
bon / bonne	bons / bonnes	classique	classiques
blanc / blanche	blancs / blanches	fantastique	fantastiques
dernier / dernière	derniers / dernières	jaune	jaunes
long / longue	longs / longues	rouge	rouges
joli / jolie	jolis / jolies	sympa	sympas
bleu / bleue	bleus / bleues	triste	tristes
noir / noire	noirs / noires	*Unveränderlich:* super, cool	

Le passé composé Über Vergangenes berichten.

– Qu'est-ce que tu **as fait** le 14 juillet?	danser faire	– J'**ai dansé** dans la rue. – J'**ai fait** des photos du feu d'artifice à la tour Eiffel.
– Qu'est ce que tu **as fait** hier soir?	ranger discuter regarder	– J'**ai rangé** ma chambre. – J'**ai discuté** avec mon frère / ma sœur / mes parents. – J'**ai regardé** un film intéressant.
– Est-ce que les grandes vacances **ont** déjà **commencé**?	commencer	– Oui, elles **ont commencé** samedi dernier / le … juillet.
– Pourquoi est-ce que vous restez à la maison?	inviter	– Parce Maman **a invité** son amie Delphine et sa fille Lilou.
– Qu'est-ce que Gabriel **a fait**?	faire écouter oublier	– Il **a fait** un tour dans la gare, – il **a écouté** des chanteurs – et il **a oublié** le train.
– Qu'est-ce que vous **avez fait** alors?	chercher	– On **a cherché** mon petit frère.

MON DICO PERSONNEL

Faire la fête singen, tanzen, essen, trinken …

la musique	die Musik	un sketch [ɛ̃skɛtʃ]	ein Sketch
les amis / les copains	die Freunde	des sandwichs (*m.*) [desɑ̃dwi(t)ʃ]	Sandwichs
chanter	singen	des boissons (*f.*) [debwasɔ̃]	Getränke
danser	tanzen	des tartes flambées (*f.*) [detaʀtflɑ̃be]	Flammkuchen
fêter	feiern	des pizzas (*f.*) [depidza]	Pizzas
des gâteaux	Kuchen	des chips (*f.*) [deʃips]	Chips

Unité 7 P comme ... papa à Paris!

TIPP

Schreibe besonders wichtige Wörter auf **Klebezettel**. Klebe den Zettel an einen gut sichtbaren Platz, an dem du regelmäßig vorbeikommst. So lernst du Wörter quasi **im Vorübergehen**.

TU TE RAPPELLES?

vraiment	wirklich	**Je voudrais ...**	Ich möchte gerne ...
même	sogar	**tout le monde**	alle, jeder
déjà	schon	**Je ne sais pas.**	Ich weiß nicht.
surtout	vor allem	**enfin**	schließlich, endlich

Atelier A1

une **semaine** [ynsəmɛn]	eine Woche	Die Wochentage findest du auf S. 165
un **reportage** [ɛ̃ʀəpɔʀtaʒ]	eine Reportage	französisch: un **reportage** deutsch: eine **Reportage**
une **ville** [ynvil]	eine Stadt	**Il prépare un reportage sur notre ville pour son journal.** Er bereitet eine Reportage über unsere Stadt für seine Zeitung vor.
un **assistant** / une **assistante** [ɛ̃nasistɑ̃/ynasistɑ̃t]	ein Assistent / eine Assistentin	französisch: l'assist**a**nt, deutsch: der Assist**e**nt
visiter qc [vizite]	etwas besichtigen	
un **endroit** [ɛ̃nɑ̃dʀwa]	ein Ort, eine Stelle	**Ils vont visiter les endroits intéressants.** Sie werden die interessanten Orte besichtigen. Achte auf die Bindung: les‿endroits [lezɑ̃dʀwa]
un **touriste** / une **touriste** [ɛ̃tuʀist/yntuʀist]	ein Tourist / eine Touristin	
l'**Arc de triomphe** *(m.)* [laʀkdətʀijɔ̃f]	der Arc de triomphe *(Triumphbogen)*	
le **Louvre** [ləluvʀ]	der Louvre	**Le Louvre est un grand musée à Paris.** Der Louvre ist ein großes Museum in Paris.
un **musée** [ɛ̃myze]	ein Museum	
une **cathédrale** [ynkatedʀal]	eine Kathedrale	
Notre-Dame [nɔtʀədam]	Notre-Dame *(Kathedrale im Zentrum von Paris)*	
la Défense [ladefɑ̃s]	la Défense	
moderne [mɔdɛʀn]	modern	**La Défense est un quartier moderne à Paris.** La Défense ist ein modernes Stadtviertel in Paris. französisch: modern**e**, deutsch: modern

l'Arc de triomphe

le Louvre

Notre-Dame

La Défense

Visitez Paris!

L'église du Sacré-Cœur, dans le quartier de Montmartre

On visite Paris.

La tour Montparnasse, au centre de Paris

La tour Eiffel, le symbole de Paris

Dans le Parc de la Villette, on peut découvrir le monde de la science.

Le Palais de l'Elysée: c'est là que travaille le président de la République.

Station 1 Bonjour de Paris

1	**Il fait beau.** [bo]	Es ist schönes Wetter. / Das Wetter ist schön.	
	chaud / chaude [ʃo/ʃod]	warm, heiß	
	Il fait chaud. [ilfɛʃo]	Es ist warm / heiß.	Im Französischen benutzt man für Wetterangaben meistens das Verb **faire**.
	beaucoup de [bokudə]	viel(e)	**Sur la tour Eiffel, il y a beaucoup de touristes.** Auf dem Eiffelturm sind viele Touristen.
	la **vue** [ynvy]	die Aussicht	
	un **restaurant** [ɛ̃ʀɛstɔʀɑ̃]	ein Restaurant	
	une **boutique** [ynbutik]	eine Boutique, ein Ladengeschäft	
	un **souvenir** [ɛ̃suvniʀ]	eine Erinnerung, ein Andenken	une **boutique de souvenirs** ein Souvenirshop
	un **bureau** [ɛ̃byʀo]	ein Büro; ein Schreibtisch; *hier:* ein Arbeitszimmer	gleich ausgesprochen, aber unterschiedlich geschrieben: französisch: un b**ureau**, deutsch: ein B**ü**ro
	écrire qc à qn [ekʀiʀ]	jemandem etwas schreiben	
!	j'écris, tu écris, il/elle/on écrit, nous écri**v**ons, vous écri**v**ez, ils/elles écri**v**ent		
	une **carte** [ynkaʀt]	eine Karte	französisch: une **c**arte, deutsch: eine **K**arte
	une **carte postale** [ynkaʀtpɔstal]	eine Postkarte, eine Ansichtskarte	**J'écris une carte postale à mes parents.** Ich schreibe meinen Eltern eine Ansichtskarte.
	le **vent** [ləvɑ̃]	der Wind	
	Il y a du vent. [iljadyvɑ̃]	Es ist windig.	**Sur la tour Eiffel, il y a du vent.** Auf dem Eiffelturm ist es windig.
2	le **temps** [lətɑ̃]	das Wetter	
	Quel temps fait-il? [kɛltɑ̃fɛtil]	Wie ist das Wetter?	
	froid / froide [fʀwa/fʀwad]	kalt	
	Il fait froid. [ilfɛfʀwa]	Es ist kalt.	
	neiger [nɛʒe]	schneien	**Il neige.** Es schneit.
	Il fait mauvais. [ilfɛmovɛ]	Es ist schlechtes Wetter.	**A Paris, il fait mauvais.** In Paris ist schlechtes Wetter.
	pleuvoir [pløvwaʀ]	regnen	
	Il pleut. [ilplø]	Es regnet.	
3	**lire** qc / qc à qn [liʀ]	etwas lesen, jemandem etwas vorlesen	**Je vais lire la lettre à grand-père. Après, je lis le journal.** Ich werde Großvater den Brief vorlesen. Danach lese ich die Zeitung.
!	je lis, tu lis, il/elle/on lit, nous li**s**ons, vous li**s**ez, ils/elles li**s**ent		
4	**Cher … / Chère …** [ʃɛʀ]	Lieber … / Liebe …	So beginnt man Briefe, E-Mails …
	papi / papy *(fam.)* [papi]	Opi	am Ende entweder mit ***i*** oder ***y***

mamie [mami]	Omi	
Comment allez-vous? [kɔmɑ̃talevu]	Wie geht es euch / Ihnen?	**Cher papi et chère mamie, Comment allez-vous?** Lieber Opi und liebe Omi, wie geht es euch? Nach der Anrede beginnt im Französischen das nächste Wort mit einem Großbuchstaben.
génial / géniale [ʒenjal]	super, genial	**Notre-Dame, c'est génial.** Notre-Dame ist super.
la Joconde [laʒɔkɔ̃d]	Mona Lisa *(weltberühmtes Ölgemälde im Louvre)*	
une **bise** *(fam.)* [ynbiz]	ein Kuss, ein Küsschen	**faire la bise à qn** = jemandem einen Kuss geben

Vis-à-vis

La bise ist ein angedeuteter Kuss auf beide Wangen. Mit einer **bise** begrüßen sich in Frankreich Verwandte und gute Bekannte. Am Ende eines Briefes, einer Karte oder einer E-Mail verwendet man als Grußformel **Bises**, **Bisous**, **Biz** oder **Grosses bises** (Viele Grüße und Küsse).

Coucou! [kuku]	Kuckuck! / Hallo!	

Station 2 Des millions de kilomètres

	un **million** [ɛ̃miljɔ̃]	eine Million	**des millions de ...** = Millionen von ...
	un **kilomètre** [ɛ̃kilɔmɛtʀ]	ein Kilometer	
1	**tôt** [to] *(adv.)*	früh *(Adv.)*	**très tôt** *(sehr früh)*, **trop tôt** *(zu früh)*, **très tard** *(sehr spät)*, **trop tard** *(zu spät)*.
	un **bus** [ɛ̃bys]	ein Bus	
	une **station** [ynstasjɔ̃]	eine Station, eine Haltestelle	
	le **métro** [ləmetʀo]	die Metro, die U-Bahn	**une station de métro**
	fatigué / fatiguée [fatige]	müde	
	par jour [paʀʒuʀ]	pro Tag / täglich	
	un **moyen de transport** [ɛ̃mwajɛ̃dətʀɑ̃spɔʀ]	ein Verkehrsmittel	
	un **peu** [ɛ̃pø]	ein wenig	

2	**en train** [ɑ̃tʀɛ̃]	mit dem Zug

Mit dem Zug ...
en train mit dem Zug,
en bus mit dem Bus,
en métro mit der U-Bahn,
en voiture mit dem Auto,
à vélo, auch **en vélo** mit dem Fahrrad,
à pied zu Fuß.

la **gare de l'Est** [lagaʀdəlɛst]	der Gare de l'Est *(der Ostbahnhof)*

Vis-à-vis

Les gares de Paris
In Paris gibt es sechs Bahnhöfe, die größten davon sind der **gare de l'Est**, der **gare du Nord** [gaʀdynɔʀ], der **gare de Lyon** [gaʀdəljɔ̃] und der **gare Montparnasse** [gaʀmɔ̃paʀnas]. Von diesen Bahnhöfen verkehren auch die TGVs.

un **ticket** [ɛ̃tikɛ]	ein Fahrschein, eine Fahrkarte
écologique [ekɔlɔʒik]	ökologisch, umweltfreundlich

Vis-à-vis

In Paris und anderen Städten Frankreichs gibt es an Bahnhöfen und anderen Plätzen die Möglichkeit, Fahrräder zu mieten. Diese Stationen heißen **Vélib'**.

3	un **avion** [ɛ̃navjɔ̃]	ein Flugzeug

en avion mit dem Flugzeug

AUF EINEN BLICK

Du matin au soir Von morgens bis abends.

le matin	der Morgen, morgens
à huit heures du matin	um acht Uhr morgens
ce matin	heute Morgen
samedi matin	Samstagmorgen
le soir	der Abend, abends
à neuf heures du soir	um neun Uhr abends
ce soir	heute Abend
vendredi soir	Freitagabend

l'après-midi [lapʀɛmidi]	der Nachmittag, nachmittags
à trois heures de l'après-midi	um drei Uhr nachmittags
cet(te) après-midi	heute Nachmittag
lundi après-midi	Montagnachmittag
la nuit	die Nacht, nachts
à deux heures du matin	um zwei Uhr nachts
cette nuit	heute Nacht
la nuit de mardi	Dienstagnacht

Station 3 Au marché aux puces

	un marché [ɛ̃maʀʃe]	ein Markt	
	un marché aux puces [ɛ̃maʀʃeopys]	ein Flohmarkt	
1	**ne … pas de** [nə … padə]	kein / keine	**Je n'ai pas de tickets pour le métro.** Ich habe keine Fahrkarten für die Métro.
	pas de problème [padəpʀɔblɛm]	kein Problem	**Pas de problème.** Kein Problem.
	une chose [ynʃoz]	eine Sache / ein Ding	
	un exemple [ɛ̃nɛgzɑ̃pl]	ein Beispiel	
	par exemple [paʀɛgzɑ̃pl]	zum Beispiel	
	on peut [ɔ̃pø]	man kann	**On peut mettre ça dans sa poche.** Man kann das in seine Tasche stecken.
	pratique [pʀatik]	praktisch	französisch: pr**at**ique, deutsch: pr**akt**isch
	adorer qn / qc [adɔʀe]	jemanden / etwas sehr gern mögen	**Tout le monde adore ça.** Alle mögen das sehr (gern).
	ne … plus [nə … ply]	nicht mehr	**Marie ne travaille plus. Elle est fatiguée.** Marie arbeitet nicht mehr. Sie ist müde.
	ne … plus de [nə … plydə]	kein / keine mehr	**J'ai soif. Je n'ai pas de jus et je n'ai plus d'eau minérale.** Ich habe Durst. Ich habe keinen Saft und kein Mineralwasser mehr.
	plus de problème [plydəpʀɔblɛm]	kein Problem mehr	
	inventer qc [ɛ̃vɑ̃te]	etwas erfinden	
	cher / chère [ʃɛʀ]	teuer	**– C'est cher? – Non, ce n'est pas cher!** – Ist das teuer? – Nein, das ist nicht teuer.
	ouvert / ouverte [uvɛʀ / uvɛʀt]	offen; geöffnet	**Ouvert mardi à samedi, 11 h–18 h.** Dienstags bis samstags von 11 Uhr bis 18 Uhr geöffnet.
2	**désirer** qc [deziʀe]	etwas wünschen	**Vous désirez?** Sie wünschen? / Was wünschen Sie?
	(je suis) **désolé / désolée** [dezole]	es tut mir leid	Wenn dir etwas leid tut, dann brauchst du nur **„Désolé(e)"** zu sagen.
	beaucoup de [bokudə]	viel(e)	**– Vous n'avez pas de rollers? – Si, nous avons beaucoup de rollers.** – Habt ihr keine Rollerskates? – Doch, wir haben viele Rollerskates.
	peu de [pødə]	wenig(e)	**– Tu as beaucoup de pulls? – Non, j'ai peu de pulls.** – Hast du viele Pullis? – Nein, ich habe wenige Pullis.

AUF EINEN BLICK

Un croissant, s'il vous plaît. Ein Croissant, bitte.

Wörter, die im Französischen und Deutschen (fast) gleich geschrieben werden.

gleiche Schreibweise

cool	cool
super	super

gleiche Schreibweise (außer Anfangsbuchstabe)

un **b**onbon	ein Bonbon
une **b**outique	eine Boutique
un **c**afé	ein Café
une **l**ampe	eine Lampe
un **r**estaurant	ein Restaurant
une **d**ame	eine Dame
un **c**ousin	ein Cousin
un **r**eportage	eine Reportage
le **s**port	der Sport

fast gleiche Schreibweise

fantasti**que**	**ph**antasti**sch**
modern**e**	modern
prati**que**	pra**k**ti**sch**
int**é**ressant	interessant
classi**que**	**k**lassi**sch**
une **c**at**h**é**d**rale	eine **K**at**h**edrale
une **c**atastrophe	eine **K**atastrophe
la **gymnastique**	die **G**ymnasti**k**
un **c**arton	ein **K**arton
une id**é**e	eine **I**d**e**e
un **t**ouriste	ein **T**ourist

… und ganz viele mehr!

Station 4 Au parc Astérix

1 **un grand huit** [ɛ̃gʀɑ̃ɥit]	eine Achterbahn	**sur** le grand huit **mit** der Achterbahn
vrai / vraie [vʀɛ]	wahr; richtig, echt	**Alors, c'est vrai, papa?** Nun, ist das wahr, Papa? **C'est un vrai problème.** Das ist ein richtiges / echtes Problem.
un parc d'attractions [ɛ̃paʀkdatʀaksjɔ̃]	ein Freizeitpark / ein Erlebnispark	
un lecteur / une lectrice [ɛ̃lɛktœʀ/ynlɛktʀis]	ein Leser / eine Leserin	
adorer qn / qc [adɔʀe]	jemanden / etwas sehr gern mögen	**J'adore le grand huit.** Ich fahre sehr gern Achterbahn.
Internet *(m.)* [ɛ̃tɛʀnɛt]	das Internet	Im Französischen steht **Internet** ohne Artikel.
sur Internet [syʀɛ̃tɛʀnɛt]	im Internet	französisch: **sur** Internet, deutsch: **im** Internet

ne … rien [nə … rjɛ̃]	nichts	**Léo cherche des informations. D'abord, il ne trouve rien.** Léo sucht Informationen. Zunächst findet er nichts.
une liste [ynlist]	eine Liste	
une réponse [ynʀepɔ̃s]	eine Antwort	**une liste de questions et réponses** eine Liste mit Fragen und Antworten

AUF EINEN BLICK

Quel temps-fait-il? So beschreibst du das Wetter.

Il fait beau. 

Il fait chaud. 

Il fait froid. 

Il y a du vent. 

Il fait mauvais. 

Il pleut. 

Il neige. 

AUF EINEN BLICK

Vous désirez? Wenn du einkaufen gehst …

Du gehst in ein Geschäft und sagst, dass du etwas suchst / gern möchtest.	**Bonjour, monsieur / madame.** **Je cherche … / Je voudrais …**
Du fragst, was etwas kostet.	**Le … / La … coûte / fait combien?**
Nachdem der Verkäufer gesagt hat, dass der Artikel nicht teuer ist, sagst du, – dass er leider zu teuer ist. – dass du ihn nimmst.	**Il n'est pas cher. / Elle n'est pas chère.** **Dommage, c'est trop cher.** **D'accord, je prends …**
Du bezahlst und verabschiedest dich.	**Voilà les … euros. Au revoir, monsieur / madame.**

Liste des mots

- Die *Liste des mots* enthält den Lernwortschatz aus den *Unités*.
  Wörter, die innerhalb von *Lire*-Aufgaben erschlossen werden sollen, grammatische Basiswörter wie z. B. die Personalpronomen *je, tu …* sowie Zahlen werden in der folgenden Liste nicht aufgeführt.
- Die Fundstellen verweisen auf das erstmalige Vorkommen der Wörter, z. B.
  une **affaire I3A**, 3 = Band **1**, Unité **3**, Atelier **A**, Nummer **3**.
  DE = Einstiegsseite *Découvertes*; **A** = Atelier A; **B** = Atelier B; **C** = Atelier C; **0** = Vorkurs (Bienvenue!)
- Das Zeichen ⟨ ⟩ bedeutet, dass das Wort an dieser Stelle in einem fakultativen Bereich eingeführt wurde.
  Es wird in den folgenden Lektionen nicht als bekannt vorausgesetzt.

A

à (Paris) [a] in, nach (Paris) **I2DE**
Elle/Il est à qui? [ɛlɛtaki/ilɛtaki] Wem gehört er/sie/es? **I4A,** 3
A plus! *(fam.)* [aplys] bis später **I5A,** 1
A bientôt! [abjɛ̃to] Bis bald! **I3A,** 3
une **activité** [ynaktivite] eine Freizeitbeschäftigung **I5DE**
adorer qn/qc [adɔʀe] jemanden/etwas sehr gern mögen **I7C,** 1
une **affaire** [ynafɛʀ] eine Sache, eine Angelegenheit **I3A,** 3
une **affiche** [ynafiʃ] ein Plakat, ein Poster **I2DE**
l'**âge** *(m.)* [laʒ] das Alter **I3B,** 9
aider qn [ede] jemandem helfen **I6B,** 1
Aïe [ai] Aua! **I4DE**
aimer qn/qc [eme] jemanden/etwas lieben, jemanden/etwas mögen **I2B,** 2
allemand [almɑ̃/almɑ̃d] deutsch **I3A,** 3
en allemand [lɑ̃namɑ̃] auf Deutsch **I3A,** 3
l'allemand *(m.)* [lalmɑ̃] Deutsch *(Schulfach)* **I4DE**
aller [ale] gehen, fahren **I4A,** 3
aller faire qc [alefɛʀ] etwas tun werden **I5A,** 1
Allô? [alo] Hallo? *(am Telefon)* **I3A,** 3
alors [alɔʀ] nun, jetzt, dann **I2B,** 2
un **ami**/une **amie** [ɛ̃nami/ynami] ein Freund/eine Freundin **I2A,** 3
un **an** [ɛ̃nɑ̃] ein Jahr **I3B,** 1
une **année** [ynane] ein Jahr **I3B,** 7
un **anniversaire** [ɛ̃nanivɛʀsɛʀ] ein Geburtstag **I3DE**
un **anorak** [ɛ̃naɔʀak] ein Anorak **I6B,** 8
août *(m.)* [ut] August **I3B,** 7
un **appartement** [ɛ̃napaʀtəmɑ̃] eine Wohnung **I5A,** 3
je m'appelle [ʒəmapɛl] ich heiße **I1A,** 1
Tu t'appelles comment? [tytapɛlkɔmɑ̃] Wie heißt du? **I1A,** 1
il s'appelle [ilsapɛl] er heißt **I3B,** 9
Appelle la police! [apɛllapɔlis] Ruf die Polizei! ⟨**I0,** 4⟩
après [apʀɛ] nach; danach **I4A,** 1
l'**après-midi** *(m.)* [lapʀɛmidi] der Nachmittag **I5A,** 3
l'**arrivée** *(f.)* [laʀive] die Ankunft **I6A,** 2
arriver [aʀive] (an)kommen **I2DE**
un **arrondissement** [ɛ̃naʀɔdismɑ̃] ein Arrondissement *(ein Verwaltungsbezirk)* **I5DE**
un **assistant**/une **assistante** [ɛ̃nasistɑ̃/ynasistɑ̃t] ein Assistent/eine Assistentin **I7DE**
l'**athlétisme** *(m.)* [latletism] die Leichtathletik **I5A,** 3
Attention! [atɑ̃sjɔ̃] Achtung!, Vorsicht! **I1A,** 1
aujourd'hui [oʒuʀdɥi] heute **I3A,** 3
aussi [osi] auch **I1B,** 1
autre/autre [otʀ/otʀ] anderer/andere/anderes **I6B,** 1
avant [avɑ̃] vor **I6B,** 1
avec [avɛk] mit **I2DE**
une **avenue** [ynavəny] eine Straße **I5DE**
un **avion** [ɛ̃navjɔ̃] ein Flugzeug **I7B,** 2
avoir [avwaʀ] haben **I3B,** 1
avoir envie de faire qc [avwaʀɑ̃vi] Lust haben, etw. zu tun **I3B,** 1
avoir faim [avwaʀfɛ̃] Hunger haben **I3B,** 1
avoir mal [avwaʀmal] Schmerzen haben **I5B,** 3
avoir onze ans [avwaʀɔ̃zɑ̃] elf Jahre alt sein **I3B,** 1
avril *(m.)* [avʀil] April **I3B,** 7

B

un **bal** [ɛ̃bal] ein Ball, ein Fest **I6DE**
un **ballon** [ɛ̃balɔ̃] ein Ball ⟨**I0,** 5⟩
une **basket** [ynbaskɛt] ein Turnschuh **I6B,** 8
une **BD** [ynbede] ein Comic **I2DE**
Il fait beau. [bo] Es ist schönes Wetter. **I7A,** 1
beaucoup [boku] viel **I5B,** 2
beaucoup de [bokudə] viel(e) **I7A,** 1; **I7C,** 2
bien *(Adv.)* [bjɛ̃] gut *(Adv.)* **I1B,** 1
bien sûr [bjɛ̃syʀ] Sicherlich!, Na klar!, Selbstverständlich! **I3A,** 2
bientôt [bjɛ̃to] bald **I3A,** 2
Bienvenue! [bjɛ̃vny] Willkommen! ⟨**I0**⟩
une **bise** *(fam.)* [ynbiz] ein Kuss, ein Küsschen **I7A,** 4
bizarre [bizaʀ] komisch, merkwürdig **I1B,** 1
blanc/blanche [blɑ̃/blɑ̃ʃ] weiß **I6B,** 6
bleu/bleue [blø/blø] blau **I6B,** 6
Bof! *(fam.)* [bɔf] Na ja., Ach. **I1B,** 7
bon/bonne [bɔ̃/bɔn] gut **I6A,** 4
Ah, bon? [abɔ̃] Ach ja? / Wirklich? **I3DE**
Bonne journée! [bɔnʒuʀne] Einen schönen Tag! (bei Verabschiedung) **I5C,** 5
un **bonbon** [ɛ̃bɔ̃bɔ̃] ein Bonbon ⟨**I0,** 5⟩
Bonjour! [bɔ̃ʒuʀ] Guten Tag! **I1DE**
une **bougie** [ynbuʒi] eine Kerze **I3A,** 3
une **boulangerie** [ynbulɑ̃ʒʀi] eine Bäckerei **I5B,** 1
une **boutique** [ynbutik] eine Boutique, ein Ladengeschäft **I7A,** 1
le **bruit** [ləbʀɥi] das Geräusch, der Lärm **I5A,** 3
un **bureau** [ɛ̃byʀo] ein Büro; ein Schreibtisch; (hier) Arbeitszimmer **I7A,** 1
un **bureau de poste** [ɛ̃byʀodəpɔst] ein Postamt ⟨**I0,** 8⟩
un **bus** [ɛ̃bys] ein Bus **I7B,** 1

C

ça [sa] das **I2B,** 2
Ça va? [sava] Wie gehts? **I1A,** 1
C'est ça? [sɛsa] Stimmt's? **I3B,** 1
un **cadeau** [ɛ̃kado] ein Geschenk **I3A,** 1
un **café** [ɛ̃kafe] ein Café **I5B,** 1
un **cahier** [ɛ̃kaje] ein Heft **I2A,** 1
une **cantine** [ynkɑ̃tin] eine Kantine **I4DE**
un **carrefour** [ɛ̃kaʀfuʀ] eine Kreuzung **I5B,** 1
une **carte** [ynkaʀt] eine Karte **I7A,** 1
une carte postale [ynkaʀtpɔstal] eine Postkarte, eine Ansichtskarte **I7A,** 1
un **carton** [ɛ̃kaʀtɔ̃] ein Karton **I2A,** 3
une **casquette** [ynkaskɛt] eine Kappe, eine Schirmmütze **I6B,** 1
une **catastrophe** [ynkatastʀɔf] eine Katastrophe **I2A,** 3
une **cathédrale** [ynkatedʀal] eine Kathedrale **I7DE**
un **CD** [ɛ̃sede] eine CD **I3A,** 1
un **CDI** [ɛ̃sedei] **I4DE,** Bezeichnung für frz. Schulbüchereien

ce/c' [sə] das *(z. B. in „c'est" = das ist …)* **I1A,** 1
ce sont [səsɔ̃] das sind **I3A,** 3
ce soir [səswaʀ] heute Abend **I5A,** 1
un **centime** [ɛ̃sɑ̃tim] ein Cent **I5C,** 1
une **chaise** [ynʃɛz] ein Stuhl
une **chambre** [ynʃɑ̃bʀ] ein (Schlaf-)Zimmer **I3A,** 3
un **champion**/une **championne** [ɛ̃ʃɑ̃pjɔ̃/ynʃɑ̃pjɔn] ein Champion, ein Meister/eine Meisterin **I5B,** 3
une **chanson** [ynʃɑ̃sɔ̃] ein Lied **I2B,** 7
chanter [ʃɑ̃te] singen **I3B,** 1
un **chanteur**/une **chanteuse** [ɛ̃ʃɑ̃tœʀ/ynʃɑ̃tøz] ein Sänger/eine Sängerin **I6A,** 4
un **chapeau** [ɛ̃ʃapo] ein Hut **I6A,** 4
un **chat** [ɛ̃ʃa] eine Katze **I1B,** 1
chaud/chaude [ʃo/ʃod] warm, heiß **I7A,** 1
Il fait chaud. [ilfɛʃo] es ist warm/heiß **I7A,** 1
une **chaussure** [ynʃosyʀ] ein Schuh **I6B,** 8
une **chemise** [ynʃəmiz] ein Hemd **I6B,** 8
cher/chère [ʃɛʀ] lieb (in der Anrede bei Briefen, E-Mails usw.) **I7A,** 4; teuer **I7C,** 1
chercher qn/qc [ʃɛʀʃe] jemanden/etwas suchen **I2DE**
chez qn [ʃe] bei jemandem **I4A,** 1
un **chien** [ɛ̃ʃjɛ̃] ein Hund **I1B,** 1
une **chose** [ynʃoz] eine Sache/ein Ding **I7C,** 1
quelque chose [kɛlkəʃoz] etwas **I4B,** 4
Chut! [ʃyt] Pst! **I2A,** 3
un **cinéma** [ɛ̃sinema] ein Kino ⟨**I0,** 8⟩
une **classe** [ynklas] eine Klasse **I4A,** 3
classique [klasik] klassisch **I2B,** 7
une **clé** [ynkle] ein Schlüssel **I4A,** 3
une clé USB [ynkleyɛsbe] ein USB-Stick **I4A,** 3
un **client**/une **cliente** [ɛ̃klijɑ̃/ynklijɑ̃t] ein Kunde/eine Kundin **I5C,** 5
cliquer [klike] klicken **I4B,** 4
un **coca** [ɛ̃koka] eine Cola **I5C,** 1
un **collège** [ɛ̃kɔlɛʒ] ein «Collège» **I4DE**
un **combat** [ɛ̃kɔ̃ba] ein Kampf **I5B,** 3
combien (de) [kɔ̃bjɛ̃] wie viel **I5C,** 1
Ça coûte combien? [sakutkɔ̃bjɛ̃] Wie viel kostet das? **I5C,** 1
Ça fait combien? [safɛ̃tkɔ̃bjɛ̃] Wie viel kostet das? **I5C,** 1
comme [kɔm] als **I5A,** 6; wie **I4B,** 4
comme ça [kɔmsa] so, auf diese Weise **I4B,** 4
commencer [kɔmɑ̃se] anfangen, beginnen **I4A,** 1
comment [kɔmɑ̃] wie *(Fragewort)* **I1A,** 1
Comment allez-vous? [kɔmɑ̃talevu] Wie geht es euch/Ihnen? **I7A,** 4
content/contente [kɔ̃tɑ̃/kɔ̃tɑ̃t] zufrieden **I6A,** 4

cool *(fam.) (inv.)* [kul] cool **I4B,** 4
un **copain**/une **copine** *(fam.)* [ɛ̃kɔpɛ̃/ynkɔpin] ein Freund/eine Freundin **I1B,** 2
une **copie** [ynkɔpi] eine Kopie **I4B,** 4
une **couleur** [ynkulœʀ] eine Farbe **I6B,** 6
une **cour** [ynkuʀ] ein (Schul-)Hof **I4DE**
un **courriel** [ɛ̃kuʀjɛl] eine E-Mail **I6B,** 6
un **cours** [ɛ̃kuʀ] eine Unterrichtsstunde **I4DE**
un **cousin**/une **cousine** [ɛ̃kuzɛ̃/ynkuzin] ein Cousin/eine Cousine **I3A,** 9
coûter qc [kute] etwas kosten **I5C,** 1
Ça coûte combien? [sakutkɔ̃bjɛ̃] Wieviel kostet das? **I5C,** 1
un **crayon** [ɛ̃kʀɛjɔ̃] ein Bleistift **I2A,** 1
une **crêpe** [ynkʀɛp] eine Crêpe **I5DE**
un **croissant** [ɛ̃kʀwasɑ̃] ein Croissant *(Hörnchen)* ⟨**I0,** 5⟩
une **cuisine** [ynkɥizin] eine Küche **I5A,** 3

D

d'abord [dabɔʀ] zuerst **I3A,** 2
d'accord [dakɔʀ] einverstanden, o.k. **I2B,** 2
une **dame** [yndam] eine Dame, eine Frau **I1B,** 4
dans [dɑ̃] in **I2A,** 3
dans la rue [dɑ̃laʀy] auf der Straße **I2A,** 3
la **danse** [ladɑ̃s] der Tanz, das Tanzen **I5A,** 5
danser [dɑ̃se] tanzen **I6DE**
de/d' [də] **I1B,** 1
de … à von … bis **I4A,** 2
décembre *(m.)* [desɑ̃bʀ] Dezember **I3B,** 1
déjà [deʒa] schon **I5A,** 3
demain [dəmɛ̃] morgen **I3A,** 3
demander (qc) à qn [dəmɑ̃de] jemanden (nach etwas) fragen, jemanden um etwas bitten **I6B,** 1
demi/demie [dəmi] halb **I4A,** 1
dernier/dernière [dɛʀnje/dɛʀnjɛʀ] letzter/letzte/letztes **I6A,** 4
derrière [dɛʀjɛʀ] hinter **I4B,** 10
désirer qc [deziʀe] etwas wünschen **I7C,** 2
(je suis) **désolé/désolée** es tut mir leid **I7C,** 2
détester qn/qc [detɛste] jemanden/etwas verabscheuen, jemanden/etwas überhaupt nicht mögen **I2B,** 2
devant [dəvɑ̃] vor *(örtlich)* **I2B,** 2
les **devoirs** *(m., pl.)* [ledəvwaʀ] die (Haus)Aufgaben **I4B,** 4
un **diabolo menthe** [ɛ̃djabolomɑ̃t] ein Diabolo Menthe *(ein Mixgetränk)* **I5C,** 1
dimanche *(m.)* [dimɑ̃ʃ] Sonntag, am Sonntag **I4B,** 1
discuter (de qc) [diskyte] (über etwas) diskutieren **I4A,** 3

il dit/elle dit [ildi/ɛldi] er sagt/sie sagt **I2A,** 3
le, la dix-septième [lədisɛtjɛm/ladisɛtjɛm] der, die, das siebzehnte **I5DE**
C'est dommage. [sɛdɔmaʒ] Das ist schade. **I3A,** 3
donner qc à qn [dɔne] jemandem etwas geben **I6B,** 1
à **droite** [adʀwat] (nach) rechts **I5B,** 1
un **DVD** [ɛ̃devede] eine DVD **I3B,** 1

E

l'**eau** *(f.)* [lo] das Wasser **I5C,** 1
une eau minérale [ynomineʀal] ein Mineralwasser **I5C,** 1
une **école** [ynekɔl] eine Schule **I2A,** 3
écologique [ekɔlɔʒik] ökologisch, umweltfreundlich **I7B,** 2
écouter qn/qc [ekute] jemandem zuhören, etwas anhören **I2A,** 2
écrire qc à qn [ekʀiʀ] jemandem etwas schreiben **I7A,** 1
un **éléphant** [ɛ̃nelefɑ̃] ein Elefant ⟨**I0,** 5⟩
un **élève**/une **élève** [ɛ̃nelɛv/ynelɛv] ein Schüler/eine Schülerin **I4DE**
l' **emploi** *(m.)* **du temps** [lɑ̃plwadytɑ̃] der Stundenplan **I4B,** 1
en [ɑ̃] *(verschiedene Bedeutungen)* **I3A,** 3
en français [ɑ̃fʀɑ̃sɛ] auf Französisch **I2A,** 1
en Allemagne [ɑ̃nalmaɲ] in Deutschland **I3A,** 3
en 6ᵉB [ɑ̃sisjɛmbe] in der 6B **I4A,** 3
en voiture [ɑ̃vwatyʀ] mit dem Auto **I5A,** 1
en train [ɑ̃tʀɛ̃] mit dem Zug **I7C,** 2
encore [ɑ̃kɔʀ] noch **I3B,** 1
un **endroit** [ɛ̃nɑ̃dʀwa] ein Ort, eine Stelle **I7DE**
un **enfant** [ɛ̃nɑ̃fɑ̃] ein Kind **I3A,** 9
enfin [ɑ̃fɛ̃] **I6A,** 4
ensemble [ɑ̃sɑ̃bl] gemeinsam, zusammen **I3A,** 1
entre [ɑ̃tʀ] zwischen **I6B,** 1
une **entrée** [ynɑ̃tʀe] ein Eingang **I5A,** 1
entrer [ɑ̃tʀe] eintreten, hereinkommen **I2A,** 3
avoir **envie** de faire qc [avwaʀɑ̃vi] Lust haben, etwas zu tun **I3B,** 1
est-ce que [ɛskə] Frageformel **I5B,** 3
et [e] und **I1A,** 1
être [ɛtʀ] sein **I2B,** 2
être en retard [ɛtʀɑ̃ʀətaʀ] zu spät kommen **I4DE**
euh … [ø] äh … *(sagt man, wenn man zögert)* **I2A,** 3
un **euro**/des **euros** [ɛ̃nøʀo/dezøʀo] ein Euro/Euros **I5C,** 1

Excusez-moi. [ɛkskyzemwa] Entschuldigen Sie./Entschuldigung! **I4A,** 3
un **exemple** [ɛ̃nɛgzɑ̃pl] ein Beispiel **I7C,** 1
par exemple [paʀɛgzɑ̃pl] zum Beispiel **I7C,** 1
un **exercice** [ɛ̃nɛgzɛʀsis] eine Übung **I4B,** 4

F

la **faim** [lafɛ̃] der Hunger **I3B,** 1
faire qc [fɛʀ] etwas machen **I4B,** 4
Que fait Léo? [kəfɛleo] Was macht Léo? **I2DE**
faire du judo [fɛʀdyjydo] Judo betreiben **I5A,** 3
Il fait beau. [bo] Es ist schönes Wetter. / Das Wetter ist schön. **I7A,** 1
faire mal [fɛʀmal] weh tun **I5B,** 3
Il fait mauvais. [ilfɛmovɛ] Es ist schlechtes Wetter. **I7A,** 2
une **famille** [ynfamij] eine Familie **I3A,** 9
fantastique [fɑ̃tastik] fantastisch, toll **I1B,** 1
fatigué/fatiguée [fatige] müde **I7B,** 1
une **fête** [ynfɛt] ein Fest, eine Party **I6DE**
une fête nationale [ynfɛtnasjɔnal] ein Nationalfeiertag **I6DE**
un **feu**/des **feux** [ɛ̃fø/defø] ein Feuer **I6DE**
un **feu d'artifice** [ɛ̃fødaʀtifis] ein Feuerwerk **I6DE**
février *(m.)* [fevʀije] Februar **I3B,** 7
une **fille** [ynfij] ein Mädchen, eine Tochter **I1B,** 1
un **film** [ɛ̃film] ein Film **I5C,** 1
un **fils** [ɛ̃fis] ein Sohn **I3A,** 9
la **fin** [lafɛ̃] das Ende, der Schluss **I4B,** 5
la **FNAC** [lafnak] die FNAC *(franz. Ladenkette)* **I3A,** 1
le **foot(ball)** [ləfut(bɔl)] der Fußball *(Sportart)* **I2B,** 7
français/française [fʀɑ̃sɛ/fʀɑ̃sɛz] französisch **I2A,** 1
en français [ɑ̃fʀɑ̃sɛ] auf Französisch **I2A,** 1
un **frère** [ɛ̃fʀɛʀ] ein Bruder **I2B,** 2
froid/froide [fʀwa/fʀwad] kalt **I7A,** 2
Il fait froid. [ilfɛfʀwa] Es ist kalt. **I7A,** 2

G

gagner (qc) [gaɲe] (etw.) gewinnen **I5B,** 3
un **garçon** [ɛ̃gaʀsɔ̃] ein Junge **I1B,** 1
une **gare** [yngaʀ] ein Bahnhof **I6A,** 4
la **Gare de l'Est** [lagaʀdəlɛst] *(einer der Pariser Bahnhöfe)*
un **gâteau**/des **gâteaux** [ɛ̃gato/degato] ein Kuchen/Kuchen **I3A,** 3
à **gauche** [agoʃ] (nach) links **I5B,** 1
une **gaufre** [yngofʀ] eine Waffel **I5C,** 1
génial/géniale [ʒenjal] super, genial **I7A,** 4
les **gens** *(m., pl.)* [leʒɑ̃] die Leute **I6DE**
une **gomme** [yngɔm] ein Radiergummi **I2A,** 1
grand/grande [gʀɑ̃/gʀɑ̃d] groß **I6DE**
un **grand huit** [ɛ̃gʀɑ̃ɥit] eine Achterbahn ⟨**I7D,** 1⟩
une **grand-mère** [yngʀɑ̃mɛʀ] eine Großmutter **I2A,** 3
un **grand-père** [ɛ̃gʀɑ̃pɛʀ] ein Großvater **I3A,** 9
les **grands-parents** die Großeltern **I3A,** 9
un **gratin** [ɛ̃gʀatɛ̃] ein Auflauf *(Speise, Gericht)* ⟨**I0,** 5⟩
gris/grise [gʀi/gʀiz] grau **I6B,** 8
une **guitare** [yngitaʀ] eine Gitarre **I5A,** 5
un **gymnase** [ɛ̃ʒimnaz] eine Turnhalle **I4B,** 3
la **gymnastique** [laʒimnastik] das Turnen, die Gymnastik **I2B,** 7

H

habiter [abite] wohnen **I2B,** 2
une **heure** [ynœʀ] eine Stunde **I4A,** 1
à quelle heure [akɛlœʀ] um wie viel Uhr **I4A,** 2
sept heures [sɛtœʀ] sieben Uhr **I4A,** 1
sept heures et demie [sɛtœʀedəmi] halb acht **I4A,** 1
sept heures et quart [sɛtœʀekaʀ] viertel nach sieben **I4A,** 1
sept heures moins le quart [sɛtœʀmwɛ̃ləkaʀ] viertel vor sieben **I4A,** 1
Quelle heure est-il? [kɛlœʀetil] Wie viel Uhr ist es? **I4A,** 2
hier [jɛʀ] gestern **I6A,** 2
une **histoire** [ynistwaʀ] eine Geschichte **I3A,** 1

I

ici [isi] hier, hierher **I1B,** 1
une **idée** [ynide] eine Idee **I3A,** 1
il y a [ilja] es gibt, es ist, es sind **I3A,** 2
Il y a du vent. [iljadyvɑ̃] Es ist windig. **I7A,** 1
une **infirmerie** [ynɛ̃fiʀməʀi] eine Krankenstation **I4DE**
intéressant/intéressante [ɛ̃teʀɛsɑ̃/ɛ̃teʀɛsɑ̃t] interessant **I6A,** 4
Internet *(m.)* [ɛ̃tɛʀnɛt] das Internet ⟨**I7D,** 1⟩
sur Internet [syʀɛ̃tɛʀnɛt] im Internet ⟨**I7D,** 1⟩
une **interrogation** [ynɛ̃teʀogasjɔ̃] eine Klassenarbeit **I4B,** 4
une **interview** [ynɛ̃tɛʀvju] ein Interview **I5B,** 3
inventer qc [ɛ̃vɑ̃te] etwas erfinden **I7C,** 1
inviter qn [ɛ̃vite] jemanden einladen **I3A,** 3

J

janvier *(m.)* [ʒɑ̃vje] Januar **I3B,** 7
jaune/jaune [ʒon/ʒon] gelb **I6B,** 6
un **jean** [ɛ̃dʒin] eine Jeans **I6B,** 8
un **jeu**/des **jeux** [ɛ̃ʒø] ein Spiel/Spiele **I3B,** 1
un jeu vidéo/des jeux vidéo [ɛ̃ʒøvideo/deʒøvideo] ein Computerspiel/Computerspiele **I3B,** 1
jeudi *(m.)* [ʒødi] Donnerstag, am Donnerstag **I4B,** 1
joli/jolie [ʒoli/ʒɔli] hübsch, nett **I6A,** 4
jouer [ʒwe] spielen **I4DE**
un **jour** [ɛ̃ʒuʀ] ein Tag **I5A,** 1
par jour [paʀʒuʀ] pro Tag/täglich **I7B,** 1
un **journal** [ɛ̃ʒuʀnal] eine Zeitung **I2DE**
un journal/des journaux [ɛ̃ʒuʀnal/deʒuʀno] eine Zeitung; *(hier)* ein Tagebuch **I6A,** 4
une **journée** [ynʒuʀne] ein Tag (Tagesablauf) **I4A,** 1
Bonne journée! [bɔnʒuʀne] Einen schönen Tag! (bei Verabschiedung) **I5C,** 5
le **judo** [ləʒydo] das Judo **I2B,** 2
faire du judo [fɛʀdyjydo] Judo betreiben **I5A,** 3
juillet *(m.)* [ʒɥijɛ] Juli **I3B,** 7
juin *(m.)* [ʒɥɛ̃] Juni **I3B,** 7
une **jupe** [ynʒyp] ein Rock **I6B,** 8
un **jus** [ɛ̃ʒy] ein Saft **I5C,** 1
un **jus de pomme** [ʒydpɔm] ein Apfelsaft **I5C,** 1

K

un **kilomètre** [ɛ̃kilɔmɛtʀ] ein Kilometer **I7B**

L

là [la] da, dort **I2A,** 3
un **lapin** [ɛ̃lapɛ̃] ein Kaninchen ⟨**I0,** 5⟩
un **lecteur**/une **lectrice** [ɛ̃lɛktœʀ/ynlɛktʀis] ein Leser/eine Leserin ⟨**I7D,** 1⟩
lire qc/qc à qn [liʀ] etwas lesen, jemandem etwas vorlesen **I7A,** 3
une **liste** [ynlist] eine Liste ⟨**I7D,** 1⟩
un **lit** [ɛ̃li] ein Bett **I4A,** 1
un **livre** [ɛ̃livʀ] ein Buch **I2A,** 1
loin [lwɛ̃] weit *(Adv.)* **I5A,** 1
long/longue [lɔ̃/lɔ̃g] lang **I6A,** 4
lundi *(m.)* [lɛ̃di] Montag, am Montag **I4A,** 3

M

madame … [madam] Frau … **1B**, 7
un **magasin** [ɛ̃magazɛ̃] ein Geschäft, ein Laden **2DE**
mai *(m.)* [mɛ] Mai **3B**, 7
la **main** [lamɛ̃] die Hand **4A**, 3
maintenant [mɛ̃tnɑ̃] jetzt **3A**, 3
mais [mɛ] aber **1B**, 1
une **maison** [ynmɛzɔ̃] ein Haus **2DE**
à la maison [alamɛzɔ̃] zu Hause, nach Hause **4A**, 1
une **maison de la presse** [ynmɛzɔ̃dəlaprɛs] ein Zeitschriften- und Schreibwarengeschäft **2DE**
avoir **mal** [avwaʀmal] Schmerzen haben **5B**, 3
maman *(f.)* [mamɑ̃] Mama, Mutti **3A**, 3
mamie [mami] Omi **7A**, 4
manger qc [mɑ̃ʒe] etwas essen **3B**, 1
un **marché** [ɛ̃maʀʃe] ein Markt **7C**, 1
un marché aux puces [ɛ̃maʀʃeopys] ein Flohmarkt **7C**, 1
mardi *(m.)* [maʀdi] Dienstag, am Dienstag **4B**, 1
mars *(m.)* [maʀs] März **3B**, 7
le **matin** [ləmatɛ̃] der Morgen **5A**, 3
mauvais/mauvaise [movɛ/movɛz] schlecht **6B**, 1
une **médiathèque** [ynmedjatɛk] eine Mediathek ⟨**0**, 8⟩
même [mɛm] sogar **5B**, 3
merci [mɛʀsi] danke **1B**, 1
Merci beaucoup! [mɛʀsiboku] Vielen Dank! **5B**, 2
mercredi *(m.)* [mɛʀkʀədi] Mittwoch, am Mittwoch **4B**, 1
une **mère** [ynmɛʀ] eine Mutter **3A**, 9
le **métro** [ləmetʀo] die Metro, die U-Bahn **7B**, 1
mettre qc [mɛtʀ] etwas legen, setzen, stellen; etwas anziehen **6B**, 1
midi [midi] zwölf Uhr (mittags) **4A**, 1
un **million** [ɛ̃miljɔ̃] eine Million **7B**
minuit *(m.)* [minɥi] Mitternacht, 12 Uhr nachts **5A**, 3
une **minute** [ynminyt] eine Minute **4A**, 3
moderne [modɛʀn] modern **7DE**
moi [mwa] ich *(betont)* **1A**, 1
un **mois** [ɛ̃mwa] ein Monat **3B**, 7
un **monsieur** [məsjø] ein Herr, ein Mann **1B**, 4
montrer qc à qn [mɔ̃tʀe] jemandem etwas zeigen **6B**, 1
un **mot** [ɛ̃mo] ein Wort **4B**, 3
un **moyen de transport** [ɛ̃mwajɛ̃dətʀɑ̃spɔʀ] ein Verkehrsmittel **7B**, 1
un **musée** [ɛ̃myze] ein Museum **7DE**
la **musique** [lamyzik] die Musik **2B**, 2

N

la **natation** [lanatasjɔ̃] das Schwimmen **5A**, 5
ne … pas [nə … pa] nicht **4A**, 3
ne … rien [nə … ʀjɛ̃] nichts ⟨**7D**, 1⟩
ne … pas de [nə … padə] kein/keine **7C**, 1
ne … plus [nə … ply] nicht mehr **7C**, 1
ne … plus de [nə … plydə] kein/keine mehr **7C**, 1
neiger [neʒe] schneien **7A**, 2
noir/noire [nwaʀ/nwaʀ] schwarz **6B**, 8
non [nɔ̃] nein **1A**, 1
novembre *(m.)* [novɑ̃bʀ] November **3B**, 7
la **nuit** [lanɥi] die Nacht **5A**, 1
nul/nulle [nyl] blöd *(ugs.)* **5B**, 3
C'est trop nul! *(fam.)* [sɛtʀonyl] Das ist zu blöd! *(ugs.)* **5B**, 3

O

octobre *(m.)* [ɔktɔbʀ] Oktober **3B**, 7
un **oncle** [ɛ̃nɔ̃kl] ein Onkel **3A**, 9
une **orange** [ynɔʀɑ̃ʒ] eine Orange **5C**, 1
un **ordinateur** [ɛ̃nɔʀdinatœʀ] ein Computer **3A**, 1
ou [u] oder **3A**, 1
où [u] wo; wohin **2B**, 2
oublier qc [ublije] etwas vergessen **6A**, 4
Ouf! [uf] Uff! **2B**, 2
oui [wi] ja **1B**, 1
ouvert/ouverte [uvɛʀ/uvɛʀt] offen; geöffnet **7C**, 1

P

un **pantalon** [ɛ̃pɑ̃talɔ̃] eine Hose **6A**, 4
papa *(m.)* [papa] Papa **1A**, 1
papi/papy *(fam.)* [papi] Opi **7A**, 4
par jour [paʀʒuʀ] pro Tag/täglich **7B**, 1
par exemple [paʀegzɑ̃pl] zum Beispiel **7C**, 1
un **parc** [ɛ̃paʀk] ein Park ⟨**0**, 8⟩; **5DE**
un parc d'attractions [ɛ̃paʀkdatʀaksjɔ̃] ein Freizeitpark/ein Erlebnispark ⟨**7D**, 1⟩
parce que [paʀskə] weil **5B**, 3
Pardon. [paʀdɔ̃] Verzeihung./Entschuldigung. **1A**, 1
les **parents** *(m.)* [lepaʀɑ̃] die Eltern **3A**, 9
parler [paʀle] sprechen **2DE**
parler à qn [paʀle] mit jemandem sprechen **6B**, 1
une **partie** [ynpaʀti] ein Teil **4B**, 5
passer qc [pase] etwas verbringen **5A**, 1
un **père** [ɛ̃pɛʀ] ein Vater **3A**, 9
une **personne** [ynpɛʀsɔn] eine Person **6A**, 1
petit/petite [pəti/pətit] klein **6A**, 4
un peu [ɛ̃pø] ein wenig **7B**, 1
peu de [pødə] wenig(e) **7C**, 2
peut-être [pøtɛtʀ] vielleicht **6A**, 4
une **pharmacie** [ynfaʀmasi] eine Apotheke ⟨**0**, 8⟩
une **photo** [ynfɔto] ein Foto **5DE**
une **pièce** [ynpjɛs] ein Zimmer **5A**, 3
un **pied** [ɛ̃pje] ein Fuß **4DE**
à pied [apje] zu Fuß **5A**, 1
une **piscine** [ynpisin] ein Schwimmbad, ein Schwimmbecken **5B**, 2
une **place** [ynplas] ein Platz **4A**, 3
pleuvoir [pløvwaʀ] regnen **7A**, 2
Il pleut. [ilplø] Es regnet. **7A**, 2
la **poche** [lapɔʃ] die Tasche, die Hosentasche **6B**, 1
un **poème** [ɛ̃pɔɛm] ein Gedicht **6B**, 11
une **pomme** [ynpɔm] ein Apfel **5C**, 1
un **portable** [ɛ̃pɔʀtabl] ein Handy **5C**, 1
porter qc [pɔʀte] etwas tragen **2A**, 2
poser qc [poze] etwas setzen/stellen/legen **5B**, 3
la **poste** [lapɔst] die Post **5B**, 2
pour [puʀ] für **2A**, 3
pour faire qc [puʀfɛʀ] um etwas zu tun **5B**, 2
pourquoi [puʀkwa] warum **5B**, 3
Vous **pouvez** répéter, s'il vous plaît? [vupuveʀepete] Können Sie bitte wiederholen? **5B**, 2
on peut [ɔ̃pø] man kann **7C**, 1
pratique [pʀatik] praktisch **7C**, 1
le **premier**/la **première** [ləpʀəmje] der erste/die erste/das erste **3B**, 7
prendre qc [pʀɑ̃dʀ] etwas nehmen *(hier: essen)* **5C**, 1
préparer qc [pʀepaʀe] etwas vorbereiten **3A**, 3
un **problème** [ɛ̃pʀɔblɛm] ein Problem **6A**, 2
plus de problème [plydapʀɔblɛm] kein Problem, mehr **7C**, 1
un **professeur**/une **professeure** [ɛ̃/ynpʀɔfesœʀ] ein Lehrer/eine Lehrerin **4A**, 3
ma puce *(fam.)* [mapys] meine Kleine *(wörtl.: mein Floh)* **5A**, 1
puis [pɥi] dann **3B**, 1
un **pull** [ɛ̃pyl] ein Pulli **6B**, 8

Q

quand [kɑ̃] wann **3B**, 7
un **quart** [ɛ̃kaʀ] ein Viertel **4A**, 1
un **quartier** [ɛ̃kaʀtje] ein Stadtviertel **5DE**
Que fait Léo? [kəfɛleo] Was macht Léo? **2DE**
Tu as quel âge? [tyakɛlaʒ] Wie alt bist du? **3B**, 9
Quelle heure est-il? [kɛlœʀɛtil] Wie viel Uhr ist es? **4A**, 2

quelque chose [kɛlkəʃoz] etwas **I4B, 4**
Qu'est-ce que … ? [kɛskə] Was … ? **I2B, 2**
Qu'est-ce que c'est? [kɛskəsɛ] Was ist das? **I2DE**
Qu'est-ce qu'il y a? [kɛskilja] Was gibt es? **I3A, 1**
une **question** [ynkɛstjɔ̃] eine Frage **I5B, 3**
Qui est-ce? [kiɛs] Wer ist das? **I1A, 1**
quitter qc [kite] etwas verlassen **I5A, 3**
Quoi? [kwa] Was? **I6B, 1**

R

raconter qc [ʀakɔ̃te] etwas erzählen **I4A, 3**
avoir **raison** [avwaʀʀɛzɔ̃] recht haben **I4B, 4**
ranger qc [ʀɑ̃ʒe] etwas aufräumen **I3A, 3**
le **rap** [ləʀap] der Rap *(Musikstil)* **I2B, 7**
la **récréation** [laʀekʀeasjɔ̃] die Pause **I4A, 3**
regarder qc [ʀəgaʀde] etwas ansehen, etwas betrachten **I2DE**
rencontrer qn [ʀɑ̃kɔ̃tʀe] jemanden treffen, jemandem begegnen **I6B, 1**
rentrer [ʀɑ̃tʀe] zurückkommen, nach Hause gehen **I4A, 1**
un **repas** [ɛ̃ʀəpa] ein Essen; eine Mahlzeit **I5A, 3**
Vous pouvez répéter, s'il vous plaît? [vupuveʀepete] Können Sie bitte wiederholen? **I5B, 2**
une **réponse** [ynʀepɔ̃s] eine Antwort ⟨**I7D, 1**⟩
un **reportage** [ɛ̃ʀəpɔʀtaʒ] eine Reportage **I7DE**
un **restaurant** [ɛ̃ʀɛstɔʀɑ̃] ein Restaurant **I7A, 1**
rester [ʀɛste] bleiben **I6A, 2**
être en retard [ɛtʀɛ̃ʀətaʀ] zu spät kommen **I4DE**
retrouver qn/qc [ʀətʀuve] jemanden treffen; etwas wiederfinden **I4A, 3**
un **rêve** [ɛ̃ʀɛv] ein Traum **I4B, 4**
Au revoir! [ɔʀvwaʀ] Auf Wiedersehen! **I1B, 7**
une **robe** [ynʀɔb] ein Kleid **I6A, 4**
le **rock** [ləʀɔk] der Rock, die Rockmusik **I2B, 7**
le **roller** [ləʀɔlœʀ] das Rollerskaten, das Inlinerfahren **I5DE**
rouge/rouge [ʀuʒ/ʀuʒ] rot **I6B, 6**
une **rue** [ynʀy] eine Straße **I2A, 3**
dans la rue [dɑ̃laʀy] auf der Straße **I2A, 3**
le **rugby** [ləʀygbi] das Rugby *(Ballspiel)* **I2B, 2**

S

un **sac** [ɛ̃sak] eine Tasche **I4B, 4**
une **salle de bains** [ynsaldəbɛ̃] ein Badezimmer **I5A, 3**
une **salle de cours** [ynsaldəkuʀ] ein Klassenraum **I4A, 3**
un **salon** [ɛ̃salɔ̃] ein Wohnzimmer **I5A, 3**
Salut! *(fam.)* [saly] Hallo! / Grüß dich!; Tschüs! **I1A, 1**
samedi *(m.)* [samdi] Samstag, am Samstag **I4B, 1**
le samedi [ləsamdi] samstags **I5A, 3**
Je ne sais pas. [ʒənəsɛpa] Ich weiß nicht. **I4A, 3**
une **semaine** [ynsəmɛn] eine Woche **I7DE**
septembre *(m.)* [sɛptɑ̃bʀ] September **I3B, 7**
si doch **I4B, 4**
s'il te plaît [siltəplɛ] bitte *(wenn man jemanden duzt)* **I3A, 3**
s'il vous plaît [silvuplɛ] bitte *(wenn man jemanden siezt)* **I3A, 3**
un **SMS** [ɛ̃ɛsɛmɛs] eine SMS **I5C, 1**
une **sœur** [ynsœʀ] eine Schwester **I2B, 2**
la **soif** [laswaf] der Durst **I5C, 1**
avoir soif [avwaʀswaf] Durst haben **I5C, 1**
le **soir** [ləswaʀ] der Abend **I5A, 1**
ce soir [səswaʀ] heute Abend **I5A, 1**
souffler qc [sufle] etwas ausblasen **I3B, 1**
sous [su] unter **I4A, 3**
un **souvenir** [ɛ̃suvniʀ] eine Erinnerung, ein Andenken **I7A, 1**
des **spaghettis** *(m., pl.)* Spaghetti **I5A, 3**
le **sport** [ləspɔʀ] der Sport **I2B, 2**
un **stand** [ɛ̃stɑ̃d] ein Stand, eine Bude **I5DE**
une **station** [ynstasjɔ̃] eine Station, eine Haltestelle **I7B, 1**
un **stylo** [ɛ̃stilo] ein Füller, ein Kuli **I2A, 1**
super *(inv.)* [sypɛʀ] super, toll **I1B, 1**
sur [syʀ] auf, über **I3B, 1**
une **surprise** [ynsyʀpʀiz] eine Überraschung **I3B, 1**
surtout [syʀtu] vor allem **I6B, 6**
sympa [sɛ̃pa/sɛ̃pa] nett **I2B, 2**

T

une **table** [yntabl] ein Tisch **I5A, 3**
à table [atabl] bei Tisch **I5A, 3**
une **tante** [yntɑ̃t] eine Tante **I3A, 9**
tard [taʀ] spät **I5A, 3**
un **taxi** [ɛ̃taksi] ein Taxi **I5A, 1**
la **techno** [latɛkno] Techno *(Musikstil)* **I2B, 7**
téléphoner à qn [telefɔne] mit jemandem telefonieren, jemanden anrufen **I6A, 2**
la **télévision** [latelevizjɔ̃] das Fernsehen **I4A, 1**
le **temps** [lətɑ̃] die Zeit **I4B, 1**; das Wetter **I7A, 2**
Quel temps fait-il? [kɛltɑ̃fɛtil] Wie ist das Wetter? **I7A, 2**
le **TGV** [ləteʒeve] der TGV **I6A, 1**
le **théâtre** [ləteatʀ] das Theater **I5A, 5**
un **ticket** [ɛ̃tikɛ] ein Fahrschein, eine Fahrkarte **I7B, 2**
Tiens! [tjɛ̃] Sieh mal!/Schau mal! **I2A, 3**
un **titre** [titʀ] Titel **I4B, 5**
toi [twa] du *(betont)* **I1A, 1**
les **toilettes** [letwalɛt] die Toilette **I4A, 1**
tomber [tɔ̃be] fallen **I5B, 3**
tôt [to] früh *(Adv.)* **I7B, 1**
toujours [tuʒuʀ] immer **I3A, 3**
un **tour** [ɛ̃tuʀ] eine Tour, ein Rundgang **I5A, 3**
une **tour** [yntuʀ] ein Turm **I6DE**
un **touriste**/une **touriste** [ɛ̃tuʀist/yntuʀist] ein Tourist/eine Touristin **I7DE**
tourner [tuʀne] drehen, abbiegen **I5B, 1**
tout droit [tudʀwa] geradeaus **I5B, 1**
tout le monde [tulmɔ̃d] alle, jeder **I5DE**
un **train** [ɛ̃tʀɛ̃] ein Zug **I3A, 3**
travailler [tʀavaje] arbeiten **I2A, 2**
traverser qc [tʀavɛʀse] etwas überqueren **I5B, 1**
très [tʀɛ] sehr **I6A, 4**
triste/triste [tʀist/tʀist] traurig **I6A, 4**
trop [tʀo] zu viel, zu sehr **I5B, 3**
C'est trop nul! *(fam.)* [sɛtʀonyl] Das ist zu blöd! *(ugs.)* **I5B, 3**
trouver qn/qc [tʀuve] jemanden/etwas finden **I2A, 2**
un **truc** *(fam.)* [ɛ̃tʀyk] ein Ding, eine Sache **I2A, 1**
un **t-shirt** [ɛ̃tiʃœʀt] ein T-Shirt **I2B, 2**

V

les **vacances** *(f., pl.)* [levakɑ̃s] der Urlaub, die Ferien **I6A, 4**
en vacances (f., pl.) [ɑ̃vakɑ̃s] in den Ferien **I2A, 3**
un **vélo** [ɛ̃velo] ein Fahrrad **I2B, 7**
un **vendeur**/une **vendeuse** [ɛ̃vɑ̃dœʀ/ynvɑ̃døz] ein Verkäufer/eine Verkäuferin **I5C, 1**
vendredi *(m.)* [vɑ̃dʀədi] Freitag, am Freitag **I4B, 1**
Venez! [vəne] Kommt! *(Aufforderung)* ⟨**I0, 3**⟩
le **vent** [ləvɑ̃] der Wind **I7A, 1**
vert/verte [vɛʀ/vɛʀt] grün **I6A, 4**
une **veste** [ynvɛst] eine Jacke **I6B, 8**
un **vêtement** [ɛ̃vɛtmɑ̃] ein Kleidungsstück **I6B, 8**

Viens! [vjɛ̃] Komm! *(Aufforderung)* **I1A,** 1
une **ville** [ynvil] eine Stadt **I7DE**
visiter qc [vizite] etwas besichtigen **I7DE**
vite *(Adv.)* [vit] schnell *(Adv.)* **I1A,** 1
voilà [vwala] da ist, da sind **I1A,** 1
une **voiture** [ynvwatyʀ] ein Auto **I5A,** 1
en voiture [ɑ̃vwatyʀ] mit dem Auto **I5A,** 1
un **volcan** [ɛ̃vɔlkɑ̃] ein Vulkan ⟨**I0,** 5⟩
je voudrais ... [ʒəvudʀɛ] ich möchte gerne ... **I5A,** 3
vrai/vraie [vʀɛ] wahr; richtig, echt ⟨**I7D,** 1⟩
vraiment [vʀɛmɑ̃] wirklich **I5B,** 3
une **vue** [ynvy] eine Aussicht **I7A,** 1

Z

Zut! *(fam.)* [zyt] Mist!, Verdammt! **I2A,** 3

Prénoms masculins

Antoine [ɑ̃twan] **I0,** 1
Charles [ʃaʀl] **I0,** 1
Clément [klemɑ̃] **I0,** 1
Damien [damjɛ̃] **I5B,** 3
Gabriel [gabʀiɛl] **I0,** 1
Gabriel [gabʀiɛl] **I5A,** 3
Gaspard [gaspaʀ] **I0,** 1
Jérôme [ʒeʀom] **I2B,** 2
Justin [ʒystɛ̃] **I0,** 1
Léo [leo] **I0,** 1
Maurice [mɔʀis] **I0,** 1
Mehdi [medi] **I3A,** 2
Paul [pɔl] **I0,** 1
Pierre [pjɛʀ] **I0,** 1
Romain [ʀɔmɛ̃] **I0,** 1
Thomas [tɔma] **I0,** 1
Valentin [valɑ̃tɛ̃] **I0,** 1

Prénoms féminins

Alex(andra) [alɛks(ɑ̃dʀa] **I2A,** 3
Anne [an] **I0,** 1
Béatrice [beatʀis] **I0,** 1
Clara [klaʀa] **I5A,** 3
Delphine [dɛlfin] **I6A,** 2
Elise [eliz] **I0,** 1
Fleur [flœʀ] **I0,** 1
Gabrielle [gabʀiɛl] **I0,** 1
Joséphine [ʒozefin] **I0,** 1
Léa [lea] **I0,** 1
Lilou [lilu] **I6A,** 2
Louise [lwiz] **I0,** 1
Lucie [lysi] **I0,** 1
Manon [manɔ̃] **I0,** 1
Marie [maʀi] **I1A,** 1
Sarah [saʀa] **I0,** 1
Zoé [zɔe] **I0,** 1

Noms de famille

Barette [baʀɛt] **I4A,** 3
Chabane [ʃaban] **I5A,** 3
Latière [latjɛʀ] **I2A,** 3
Pirou [piʀu] **I3A,** 3
Racine [ʀasin] **I4A,** 1

Noms de villes

Brest [bʀɛst] **I1B,** 6
Clichy [kliʃi] **I5DE**
Cologne [kɔlɔɲ] **I3A,** 3
Lyon [ljɔ̃] **I6A,** 4
Nice [nis] **I1B,** 6
Paris [paʀi] **I1DE**
Strasbourg [stʀasbuʀ] **I1B,** 6
Toulouse [tuluz] **I1B,** 6

Noms géographiques

l'**Allemagne** *(f.)* [lalmaɲ] **I3A,** 3
la **France** [lafʀɑ̃s] **I3A,** 3

Noms divers

l'**Arc de triomphe** *(m.)* [laʀkdətʀijɔ̃f] **I7DE**
Batignolles [batiɲɔl] **I5DE**
la **Défense** [ladefɑ̃s] **I7DE**
Interclub 17 [ɛ̃tɛʀklœbdisɛt] **I5DE**
la **Joconde** [laʒɔkɔ̃d] **I7A,** 4
le **parc des Batignolles** [ləpaʀkdebatiɲɔl] **I5C,** 1
la **place de la Bastille** [laplasdəlabastij] **I6B,** 1
le **Louvre** [ləluvʀ] **I7DE**
Malabar [malabaʀ] **I1A,** 1
Malou [malu] **I2A,** 3
Moustique [mustik] **I1A,** 1
Notre-Dame [nɔtʀədam] **I7DE**
la **rue Nollet** [ʀynɔlɛ] **I2B,** 2
la **rue Truffaut** [ʀytʀyfo] **I2B,** 2
la **tour Eiffel** [latuʀɛfɛl] **I6DE**

Noms de personnes connues

Gustave Eiffel [gystavɛfɛl] **I7A,** 1
Honoré de Balzac [ɔnɔʀedəbalzak] **I4DE**

A

abbiegen tourner **I5B,** 1
der **Abend** le soir **I5A,** 1
heute Abend ce soir **I5A,** 1
aber mais **I1B,** 1
Achtung! Attention! **I1A,** 1
alle tout le monde **I5DE**
als comme **I5A,** 6
das **Alter** l'âge *(m.)* **I3B,** 9
ein **Andenken** un souvenir **I7A,** 1
anderer/andere/anderes autre/autre **I6B,** 1
anfangen commencer **I4A,** 1
eine **Angelegenheit** une affaire **I3A,** 3
etwas **anhören** écouter qn/qc **I2A,** 2
(an)kommen arriver **I2DE**
die **Ankunft** l'arrivée *(f.)* **I6A,** 2
ein **Anorak** un anorak **I6B,** 8
anrufen téléphoner à qn **I6A,** 2
etwas **ansehen** regarder qc **I2DE**
eine **Ansichtskarte** une carte postale **I7A,** 1
ein **Apfel** une pomme **I5C,** 1
ein **Apfelsaft** un jus de pomme **I5C,** 1
April avril *(m.)* **I3B,** 7
ein **Büro;** *(hier)* **Arbeitszimmer** un bureau **I7A,** 1
ein **Arrondissement** *(ein Verwaltungsbezirk)* un arrondissement **I5DE**
ein **Assistent/eine Assistentin** un assistant/une assistante **I7DE**
Aua! Aïe **I4DE**
auch aussi **I1B,** 1
auf sur **I3B,** 1
auf der Straße dans la rue **I2A,** 3
auf Deutsch en allemand **I3A,** 3
auf diese Weise comme ça **I4B,** 4
etwas **aufräumen** ranger qc **I3A,** 3
Auf Wiedersehen! Au revoir! **I1B,** 7
August août *(m.)* **I3B,** 7
aus de/d' **I1B,** 1; **I1B,** 1
ausblasen souffler qc **I3B,** 1
eine **Aussicht** une vue **I7A,** 1
ein **Auto** une voiture **I5A,** 1

B

eine **Bäckerei** une boulangerie **I5B,** 1
das **Bad,** das **Badezimmer** une salle de bains **I5A,** 3
ein **Bahnhof** une gare **I6A,** 4
bald bientôt **I3DE**
bis bald à bientôt **I3A,** 3
ein **Ball** un bal *(ein Fest)* **I6DE**; un ballon *(ein Fußball)* **I0,** 5
jemandem **begegnen** rencontrer qn **I6B,** 1
beginnen commencer **I4A,** 1
bei jemandem chez qn **I4A,** 1
zum **Beispiel** par exemple **I7C,** 1
etwas **besichtigen** visiter qc **I7DE**
etwas **betrachten** regarder qc **I2DE**
ein **Bett** un lit **I4A,** 1
bis bald à bientôt **I3A,** 3
bis später A plus! *(fam.)* **I5A,** 1
Bis später, mein Kleines. A plus, ma puce! **I5A,** 1
bitte *(wenn man jemanden duzt)* s'il te plaît **I3A,** 3
bitte *(wenn man jemanden siezt)* s'il vous plaît **I3A,** 3
jemanden um etwas **bitten** demander (qc) à qn **I6B,** 1; **I6B,** 1
blau bleu/bleue **I6B,** 6
bleiben rester **I6A,** 2
ein **Bleistift** un crayon **I2A,** 1
blöd *(ugs.)* nul **I5B,** 3
Das ist zu blöd! *(ugs.)* C'est trop nul! *(fam.)* **I5B,** 3
eine **Boutique** une boutique **I7A,** 1
ein **Bruder** un frère **I2B,** 2
ein **Buch** un livre **I2A,** 1
ein **Büro;** *(hier)* **Arbeitszimmer** un bureau **I7A,** 1
ein **Bus** un bus **I7B,** 1

C

ein **Café** un café **I5B,** 1
eine **CD/CDs** un CD/des CD **I3DE**
ein **Champion** un champion/une championne **I5B,** 3
ein **«Collège»** un collège **I4DE**
ein **Comic** une BD **I2DE**
ein **Computer** un ordinateur **I3DE**
ein **Cousin**/eine **Cousine** un cousin/une cousine **I3A,** 9

D

da ist, da sind voilà **I1A,** 1
eine **Dame** une dame **I1B,** 4
danach, nach après **I4A,** 1
danke merci **I1B,** 1
Vielen Dank! Merci beaucoup! **I5B,** 2
dann puis **I3B,** 1
das ist c'est **I1A,** 1
das ça **I2B,** 2
das sind ce sont **I3A,** 3
auf **Deutsch** en allemand **I3A,** 3
Dezember décembre *(m.)* **I3B,** 1
Dienstag, am Dienstag mardi *(m.)* **I4B,** 1
ein **Ding** un truc *(fam.)* **I2A,** 1; une chose **I7C,** 1
(über etwas) **diskutieren** discuter (de qc) **I4A,** 3
doch si **I4B,** 4
Donnerstag, am Donnerstag jeudi *(m.)* **I4B,** 1
dort/da là **I2A,** 3
drehen tourner **I5B,** 1
du *(betont)* toi **I1A,** 1
Durst haben avoir soif **I5C,** 1

E

ein **Eingang** une entrée **I5A,** 1
jemanden **einladen** inviter qn **I3A,** 3
eintreten entrer **I2A,** 3
einverstanden d'accord **I2B,** 2
die **Eltern** les parents *(m.)* **I3A,** 9
eine **E-Mail** un courriel **I6B,** 6
das **Ende** la fin **I4B,** 5; **I4B,** 5
endlich, schließlich enfin **I6A,** 4
Entschuldigen Sie./Entschuldigung! Excusez-moi. **I4A,** 3
Entschuldigung. Pardon. **I1A,** 1
etwas **erfinden** inventer qc **I7C,** 1
eine **Erinnerung** un souvenir **I7A,** 1
der **erste** le premier **I3B,** 7
etwas **erzählen** raconter qc **I4A,** 3
etwas **essen** manger qc **I3B,** 1
Essen un repas **I5A,** 3
etwas quelque chose **I4B,** 4

F

fahren, gehen aller **I4A,** 3
ein **Fahrrad** un vélo **I2B,** 7
ein **Fahrschein, eine Fahrkarte** un ticket **I7B,** 2
fallen tomber **I5B,** 3
eine **Familie** une famille **I3A,** 9
fantastisch fantastique **I1B,** 1
eine **Farbe** une couleur **I6B,** 6
Februar février *(m.)* **I3B,** 7
die **Ferien** les vacances *(f., pl.)* **I2A,** 3; **I6A,** 4; **I6A,** 4
in den Ferien en vacances *(f., pl.)* **I2A,** 3
der **Fernseher** la télévision **I4A,** 1
ein **Fest,** eine **Party** une fête **I6DE**
ein Fest un bal **I6DE**
ein **Feuer** un feu/des feux **I6DE**
ein **Feuerwerk** un feu d'artifice **I6DE**
ein **Film (Kino)** un film **I5C,** 1
jemanden/etwas **finden** trouver qn/qc **I2A,** 2
ein **Flohmarkt** un marché aux puces **I7C**
ein **Flugzeug** un avion **I7B,** 2
ein **Foto** une photo **I5DE**
eine **Frage** une question **I5B,** 3
jemanden nach etwas **fragen** demander (qc) à qn **I6B,** 1; **I6B,** 1
französisch français **I2A,** 1
auf Französisch en français **I2A,** 1
eine **Frau** une dame **I1B,** 4

Frau ... madame ... **1B,** 7
Freitag, am Freitag vendredi *(m.)* **4B,** 1
Freizeitbeschäftigung une activité **5DE**
ein **Freund**/eine **Freundin** un copain/ une copine *(fam.)* **1B,** 2; un ami/ une amie **2A,** 3
früh *(Adv.)* tôt **7B,** 1
ein **Füller** un stylo **2A,** 1
für pour **2A,** 3
ein **Fuß** un pied **4DE**
zu Fuß à pied **5A,** 1
der **Fußball** *(Sportart)* le foot(ball) **2B,** 7

G

jemandem etwas **geben** donner qc à qn **6B,** 1
es **gibt** il y a **3A,** 1
ein **Geburtstag** un anniversaire **3DE**
ein **Gedicht** un poème **6B,** 11
gehen aller **4A,** 3
Wem **gehört** er/sie/es? Elle/Il est à qui? **4A,** 3
gelb jaune/jaune **6B,** 6
gemeinsam ensemble **3DE**
geöffnet ouvert/ouverte **7C,** 1
geradeaus tout droit **5B,** 1
das **Geräusch** le bruit **5A,** 3
ein **Geschäft** un magasin **2DE**
ein **Geschenk** un cadeau **3DE**
eine **Geschichte** une histoire **3DE**
gestern hier **6A,** 2
(etwas) **gewinnen** gagner (qc) **5B,** 3
eine **Gitarre** une guitare **5A,** 5
grau gris/grise **6B,** 8
groß grand/grande **6DE**
die **Großeltern** les grands-parents **3A,** 9
eine **Großmutter** une grand-mère **2A,** 3
Großvater un grand-père **3A,** 9
grün vert/verte **6A,** 4
Guten Tag! Bonjour! **1DE**
gut bon/bonne **6A,** 4
gut *(Adv.)* bien *(Adv.)* **1B,** 1

H

haben avoir **3B,** 1
Hallo? *(am Telefon)* Allô? **3A,** 3
Hallo! Coucou! **7A,** 4
Hallo!/Grüß dich! Salut! *(fam.)* **1A,** 1
eine **Haltestelle** une station **7B,** 1; **7B,** 1
die **Hand** la main **4A,** 3
ein **Handy** un portable **5C,** 1
ein **Haus** une maison **2DE**
zu Hause, nach Hause à la maison **4A,** 1
die **(Haus)Aufgaben** les devoirs *(m., pl.)* **4B,** 4
ein **Heft** un cahier **2A,** 1
heiß chaud/chaude **7A,** 1; **7A,** 1
es ist heiß Il fait chaud. **7A,** 1
ich **heiße** je m'appelle **1A,** 1
er heißt il s'appelle **3B,** 9
jemandem **helfen** aider qn **6B,** 1; **6B,** 1
ein **Hemd** une chemise **6B,** 8
hereinkommen entrer **2A,** 3
ein **Herr** un monsieur **1B,** 4
heute aujourd'hui **3A,** 3
heute Abend ce soir **5A,** 1
hier, hierher ici **1B,** 1
hinter derrière **4B,** 10
ein **(Schul)Hof** une cour **4DE**
eine **Hose** un pantalon **6A,** 4
die **Hosentasche** la poche **6B,** 1
hübsch joli/jolie **6A,** 4
ein **Hund** un chien **1B,** 1
Hunger haben avoir faim **3B,** 1
ein **Hut** un chapeau **6A,** 4

I

ich *(betont)* moi **1A,** 1
eine **Idee** une idée **3DE**
immer toujours **3A,** 3
in (Paris) à (Paris) **2DE**
in dans **2A,** 3
in der 6B en 6eB **4A,** 3
Inlinerfahren le roller **5DE**
interessant intéressant/intéressante **6A,** 4
ein **Interview** une interview **5B,** 3

J

ja oui **1B,** 1
eine **Jacke** une veste **6B,** 8
ein **Jahr** un an **3B,** 1; une année **3B,** 7
Januar janvier *(m.)* **3B,** 7
eine **Jeans** un jean **6B,** 8
jeder tout le monde **5DE**
jetzt maintenant **3A,** 3
das **Judo** le judo **2B,** 2
Judo betreiben faire du judo **5A,** 3
Juli juillet *(m.)* **3B,** 7
ein **Junge** un garçon **1B,** 1
Juni juin *(m.)* **3B,** 7

K

kalt froid/froide **7A,** 2
Es ist kalt. Il fait froid. **7A,** 2
ein **Kampf** un combat **5B,** 3
eine **Kantine** une cantine **4DE**
eine **Kappe** une casquette **6B,** 1
eine **Karte** une carte **7A,** 1
ein **Karton** un carton **2A,** 3
eine **Kathedrale** une cathédrale **7DE**
eine **Katze** un chat **1B,** 1
kein/keine ne ... pas de **7C,** 1
kein/keine mehr ne ... plus de **7C,** 1
kein Problem pas de problème **7C,** 1
eine **Kerze** une bougie **3A,** 3
ein **Kilometer** un kilomètre **7B**
Kind un enfant **3A,** 9
eine **Klasse** une classe **4A,** 3
eine **Klassenarbeit** une interrogation **4B,** 4
ein **Klassenraum** une salle de cours **4A,** 3
klassisch classique **2B,** 7
ein **Kleid** une robe **6A,** 4
ein **Kleidungsstück** un vêtement **6B,** 8
klein petit/petite **6A,** 4
klicken cliquer **4B,** 4
komisch bizarre **1B,** 1
Komm! *(Aufforderung)* Viens! **1A,** 1
(an)kommen arriver **2DE**
man **kann** on peut **7C,** 1
eine **Kopie** une copie **4B,** 4
etwas **kosten** coûter qc **5C,** 1
Wie viel kostet das? Ça coûte combien? **5C,** 1
eine **Krankenstation** une infirmerie **4DE**
eine **Kreuzung** un carrefour **5B,** 1
eine **Küche** une cuisine **5A,** 3
ein **Kuchen/Kuchen** un gâteau/des gâteaux **3A,** 3
Kuckuck! Coucou! **7A,** 4
ein **Kuli** un stylo **2A,** 1
ein **Freund**/eine **Freundin** un copain/ une copine *(fam.)* **1B,** 2
ein **Kunde**/eine **Kundin** un client/ une cliente **5C,** 5
ein **Kuss**/ein **Küsschen** une bise *(fam.)* **7A,** 4

L

ein **Laden** un magasin **2DE**
ein **Ladengeschäft** une boutique **7A,** 1
lang long/longue **6A,** 4
der **Lärm** le bruit **5A,** 3
etwas **legen** mettre qc **6B,** 1; poser qc **5B,** 3
ein **Lehrer**/eine **Lehrerin** un professeur/ une professeure **4A,** 3
die **Leichtathletik** l'athlétisme *(m.)* **5A,** 3
es tut mir **leid** (je suis) désolé/désolée **7C,** 2
etwas **lesen** lire qc/qcà qn **7A,** 3
letzter/letzte/letztes dernier/ dernière **6A,** 4
die **Leute** les gens *(m., pl.)* **6DE**
lieb *(in der Anrede bei Briefen, E-Mails usw.)* Cher/Chère **7A,** 4
etwas/jemanden **lieben/mögen** aimer qn/ qc **2B,** 2
ein **Lied** une chanson **2B,** 7
(nach) **links** à gauche **5B,** 1
Lust haben, etwas zu tun avoir envie de faire qc **3B,** 1

M

etwas **machen** faire qc **I4B,** 4
Das macht … Ça fait **I5C,** 1
ein **Mädchen** une fille **I1B,** 1
Mai mai *(m.)* **I3B,** 7
ein **Mann** un monsieur **I1B,** 4
ein **Markt** un marché **I7C**
März mars *(m.)* **I3B,** 7
ein **Meister/**eine **Meisterin** un champion/une championne **I5B,** 3
merkwürdig bizarre **I1B,** 1
eine **Million** un million **I7B**
ein **Mineralwasser** une eau minérale **I5C,** 1
eine **Minute** une minute **I4A,** 3
Mist! Zut! *(fam.)* **I2A,** 3
mit avec **I2DE**
mit dem Zug en train **I7B,** 2
Mitternacht minuit *(m.)* **I5A,** 3
Mittwoch, am Mittwoch mercredi *(m.)* **I4B,** 1
ich möchte gerne … je voudrais … **I5A,** 3
modern moderne **I7DE**
jemanden/etwas **mögen** aimer qn/qc **I2B,** 2
jemanden/etwas sehr gern **mögen** adorer qn/qc **I7C,** 1
ein **Monat** un mois **I3B,** 7
Montag, am Montag lundi *(m.)* **I4A,** 3
morgen demain **I3A,** 3
der **Morgen** le matin **I5A,** 3
müde fatigué/fatiguée **I7B,** 1
ein **Museum** un musée **I7DE**
die **Musik** la musique **I2B,** 2
eine **Mutter** une mère **I3A,** 9

N

nach (Paris) à (Paris) **I2DE**
nach, danach après **I4A,** 1
nach Hause gehen rentrer **I4A,** 1
der **Nachmittag** l'après-midi *(m.)* **I5A,** 3
die Nacht la nuit **I5A,** 1
Na ja. Bof! *(fam.)* **I1B,** 7
Na klar! bien sûr **I3DE**
ein **Nationalfeiertag** une fête nationale **I6DE**
etwas **nehmen** prendre qc **I5C,** 1
nett sympa **I2B,** 2; joli/jolie **I6A,** 4
nicht ne … pas **I4A,** 3
nichts ne … rien **I7D,** 1
nicht mehr ne … plus **I7C,** 1
noch encore **I3B,** 1
November novembre *(m.)* **I3B,** 7
eine **Nummer** un numéro **I5B,** 3

O

oder ou **I3DE**
offen ouvert/ouverte **I7C,** 1
o.k. d'accord **I2B,** 2
ökologisch écologique **I7B,** 2
Oktober octobre *(m.)* **I3B,** 7
ein **Onkel** un oncle **I3A,** 9
eine **Orange** une orange **I5C,** 1
ein **Ort** un endroit **I7DE**

P

Papa papa *(m.)* **I1A,** 1
ein **Park** un parc **I5DE**
die **Pause** la récréation **I4A,** 3
eine **Person** une personne **I6A,** 1
ein **Plakat/**ein **Poster** une affiche **I2DE**
ein **Platz** une place **I4A,** 3
die **Post** la poste **I5B,** 2
eine **Postkarte** une carte postale **I7A,** 1
praktisch pratique **I7C,** 1
ein **Problem** un problème **I6A,** 2
Pst! Chut! **I2A,** 3
ein **Pulli** un pull **I6B,** 8

R

ein **Radiergummi** une gomme **I2A,** 1
recht haben avoir raison **I4B,** 4
(nach) rechts à droite **I5B,** 1
regnen pleuvoir **I7A,** 2
Es regnet. Il pleut. **I7A,** 2
eine **Reportage** un reportage **I7DE**
ein **Restaurant** un restaurant **I7A,** 1
der **Rock/**die **Rockmusik** le rock **I2B,** 7
ein **Rock** une jupe **I6B,** 8
Rollerskaten le roller **I5DE**
rot rouge/rouge **I6B,** 6
ein **Rundgang** un tour **I5A,** 3

S

eine **Sache** un truc *(fam.)* **I2A,** 1; une affaire **I3A,** 3; une chose **I7C,** 1
ein **Saft** un jus **I5C,** 1
er **sagt/**sie **sagt** il dit/elle dit **I2A,** 3
Samstag, am Samstag samedi *(m.)* **I4B,** 1
samstags le samedi **I5A,** 3
ein **Sänger/**eine **Sängerin** un chanteur/une chanteuse **I6A,** 4
Das ist schade. C'est dommage. **I3A,** 3
eine **Schirmmütze** une casquette **I6B,** 1
schlecht mauvais/mauvaise **I6B,** 1
Es ist schlechtes Wetter. Il fait mauvais. **I7A,** 2
der **Schluss** la fin **I4B,** 5; **I4B,** 5
ein **Schlüssel** une clé **I4A,** 3
Schmerzen haben avoir mal **I5B,** 3
schneien neiger **I7A,** 2
schnell vite **I1A,** 1
schön beau **I7A,** 1
schon déjà **I5A,** 3
jemandem etwas **schreiben** écrire qc à qn **I7A,** 1
ein **Schreibtisch;** *(hier)* ein **Arbeitszimmer** un bureau **I7A,** 1
ein **Schuh** une chaussure **I6B,** 8
eine **Schule** une école **I2A,** 3
eine Schule *(weiterführende Schule)* un collège **I4DE**
ein **Schüler/**eine **Schülerin** un élève/une élève **I4DE**
schwarz noir/noire **I6B,** 8
eine **Schwester** une sœur **I2B,** 2
ein **Schwimmbad/**ein **Schwimmbecken** une piscine **I5B,** 2
das **Schwimmen** la natation **I5A,** 5
sehr très **I6A,** 4
sein être **I2B,** 2
September septembre *(m.)* **I3B,** 7
etwas **setzen/stellen/legen** poser qc **I5B,** 3; mettre qc **I6B,** 1
Sicherlich!, Na klar!, Selbstverständlich! bien sûr **I3DE**
der, die, das **siebzehnte** le, la dix-septième **I5DE**
Sieh mal! Tiens! **I2A,** 3
singen chanter **I3B,** 1
so comme ça **I4B,** 4
sogar même **I5B,** 3
ein **Sohn** un fils **I3A,** 9
Sonntag, am Sonntag dimanche *(m.)* **I4B,** 1
spät tard **I5A,** 3
zu spät kommen être en retard **I4DE**
ein **Spiel/Spiele** un jeu/des jeux **I3B,** 1
spielen jouer **I4DE**
der **Sport** le sport **I2B,** 2
sprechen parler **I2DE**
mit jemandem sprechen parler à qn **I6B,** 1
eine **Stadt** une ville **I7DE**
Stand un stand **I5DE**
eine **Station** une station **I7B,** 1
eine **Stelle** un endroit **I7DE**
etwas **stellen** mettre qc **I6B,** 1
Stimmt's? C'est ça? **I3B,** 1
eine **Straße** une rue **I2A,** 3
auf der Straße dans la rue **I2A,** 3
eine **Stunde** une heure **I4A,** 1
(der Stundenplan) l' emploi *(m.)* du temps **I4B,** 1
jemanden/etwas **suchen** chercher qn/qc **I2DE**
super super *(inv.)* **I1B,** 1

T

ein **Tag** *(Tagesablauf)* une journée **I4A,** 1
ein Tag un jour **I5A,** 1
pro Tag/täglich par jour **I7B,** 1
Einen schönen Tag! (bei Verabschiedung) Bonne journée! **I5C,** 5
Guten Tag! Bonjour! **I1DE**
ein **Tagebuch** un journal/des journaux **I6A,** 4; **I6A,** 4
eine **Tante** une tante **I3A,** 9
der **Tanz,** das **Tanzen** la danse **I5A,** 5
tanzen danser **I6DE**
eine **Tasche** un sac **I4B,** 4
die Tasche, die Hosentasche la poche **I6B,** 1
Techno *(Musikstil)* la techno **I2B,** 7
ein **Teil** une partie **I4B,** 5
teuer cher/chère **I7C,** 1
das **Theater** le théâtre **I5A,** 5
ein **Tisch** une table **I5A,** 3
bei Tisch à table **I5A,** 3
Titel un titre **I4B,** 5
eine **Tochter** une fille **I1B,** 1
die **Toilette** les toilettes **I4A,** 1
toll super *(inv.)* **I1B,** 1; fantastique **I1B,** 1
eine **Tour**/ein **Rundgang** un tour **I5A,** 3
eine Tour un tour **I5A,** 3
ein **Tourist**/eine **Touristin** un touriste/une touriste **I7DE**
etwas **tragen** porter qc **I2A,** 2
ein **Traum** un rêve **I4B,** 4
traurig triste/triste **I6A,** 4
jemanden **treffen** retrouver qn/qc **I4A,** 3; rencontrer qn **I6B,** 1
ein **T-Shirt** un t-shirt **I2B,** 2
ein **Turm** une tour **I6DE**
das **Turnen**/die **Gymnastik** la gymnastique **I2B,** 7
eine **Turnhalle** un gymnase **I4B,** 3
ein **Turnschuh** une basket **I6B,** 8

U

über sur **I3B,** 1
etwas **überqueren** traverser qc **I5B,** 1
eine **Überraschung** une surprise **I3B,** 1
eine **Übung** un exercice **I4B,** 4
Uff! ouf **I2B,** 2
sieben **Uhr** sept heures **I4A,** 1
Wie viel Uhr ist es? Quelle heure est-il? **I4A,** 2
halb acht sept heures et demie **I4A,** 1
Viertel nach sieben sept heures et quart **I4A,** 1
Viertel vor sieben sept heures moins le quart **I4A,** 1
umweltfreundlich écologique **I7B,** 2
um wie viel Uhr à quelle heure **I4A,** 2
unter sous **I4A,** 3
sich (über etwas) **unterhalten** discuter (de qc) **I4A,** 3
eine **Unterrichtsstunde** un cours **I4DE**
der **Urlaub** les vacances *(f., pl.)* **I6A,** 4
ein **USB-Stick** une clé USB **I4A,** 3

V

ein **Vater** un père **I3A,** 9
jemanden/etwas **verabscheuen,** jemanden/etwas **überhaupt nicht mögen** détester qn/qc **I2B,** 2
etwas **verbringen** passer qc **I5A,** 1
Verdammt! Zut! *(fam.)* **I2A,** 3
etwas **vergessen** oublier qc **I6A,** 4
ein **Verkäufer**/eine **Verkäuferin** un vendeur/une vendeuse **I5C,** 1
ein **Verkehrsmittel** un moyen de transport **I7B,** 1
etwas **verlassen** quitter qc **I5A,** 3
Verzeihung. Pardon. **I1A,** 1
viel beaucoup **I5B,** 2
viel(e) beaucoup de **I7A,** 1; **I7C,** 2
vielleicht peut-être **I6A,** 4
ein **(Stadt-)Viertel** un quartier **I5DE**
von de/d' **I1B,** 1
von … bis de à **I4A,** 2
vor *(örtlich)* devant **I2B,** 2
vor *(zeitlich)* avant **I6B,** 1
vor allem surtout **I6B,** 6
etwas **vorbereiten** préparer qc **I3A,** 3
jemandem etwas **vorlesen** lire qc/qc à qn **I7A,** 3
Vorsicht! Attention! **I1A,** 1

W

eine **Waffel** une gaufre **I5C,** 1
wahr vrai ⟨**I7D,** 1⟩
Was? Quoi? **I0,** 4; **I6B,** 1
wann quand **I3B,** 7
warm chaud/chaude **I7A,** 1; **I7A,** 1
es ist warm Il fait chaud. **I7A,** 1
warum pourquoi **I5B,** 3
Was macht Léo? Que fait Léo? **I2DE**
Was … ? Qu'est-ce que … ? **I2B,** 2
Was ist das? Qu'est-ce que c'est? **I2DE**
Was gibt es? Qu'est-ce qu'il y a? **I3A,** 1
das **Wasser** l'eau *(f.)* **I5C,** 1
weh tun faire mal **I5B,** 3
weil parce que **I5B,** 3
weiß blanc/blanche **I6B,** 6
weit *(Adv.)* loin **I5A,** 1
ein **wenig** un peu **I7B,** 1
Wer ist das? Qui est-ce? **I1A,** 1
das **Wetter** le temps **I7A,** 2
Wie ist das Wetter? Quel temps fait-il? **I7A,** 2
Es ist schönes **Wetter.**/Das **Wetter** ist schön. Il fait beau. **I7A,** 1
wie *(Fragewort)* comment **I1A,** 1
wie comme **I4B,** 4
wieder/noch encore **I3B,** 1
jemanden/etwas **wiederfinden;** jemanden **treffen** retrouver qn/qc **I4A,** 3
Wie geht es euch/Ihnen? Comment allez-vous? **I7A,** 4
Wie geht's? Ça va? **I1A**
wie viel combien (de) **I5C,** 1
Wie viel kostet das? Ça fait combien? **I5C,** 1
der **Wind** le vent **I7A,** 1
Es ist **windig.** Il y a du vent. **I7A,** 1
wirklich vraiment **I5B,** 3
Ich **weiß** nicht. Je ne sais pas. **I4A,** 3
wo; wohin où **I2B,** 2
eine **Woche** une semaine **I7DE**
wohnen habiter **I2B,** 2
eine **Wohnung** un appartement **I5A,** 3
ein **Wohnzimmer** un salon **I5A,** 3
ein **Wort** un mot **I4B,** 3
etwas **wünschen** désirer qc **I7C,** 2

Z

jemandem etwas **zeigen** montrer qc à qn **I6B,** 1
die **Zeit** le temps **I4B,** 1
ein **Zeitschriften-** und **Schreibwarengeschäft** une maison de la presse **I2DE**
eine **Zeitung** un journal **I2DE**
ein **(Schlaf-)Zimmer** une chambre **I3A,** 3
ein Zimmer une pièce **I5A,** 3
zuerst d'abord **I3DE**
zufrieden content/contente **I6A,** 4
ein **Zug** un train **I3A,** 3
jemandem **zuhören** écouter qn/qc **I2A,** 2
zurückkommen rentrer **I4A,** 1
zusammen ensemble **I3DE**
zu viel/zu sehr trop **I5B,** 3
zwischen entre **I6B,** 1
zwölf Uhr (mittags) midi **I4A,** 1

Pour faire les exercices du livre

Accordez les adjectifs.	Gleicht die Adjektive an.
Ajoutez …	Fügt … hinzu.
Chantez.	Singt.
Cherchez …	Sucht …
Classez les mots dans votre cahier.	Ordnet die Wörter in eurem Heft.
Commence comme ça: …	Beginne so: …
Comparez …	Vergleicht …
Complétez les phrases.	Vervollständigt die Sätze.
Comptez.	Zählt.
Continuez.	Macht weiter.
Copiez et complétez … dans votre cahier.	Übertragt und ergänzt … in eurem Heft.
Corrigez les phrases.	Korrigiert die Sätze.
Décris les images.	Beschreibe die Bilder.
Dessinez …	Zeichnet …
Devinez.	Ratet.
Ecoutez.	Hört zu.
Ecrivez …	Schreibt …
Faites des dessins.	Macht Zeichnungen.
Faites des devinettes.	Macht Rätsel.
Faites des dialogues.	Macht Dialoge.
Faites des phrases.	Bildet Sätze.
Faites trois groupes.	Bildet drei Gruppen.
Invente …	Erfinde …
Jouez à deux.	Spielt zu zweit.
Jouez avec deux dés.	Spielt mit zwei Würfeln.
Jouez la scène.	Spielt die Szene.
Justifiez …	Begründet …
Lis le message.	Lies die Nachricht.
Lisez.	Lest.
Lisez les questions et trouvez les réponses.	Lest die Fragen und findet die Antworten.
Mettez la bonne négation.	Setzt die richtige Verneinung ein.
Mettez les phrases dans le bon ordre.	Bringe die Sätze in die richtige Reihenfolge.
Mettez les verbes à la bonne forme	Setzt die Verben in die richtige Form.
Mimez …	Stellt … als Pantomime dar.
Notez …	Schreibt … auf.
Parlez de …	Sprecht über …
Parlez avec votre voisin / votre voisine.	Sprecht mit eurem Banknachbarn / eurer Banknachbarin
Pas dans le texte.	Nicht im Text.
Posez des questions et répondez.	Stellt Fragen und beantwortet sie.
Prends des notes.	Mache Notizen.
Préparez le dialogue et jouez-le.	Bereitet den Dialog vor und spielt ihn.
Présentez …	Präsentiert … / Stellt … vor.
Quand vous entendez …, levez les mains.	Wenn ihr … hört, hebt die Hände.

Quelle est la différence entre … ?	Was ist der Unterschied zwischen … ?
Quels mots vont ensemble?	Welche Wörter passen zusammen?
Qui dit quoi?	Wer sagt was?
Raconte …	Erzähle …
Regardez l'image.	Seht das Bild an.
Remplacez …	Ersetzt …
Répétez.	Sprecht nach.
Répondez.	Antwortet.
Travaillez à deux.	Arbeitet zu zweit.
Trouvez des réponses.	Findet Antworten.
Trouvez la bonne forme du verbe.	Findet die richtige Verbform.
Trouvez le bon ordre.	Findet die richtige Anordnung.
Trouvez le pronom.	Findet das Pronomen.
Trouvez les mots-clés.	Findet die Schlüsselwörter.
Trouvez les mots.	Findet die Wörter.
Trouvez les phrases.	Findet die Sätze.
Utilisez …	Verwendet …
Utilisez les mots donnés.	Verwendet die angegebenen Wörter.
Vrai ou faux? Corrigez.	Richtig oder falsch? Verbessert.

Des phrases utiles	**Nützliche Sätze**
Je ne comprends pas ce mot.	Ich verstehe dieses Wort nicht.
Est-ce que vous pouvez expliquer ce mot?	Können Sie dieses Wort erklären?
Est-ce que vous pouvez épeler ce mot?	Können Sie dieses Wort buchstabieren?
Est-ce que vous pouvez répéter la phrase, s'il vous plaît?	Können Sie den Satz bitte wiederholen?
Est-ce que vous pouvez répéter la question, s'il vous plaît?	Können Sie die Frage bitte wiederholen?
J'ai oublié mes devoirs.	Ich habe meine Hausaufgaben vergessen.
Nous sommes à quelle page?	Auf welcher Seite sind wir?
Nous sommes à quel paragraphe?	In welchem Abschnitt sind wir?
Nous sommes à quelle ligne?	In welcher Zeile sind wir?
Nous sommes à quelle phrase?	Bei welchem Satz sind wir?
Comment est-ce qu'on prononce ce mot?	Wie spricht man dieses Wort aus?
Je ne sais pas.	Ich weiß nicht.

Les lettres de l'alphabet

A [a]	**D** [de]	**G** [ʒe]	**J** [ʒi]	**M** [ɛm]	**P** [pe]	**S** [ɛs]	**V** [ve]	**Y** [igrɛk]
B [be]	**E** [ə]	**H** [aʃ]	**K** [ka]	**N** [ɛn]	**Q** [ky]	**T** [te]	**W** [dubləve]	**Z** [zɛd]
C [se]	**F** [ɛf]	**I** [i]	**L** [ɛl]	**O** [o]	**R** [ɛʀ]	**U** [y]	**X** [iks]	

Solutions: Lösungen und Lösungsvorschläge

Mit dem Lösungsteil kannst du dich selbst kontrollieren. Damit du eigene Fehler erkennst, musst du sehr genau hinsehen und deine Lösungen sorgfältig mit den hier abgedruckten vergleichen. Trage deine Fehler in dein „Fehlerprotokoll" ein. Wie du damit arbeiten kannst, steht auf Seite 138.

Unité 1, Bilan (S. 24–25)

1 Parler
1. Je m'appelle *Tim*. **2.** Je suis de *Bonn*. **3.** Tu es de Paris? **4.** Qui est-ce? **5.** Ça va? **6.** Bonjour, monsieur! / Bonjour, madame! **7.** Salut! **8.** Au revoir! / Salut! **9.** C'est Samy. / Voilà Samy. **10.** (Oh) Pardon! **11.** Attention! **12.** Merci!

2 Ecouter et lire
1. C'est Flora. **2.** C'est Magali. **3.** C'est Zoé. **4.** C'est Emma.

3 En forme
A **1.** Salut! Je suis Marie. Je suis de Paris. **2.** Et toi? Tu es aussi de Paris? **3.** Oui! Et voilà Malabar. C'est un chien fantastique! **4.** Moustique aussi. Il est super! **5.** Mais toi, tu es super aussi!

B **1.** C'est un monsieur. Il est super. **2.** C'est un chien. Il est bizarre. **3.** C'est un garçon. Il est super. **4.** C'est une fille. Elle est fantastique. **5.** C'est un chat. Il est super.

Unité 2, Bilan (S. 36–37)

1 Parler
1. Je suis l'ami (l'amie) *oder:* le copain (la copine) de Joséphine. **2.** Tu habites où? **3.** J'habite à Neustadt, Kantstraße 39. **4.** Qu'est-ce que c'est, en français? **5.** Que fait Max? **6.** Qu'est-ce que tu aimes? **7.** J'aime le vélo. **8.** Je déteste le rap. **9.** D'accord! **10.** Je suis en vacances.

2 Lire et écrire
1. Marie entre dans un magasin. Elle cherche une BD pour une amie. **2.** Elle regarde une BD. Ah! Voilà une BD super! **3.** Tiens, voilà Jérôme. Mais que fait Jérôme? **4.** Jérôme, attention, la BD! Oh! C'est la catastrophe!

3 Ecouter et lire
1. *Vous habitez à Paris?* – Non, nous habitons à Toulouse (Satz 1). **2.** *Le chien est devant le magasin?* – Non, il est dans le magasin (Satz 4). **3.** *Tu détestes le vélo? C'est vrai?* – Non, j'aime bien le vélo (Satz 5). **4.** *Qu'est-ce que tu aimes?* – J'aime le judo et le rugby (Satz 3). **5.** *C'est un truc bizarre! Qu'est-ce que c'est?* – C'est un stylo (Satz 2).

4 En forme
1. Alex et Mme Latière sont dans un magasin. **2.** *Mme Latière:* Bonjour, madame, nous cherchons un t-shirt. **3.** La dame cherche et dit: Voilà un t-shirt pour vous, avec un chat. **4.** Mme Latière et Alex regardent le t-shirt. **5.** *La dame:* Vous aimez le t-shirt? **6.** *Mme Latière:* Il est super, Alex, non? **7.** *Alex:* Tu trouves? Tu es bizarre! Je déteste ça, moi. **8.** *Mme Latière:* Alors, on cherche un t-shirt pour le rugby.

Plateau 1, Révisions (S. 40)

1 Qui est-ce?
1. C'est le chien de Marie. **2.** C'est le chien de Léo. **3.** Elle travaille. **4.** C'est la grand-mère d'Alex et de Jérôme. **5.** C'est le frère d'Alex.

2 Bonjour, je m'appelle Marie.
1. Bonjour. Je m'appelle Marie. Et toi, tu t'appelles comment? **2.** Tu es de Paris? Moi aussi. **3.** J'habite dans une maison super, rue Truffaut. **4.** Tu travailles ici? **5.** Le chien devant le magasin, c'est Moustique. **6.** Je cherche une BD pour un copain. **7.** Viens, Moustique, viens avec moi.

3 Réponse et question
1. Qui est-ce? **2.** Que fait Alex? **3.** Qu'est-ce que c'est? **4.** Tu t'appelles comment? **5.** Tu habites où? **6.** Qu'est-ce que tu aimes?

4 Dans un camping
1. *(zu Jan)* Er fragt wie du heißt. **2.** *(zu Romain)* C'est Jan. *oder:* Il s'appelle Jan. **3.** *(zu Jan)* Er heißt Romain und er fragt, ob du Rugby magst. **4.** *(zu Romain)* Non, mais il aime le foot. **5.** *(zu Jan)* Er möchte wissen, woher du kommst. **6.** *(zu Romain)* Jan est de Coburg. **7.** *(zu Romain)* Et toi, tu habites où? **8.** *(zu Jan)* Er wohnt in Nice, also in Nizza. **9.** *(zu Romain)* Muss nicht wiedergegeben werden. **10.** *(zu Jan)* Er sagt, dass du nett bist. … **11.** *(zu Romain)* Toi aussi, tu es sympa. Salut.

Unité 3, Bilan (S. 55–56)

1 Parler
1. Bon anniversaire! / Joyeux anniversaire! **2.** Qu'est-ce qu'il y a dans le magasin? **3.** Tu ranges ta chambre, s'il te plaît? **4.** J'aime les BD. **5.** Tu as faim? **6.** J'ai 11 ans. **7.** Mon anniversaire, c'est le premier mars. **8.** J'ai envie d'écouter un CD.

2 Regarder et écrire
A 1. Aujourd'hui, c'est l'anniversaire de Léo. Sa mère prépare un gâteau. **2.** Léo est dans sa chambre avec son amie Marie et Malabar. Et voilà ses cadeaux: son jeu vidéo et sa BD. **3.** Maintenant, son père est là aussi.

B 1. Aujourd'hui, c'est mon anniversaire. Ma mère prépare un gâteau. **2.** Je suis dans ma chambre avec mon amie Marie et Malabar. Et voilà mes cadeaux: mon jeu vidéo et ma BD. **3.** Maintenant, mon père est là aussi.

3 En forme
(z. B.) **1.** J'ai une idée. **2.** Tu as envie d'écouter un CD? **3.** Il a 11 ans. **4.** Nous avons une surprise. **5.** Vous avez faim? **6.** Elles ont un cadeau pour Léo.

4 Jeu de mots
1. Léo est le fils de Marc Pirou. **2.** La mère de Marc Pirou est la grand-mère de Léo. **3.** La fille de l'oncle de Léo est la cousine de Léo. **4.** La sœur de la mère de Léo est la tante de Léo. (Moustique: Et moi, je suis le chien de Marie.)

Unité 4, Bilan (S. 70–71)

1 Parler
1. Quelle heure est-il? **2.** Il est sept heures et demie. **3.** Je regarde la télé de six heures à sept heures. **4.** Aujourd'hui, c'est (jeudi). **5.** On fait nos (*oder:* les) devoirs ensemble? **6.** Je vais à la cantine. / Je vais chez mon copain. **7.** Je ne sais pas. **8.** Excusez-moi. / Pardon.

2 Ecouter
12.00 (midi) ⟶ **C**; 8.05 (huit heures cinq) ⟶ **O**; 9.20 (neuf heures vingt) ⟶ **L**; 15.45 (quatre heures moins le quart) ⟶ **L**; 19.50 (huit heures moins dix) ⟶ **E**; 12.15 (midi et quart) ⟶ **G**; 10.30 (dix heures et demie) ⟶ **E**; Lösungswort: COLLEGE *(In Großbuchstaben fallen die accents weg.)*

3 En forme
1. Non, je ne travaille pas. **2.** Non, je ne joue pas. **3.** Non, je ne regarde pas la télé. **4.** Non, je ne suis pas au lit.

4 Vis-à-vis
1. Un collège en France a quatre classes. **2.** On entre au collège à l'âge de 11 ans. **3.** Après le collège, les élèves vont au lycée. **4.** Un «gymnase», c'est une «Sporthalle» en allemand.

5 En forme
1. Qu'est-ce que tu fais maintenant? – Là, je vais aux toilettes. **2.** Est-ce que nous faisons nos exercices pour M. Racine à cinq heures? – Oui, mais d'abord, nous allons chez Léo, d'accord? **3.** Marie et Alex font leurs devoirs? – Non, elles vont au CDI. **4.** Et Mehdi, qu'est-ce qu'il fait? – Il va à la FNAC. **5.** Léo et toi, vous faites un gâteau pour Alex? – Oui, mais Marie et toi, vous allez chez Mme Latière. **6.** Et moi, qu'est-ce que je fais, alors? – (z. B.) *Tu vas chez ta copine.*

6 En forme
1. Léo et Medhi n'ont pas envie de faire leurs devoirs. **2.** Marie et moi, nous allons chez notre copine aujourd'hui. **3.** Alex et Jérôme ne trouvent pas leur copain Léo. **4.** «Vous ne rangez pas votre salle de cours, les enfants?» **5.** Les professeurs préparent leurs cours. **6.** «Monsieur, nous n'avons pas nos affaires de sport.»

Plateau 2, Révisions (S. 74)

1 Où est Moustique?
1. Il est sur le sac. **2.** Il est dans le train. **3.** Il est sous le lit. **4.** Il est derrière l'ordinateur. **5.** Il est devant la télé.

2 Allez!
Mehdi: Vous allez au CDI aussi, maintenant?
Marie: On va à la cantine mais après, on va au CDI avec toi.
Léo: Oui, mais moi, je vais à l'infirmerie, c'est pour mon pied.
Alex: Tu n'as pas envie de travailler, alors tu vas à l'infirmerie, c'est ça?
Léo: Mais non, je ne vais pas bien. Après, je vais à la maison.
Alex: Léo a raison. Et nous, après le collège, nous allons chez Marie pour regarder «Spiderman».
Léo: Zut, ils vont chez Marie pour regarder «Spiderman», et moi, je vais au lit …

3 Bonjour, c'est Joséphine …
Notizen: **Qui:** Joséphine; **Où:** Strasbourg, gare; **Quand:** vendredi, 17h45.
Zusammenfassung: Isabel, hör mal zu. Deine Freundin Joséphine aus Frankreich hat angerufen. Sie kommt am Freitag (erst) um Viertel vor sechs (17 Uhr 45) an den Bahnhof in Straßburg.

4 Cherchez et trouvez.
A 1. commencer à 10 heures; commencer dans une minute **2.** avoir 13 ans; avoir raison **3.** être en retard; être frère et sœur **4.** faire un gâteau; faire ses devoirs

Unité 5, Activités au choix (S. 86–89)

1 Une chambre à deux

A **1.** Parle avec moi. **2.** Fais tes devoirs. **3.** Joue avec moi. **4.** Range tes affaires.

B **1.** N'écoute pas mes CD. **2.** Ne prends pas mon t-shirt. **3.** Ne regarde pas mes photos. **4.** Ne prends pas mon portable.

C (z. B.) **1.** Ne joue pas avec mon ordinateur. **2.** N'invite pas tes copines. **3.** Quitte mon lit.

2 Qu'est-ce qu'on prend?

A prendre une douche: duschen; prendre le train: den Zug nehmen; prendre un médicament: ein Medikament einnehmen; prendre des notes: Notizen machen; prendre une photo: ein Foto machen

B **1.** Ça fait mal, monsieur? Alors prenez un médicament. **2.** Attention, je prends une photo de toi. Clic! **3.** Après le sport, nous prenons une douche. **4.** Pour faire une interview, elles prennent des notes. **5.** Pour aller à Paris, tu prends le train.

3 Des activités pour tout le monde

(z. B.) Le Jugendtreff est une maison pour les enfants. On va au Jugendtreff pour retrouver des amis. Il y a des activités pour tout le monde: samedi, on fait de la danse pour les filles. Il y a aussi un jeu de foot sur une table (Qu'est ce que c'est en français?). Lundi, il y a un film. Mardi, il y a des cours pour les enfants, on fait des combats, c'est quelque chose comme le judo. Mercredi, on fait du foot. Il y a aussi un truc de musique, on écoute des guitares. Jeudi, on fait des jeux. Il y a aussi un cours pour raconter des histoires. Vendredi, on fait du théâtre. On joue des scènes. Il y a aussi un cours pour préparer des crêpes.

4 Bientôt samedi!

1. Tu vas aller chez Léo, samedi? **2.** Chez Léo? Oh non, Léo et ses copains vont écouter des CD de rock et moi, je déteste le rock. **3.** Mais non. Léo va inviter Alex et Jérôme et ils vont préparer une surprise. **4.** Bof! Vous allez faire des jeux vidéo, comme toujours! C'est trop nul. **5.** Mais non, nous allons regarder ensemble des combats de judo à Paris avec Morgane Ribout. **6.** C'est vrai? Mais elle est vraiment super, Morgane Ribout! Ça va être cool! **7.** Oui, mais tu ne vas pas regarder les combats avec nous. C'est dommage! **8.** Quoi? Mais si!

5 Un rêve bizarre

A **1.** C'est la catastrophe, l'ordinateur est dans l'entrée! **2.** C'est la catastrophe, les livres et les cahiers sont dans la cuisine. **3.** C'est la catastrophe, le lit est dans le salon. **4.** C'est la catastrophe, les photos sont dans les toilettes. **5.** C'est la catastrophe, la table est dans la chambre (des parents). **6.** C'est la catastrophe, la télé est dans la salle de bains.

B (z. B.) **1.** Chez nous, l'ordinateur est dans la chambre de maman. **2.** Chez nous, les livres et les cahiers sont dans ma chambre. **3.** Chez nous, le lit est dans la chambre. **4.** Chez nous, les photos sont dans la chambre des parents. **5.** Chez nous, la table est dans la cuisine. **6.** Chez nous, la télé est dans le salon.

6 Qui est Scoubidou?

(z. B.) – Scoubidou a quel âge? – Il a onze ans. – Est-ce qu'il va au collège? – Oui, il va au collège. – Qu'est-ce qu'il aime? – Il aime le judo et le rugby. – C'est Alex! – Oui, c'est ça!

7 Mon quartier et mes activités

A **1.** Il / elle va arriver chez Valentin dans 15 jours. (en avril) **2.** En allemand, un *terrain de sport*, est un Sportplatz. **3.** Dans une *bibliothèque*, on trouve des livres. (et des BD, des journaux, des CD, des DVD, des ordinateurs …) **4.** Ils ne jouent pas dans la rue parce qu'il y a toujours des voitures. **5.** Oui, il y a une piscine dans le quartier de Valentin. **6.** Est-ce qu'il y a un cinéma? Je ne sais pas. (Ce n'est pas dans le texte.)

B (z. B.) Bonjour Valentin,
Merci beaucoup pour ton courriel! Je vais bientôt arriver chez toi, et je trouve ça super. Comment c'est chez moi? Alors, chez moi, il y a aussi des voitures et nous ne jouons pas dans la rue. Nous jouons dans la cour de notre maison. Nous faisons du foot, mais Monsieur Schneider n'aime pas ça! Il est bizarre. J'aime bien mon quartier parce que mes copains sont là et parce qu'il y a un terrain de sport. Mon collège est loin, alors je prends mon vélo. Le samedi, je vais chez mes copains. Nous faisons des jeux vidéo. Je fais aussi du tennis avec mon copain Andi. Le dimanche, je suis avec ma famille.
A bientôt Lukas

Unité 5, Bilan (S. 90)

1 Parler

1. Qu'est-ce que tu fais comme activité? **2.** Le samedi matin, je fais du sport. **3.** Pourquoi est-ce que tu rentres déjà? **4.** Parce qu'il est tard. **5.** Quand est-ce qu'on va à Paris? **6.** Est-ce que tu as mal? **7.** Pardon, monsieur / madame, pour aller à la piscine? **8.** Vous pouvez répéter, s'il vous plaît? **9.** J'ai faim et soif. **10.** Ça coûte combien, une crêpe? **11.** Je voudrais une eau minérale, s'il vous plaît. **12.** Bonne journée!

2 Jeu de mots

1. Je vais passer la nuit de vendredi à samedi chez mon copain. **2.** En avril, je vais passer 10 jours chez ma grand-mère. **3.** Oh, il est tard. Il est déjà minuit. **4.** Le mercredi après-midi, à 3 heures moins le quart, je fais de la guitare. **5.** Ce soir, je vais au lit à 9 heures et demie.

Unité 6, Bilan (S. 104)

1 Parler
1. Qu'est-ce que tu as fait samedi dernier? **2.** D'abord, j'ai retrouvé mes amis et puis nous avons fait des jeux ensemble. **3.** Je suis content(e). / Je suis triste. **4.** Je mets un pull et des baskets. **5.** J'ai aidé mon copain / ma copine. **6.** J'ai donné un livre à mon copain. **7.** C'est une bonne idée.

2 En forme
1. A la fête, les gens sont contents. **2.** La musique n'est pas mauvaise / bonne / intéressante. **3.** Il y a des gaufres. Elles sont bonnes / mauvaises / fantastiques. **4.** Noah danse avec une jolie fille. **5.** Il est très content. **6.** Le grand frère de Noah ne danse pas. **7.** Mais après la fête, il dit: «Lilou est une fille intéressante / fantastique.»

3 Ecrire
1. A la gare, Gabriel a parlé à un chanteur. **2.** Il a demandé une photo au chanteur. **3.** Le chanteur a donné un CD au garçon. **4.** Gabriel a raconté l'histoire à sa famille. **5.** Il a montré le CD à ses copains.

Unité 7, Station 1 (S. 110–111)

1 Sur la tour Eiffel
A Sur la tour Eiffel, il y a beaucoup de touristes. Il y a une vue fantastique sur Paris. Il y a des restaurants, des boutiques de souvenirs et une poste. Il y a aussi des films sur l'histoire de la tour Eiffel. Il y a le bureau de Gustave Eiffel. (Il y a du vent.)

B écrire une carte postale, il fait beau et chaud, une vue fantastique, il y a du vent, beaucoup de touristes

3 J'écris, tu lis …,
A (z. B.) un mot, un texte, un courriel, un rap, un SMS, une histoire, une carte postale, un livre, une BD, un journal, une question, une réponse, une affiche, un reportage, un dialogue, un poème

4 Des cartes postales
A Text 1: Bild 2; Text 2: Bild 3; Text 3: Bild 1

B (z. B.) Chère tante Agathe, Nous sommes à Paris. Aujourd'hui il pleut. Alors, nous allons visiter Notre-Dame. Demain nous visitons la tour Eiffel. Je suis très contente! A bientôt! Bises Vanessa

Unité 7, Station 2 (S. 112–113)

2 En train, en bus et en métro
A SNCF: train; M: métro; TGV: train; vélib: vélo; RATP: bus, métro; das U-Bahn-Logo gehört nicht hierher.

B **1.** A Paris, il y a 6 gares. **2.** «Velib'», ce sont des vélos pour tout le monde. **3.** Voilà un «M» jaune. Ici, il y a une station de métro. **4.** Un ticket de bus est aussi un ticket de métro.

4 Le blues des transports
1. *Les chaussures* bzw. *aller à pied*; zu Fuß gehen
2. *L'avion et le vélo:* das Flugzeug und das Fahrrad kommen im Lied nicht vor.

Unité 7, Station 3 (S. 114–115)

1 Pas de problème!
M. Pirou ne peut pas faire son interview parce que le vendeur n'écoute pas et parle toujours.

3 Un stand pas comme les autres
A **1.** C'est la vendeuse, une cliente et sa sœur. **2.** La sœur de la cliente aime faire de la guitare. Elle aime parler avec ses amis, écouter les histoires et regarder la nuit. Elle aime les diabolos menthe, les gâteaux et sa famille. **3.** Au stand, il y a des rêves.

B (z. B.) des rêves, des amis, des idées, une famille, des jours, des vacances, des bises, des catastrophes, le vent …

Unité 7, Station 4 (S. 116–117)

1 On va sur le grand huit?
un parc d'attractions: ein Freizeit- oder ein Erlebnispark; un lecteur: ein Leser, un grand huit: eine Achterbahn, une liste: eine Liste.

2 Malabar au chenil?
1. Nein, Hunde sind im Parc Astérix nicht zugelassen.
2. Die Besucher können ihre Hunde in einem Käfig / Zwinger abgeben. **3.** Das kostet 7 Euro.

3 Malabar ne dit rien.
1. Les chiens n'entrent pas dans le parc. **2.** Bof! Ça ne fait rien. **3.** Je n'aime pas les attractions, moi. **4.** Le grand huit, ce n'est rien pour moi. **5.** Ce n'est vraiment pas intéressant. **6.** Je reste ici. C'est sympa et ça ne coûte rien. **7.** Mais … Idéfix, c'est aussi un chien! Il ne travaille pas dans le parc?

Unité 7, Bilan (S. 118 – 119)

Le jeu de l'escargot

1. Il y a six gares à Paris.
2. (z. B.) Nous écrivons une carte postale. Léo et son père écrivent un reportage sur Paris. Tu écris à ton ami? Oui, j'écris un SMS.
3. Il fait beau, il fait chaud, il fait froid.
4. (Rücke auf Feld 9 vor!)
5. Il y a peu de touristes.
6. La tour Eiffel, la cathédrale de Notre-Dame, le Louvre
7. Vous désirez?
8. Nous n'avons plus de devoirs.
9. Elle dit: Désolée, nous n'avons plus de t-shirt de rugby. *oder* … je n'ai plus de t-shirt de rugby.
10. La voiture, le bus, l'avion, le train
11. (Setze einmal aus!)
12. Avec un ticket de métro, on peut prendre le métro ou le bus.
13. Chère Léa / Salut Léa / Coucou!
14. (Gehe auf Feld 5 zurück!)
15. Sur la tour Eiffel, il y a une vue fantastique, il y a des restaurants et des boutiques de souvenirs.
16. (z. B.) J'écris une carte postale. Nous écrivons un dialogue. Ils écrivent des phrases bizarres. Elle écrit un petit texte.
17. (z. B.) Tu lis des livres? Moi, je lis une BD. Mon copain lit des poèmes. Mes parents lisent le journal.
18. (Setze einmal aus!)
19. Elle adore / aime bien le coca.
20. C'est le Louvre.

Plateau 3, Révisions (S. 122)

1 Comment trouver le stand de crêpes?

A Der Crêpes-Stand befindet sich bei Nummer 2.
B Léo habite 23, rue Truffaut. Quitte le parc et va tout droit. Tu arrives à la rue Truffaut. Tourne à droite et va tout droit. Traverse la rue des Moines puis traverse la rue Legendre. Va tout droit. La maison de Léo est à droite.

2 Sur la tour Eiffel

1. Léo et son père visitent la tour Eiffel. **2.** M. Pirou parle avec / parle à des touristes. **3.** Il fait des interviews. **4.** Il pose des questions à des / aux touristes. **5.** Les touristes aiment bien la vue sur Paris. **6.** Une dame écrit une carte postale à une / à son amie. **7.** Léo prend des photos. **8.** A la maison, Léo montre les / montre ses photos à sa mère.

3 La carte postale de Marie

Chère Alex,
J'aime bien Lyon, c'est une ville intéressante. Je passe mon temps avec Lilou. Elle habite avec sa mère dans un petit appartement de trois pièces. Elle n'a pas de frère et pas de sœur (pas comme moi avec Gabriel et Clara!). Elle fait beaucoup d'activités: elle fait de la gymnastique, de la danse et surtout du théâtre. Elle adore ça! Mais elle n'aime pas trop ranger sa chambre. Alors hier, elle n'a plus trouvé ses vêtements. Enfin, elle a retrouvé son chapeau et sa jupe sous son lit. Voilà, Lilou est un peu comme toi et moi …

Bildquellennachweis
Destination Paris, Magali Le Huche © Actes Sud, 2006, **119.1;** Action Press GmbH, Hamburg, **116.1;** AKG, Berlin, **183.1;** Alamy Images (Peter Horree), Abingdon, Oxon, **114.2;** Avenue Images GmbH, Hamburg: (Banana Stock), **34.7;** (corbis RF), **170.1;** (Digital Vision), **164.1;** (Photodisc), **150.3;** (Stockbyte RF, Ciaran Griffin), **24.3;** (Stockbyte RF, George Doyle), **24.1, 24.4;** (StockDisc), **24.2;** Bétotè, Bill Akwa, Bagnolet: **8.1, 9.1, 9.2, 9.2, 9.3, 9.4, 9.5, 9.6, 22.1, 22.2, 42.1, 43.2, 43.2, 43.3, 44.1, 45.1, 45.2, 45.3, 46.2, 46.3, 46.4, 48.3, 48.5, 49.1, 49.2, 49.3, 49.4, 49.5, 49.6, 51.1, 51.2, 51.3, 51.4, 51.5, 52.1, 58.2, 59.1, 59.2, 59.3, 59.4, 59.5, 66.1, 68.1, 68.3, 76.2, 126.7, 162.1, Vorsatz vorne 6, 9, 10, 11, 12, 13;** BigStockPhoto.com (Fotosmurf01), Davis, CA, **180.2;** Collage, **45.1;** Comstock, Luxemburg, **139.1, 139.3;** Corbis, Düsseldorf: (George Shelley), **48.2;** (Yann Arthus-Bertrand), **181.5;** (Yves Forestier), **96.2;** Corbis RF, Düsseldorf: **180.1;** (RF), **48.1;** Corel Corporation Deutschland, Unterschleissheim, **11.4, 149.3, 150.4;** Dream Maker Software, Colorado, **139.1;** Dreamstime LLC, Brentwood, TN: (Adrian Zenz), **121.2;** (Alvaro Ennes), **149.2;** (Antonio Ros), **154.1;** (Kadir Karcioglu), **84.6;** (RF), **34.9;** (Sandra Iacone), **169.1;** Éditions Glénat ("Captain Biceps", tome 1 de ZEP et TEBO), Issy-Les-Moulineaux, **41.2;** FOCUS, Hamburg, **11.5, 146.1;** Fotolia LLC, New York: (Iakov Kalinin), **187.2;** (contrastwerkstatt), **35.10;** (Gino Santa Maria), **54.7;** (James Thew), **187.3;** (Kristina Afanasyeva), **110.2, 118.1, 182.1, 187.1;** (Maceo), **84.4;** (Magix Print), **103.4;** (morena), **147.1;** (oriwo), **11.10, 146.2;** (Otto Durst), **113.4;** (Photofranck), **180.3;** (Sylvain Bouquet), **149.1;** (Val Thoermer), **35.4;** (Yarek Gora), **48.7;** Fotosearch Stock Photography (Stockbyte), Waukesha, WI, **34.8, 41.1;** Getty Images, München: (JOEL ROBINE/AFP), **116.2** , 92.2; (Travelpix Ltd), **U1.1;** Getty Images RF (Stockbyte), München, **110.1;** Image Source Ltd (Imagesource), Soho, London, W1F 9NZ, **46.1;** Imago (Xinhua), Berlin, **181.6;** Ingram Publishing, Tattenhall Chester, **11.1;** iStockphoto, Calgary, Alberta: (Bob Randall), **53.4;** (Bülent Gültek), **12.2;** (Carmen Martínez Banús), **48.4;** (Catherine Haab), **103.6;** (dirkr), **84.2;** (Jamie Farrant), **53.3;** (Jason Lugo), **35.3;** (José Luis Gutiérrez), **181.3;** (Leontura), **98.1;** (mbbirdy), **40.1, 46.5;** (misterelements), **34.1, 64.1;** (naphtalina), **157.1;** (NLshop), **69.1;** (patrimonio designs limited), **53.2,** (Paul Johnson), **84.1;** (pomortzeff), **150.6;** (RF), **84.7;** (RF/Andrea Leone), **84.5;** (RF/Paul Cowan), **178.2;** (RF/Slawomir Fajer), **54.6;** (Shelly Perry), **150.7,** (-Vladimir-), **69.2;** (Zeiss4Me), **168.2;** Joëlle Racary/ParisDixSept (Thierry Dubois), Paris, **77.4;** JupiterImages photos.com, Tucson, AZ, **150.1;** MARCO POLO, Paris (F. Bouillot/Naudin),Klett-Archiv, Stuttgart: **85.1, 112.1, 139.4;** Klett-Archiv, Stuttgart: **35.7, 54.1, 54.2, 54.3, 69.3, 69.3, 103.1;** (Burgunde Niemcyk), **112.8,** (Christelle Souvras), **73.1, Vorsatz vorne 1;** (Dembski), **8.2, 21.1, 21.2, 27.1, 27.2, 27.3, 27.4, 27.5, 27.6, 27.7, 27.8, 27.9, 32.1, 32.2, 32.3, 48.8, 48.9, 50.1, 75.2, 78.1, 140.1, 140.2;** (Dr. Gilles Floret), **184.2;** (Elvira Heising), **35.5;** (Leicht, Jürgen), **111.1;** (Naudin), **107.1;** (Patrick Dembski), **11.11, 18.1, 35.6, 41.3, 62.1, 83.1;** (Prisca Martaguet), **13.4, 13.6, 13.7, 33.1, 34.6, 168.1, Vorsatz vorne 2, 3, 4;** (Stefan Zörlein), **10.2, 10.3, 11.8, 13.1, 13.2, 13.3, 13.5, 13.8, 23.1, 23.2, 23.3, 23.4, 39.2, 43.1, 48.6, 50.2, 50.3, 68.2, 81.1, 81.2, 81.3, 81.4, 81.5, 93.1, 103.5, 108.4, 112.2, 112.3, 112.5, 112.6, 112.7, 113.2, 113.6, 115.1, 115.2, 115.3, 115.4, 115.5, 115.6, 115.7, 115.8, 115.9, 115.10, 123.2, 132.1, 136.1, 146.4, 156.1, 181.1;** (Thomas Weccard), **U1.2;** (Weccard), **35.8;** (Zörlein), **54.5;** laif, Köln: (Denis/REA), **92.1;** (Gilles ROLLE/REA), **157.3;** Logo, Stuttgart, **113.1, 113.3, 113.5, 175.2;** MARCO POLO, F. Bouillot, Paris: **58.1, 76.1, 77.1, 77.2, 77.3, 123.3, 173.1, Vorsatz vorne 5, 6, 7;** Masterfile Deutschland GmbH, Düsseldorf: **U4.1;** (Rolf Bruderer), **34.3;** (Ron Fehling), **34.2, 34.5;** Mauritius Images, Mittenwald: **146.3;** (AGE), **114.1;** MEV Verlag GmbH, Augsburg, **39.1, 139.5, 139.6;** Modular (Steinle), Stuttgart, **103.2;** Okapia (Lanceau/NATURE), Frankfurt, **150.5;** Parc Astérix Communication Department, Plailly, **117.1;** Parigramme, Paris, **123.1;** PhotoAlto (Isabelle Rozenbaum & Frédéric Cirou), Paris, **183.2;** Picture-Alliance, Frankfurt: (Arco Images), **45.1;** (Bildagentur H), **13.9;** Pixelio.de München, **150.2;** Reuters (Langsdon), Frankfurt, **178.1;** shutterstock, New York, NY: (afotoshop), **13.9;** (Alexey Seleznev), **181.2;** (Dragan Trifunovic), **11.3;** (Gregory Guivarch), **108.3;** (Jorge Felix Costa), **108.1;** (Jose Ignacio Soto), **111.2;** (Kirk Peart Professional Imaging), **180.4;** (Maugli), **121.1;** (Michaela Stejskalova), **150.8,** (Mikhail Zahranichny), **108.2;** (Monkey Business Images), **126.6, 127.2;** (Rob Wilson), **154.2;** (Sandra Kemppainen), **11.9;** (Sean Nel), **11.2;** (Stefan Ataman), **175.1,** (Supri Suharjoto), **35.9;** (tstockphoto), **11.6;** (wow), **89.1;** The Walt Disney Company (Germany) GmbH, München, **53.1;** Thinkstock, München: **42.2;** (AbleStock com), **35.1, 126.2;** (BananaStock), **126.5;** (Brand X Pictures), **75.1;** (Digital Vision), **54.4;** (Hemera), **126.3;** (iStockphoto), **11.12, 34.4, 35.2, 127.1, 157.2, 181.4** (Lifesize), **126.1;** (Photodisc), **103.3;** (Photos.com), **126.4, 127.3, 127.4;** (Steve Maehl), **186.1;** (Stockbyte), **11.7;** (Valueline), **84.3;** Ullstein Bild GmbH, Berlin (AISA), **111.3;** (SIPA), **87.1, 92.3;** Wikimedia Foundation Inc. (CC-BY-SA.3.0/Yuichi), St. Petersburg FL, **184.1**
Sollte es in einem Einzelfall nicht gelungen sein, den korrekten Rechteinhaber ausfindig zu machen, so werden berechtigte Ansprüche selbstverständlich im Rahmen der üblichen Regelungen abgegolten.

GRANDE-BRETAGNE
la Manche
BELGIQUE
Bruxelles
LUXEMBOURG
Calais
Lille
Nord-Pas-de-Calais
Le Havre
Mont-Saint-Michel
Brest
Bretagne
Carnac
Normandie
Parc Astérix
Tour Eiffel
Paris
Champagne
la Seine
Le Mans
Orléans
Tours
Chambord
Nantes
la Loire
Bourgogne
Dijon
FRANCE
Lorraine
Strasbourg
LES VOSGES
Alsace
le Rhin
la Saône
LE JURA
Clermont-Ferrand
Auvergne
LE MASSIF CENTRAL
Lascaux
l'Océan Atlantique
Bordeaux
Aquitaine
la Garonne
Airbus
Toulouse
le Canal du Midi
Biarritz
LES PYRENEES
Pont du Gard
Nîmes
le Rhône
Lyon
Provence
Marseille
Nice
MONACO
ESPAGNE
ANDORRE
Barcelone
Madrid
la Mer Méditerranée
Ajaccio
Corse
Dusseldorf
Cologne
Francfort
Mayence
ALLEMAGNE
Sarrebruck
Stuttgart
Erfurt
Munich
Dresde
Prague
REPUBLIQUE TCHEQUE
Vienne
AUTRICHE
Bâle
Berne
Lausanne
SUISSE
Genève
LIECHTENSTEIN
Mont-Blanc
LES ALPES
Milan
ITALIE
SLOVENIE
Ljubljana
Zagreb
CROATIE
la Mer Adriatique
Rome
0
100
200
300 km

PARIS
0
500 m
1 km
CLICHY
COURBEVOIE
LA SEINE
Grande Arche
LEVALLOIS-PERRET
LA DEFENSE
Pont de Neuilly
NEUILLY-SUR-SEINE
Boulevard Circulaire
PUTEAUX
Avenue Charles De Gaulle
Quartier des Batignolles
Boulevard
Avenue de Clichy
Boulevard Berthier
Place de Wagram
17e
Bd. Gouvion St-Cyr
Place du Maréchal Juin
Avenue de Wagram
Place du Général Catroux
Boulevard des Batignolles
Bd. Villiers
Boulevard Pereire
Boulevard de Courcelles
Arc de Triomphe
Place de la Porte Maillot
Av. de la Grande Armée
Parc de Monceau
Boulevard Malesherbes
Gare Saint-Lazare
Rue du Faubourg Saint-Honoré
Place Charles De Gaulle
Bd. de l'Amiral Bruix
Avenue Foch
Av. des Champs-Elysées
8e
Palais de l'Elysée
Avenue Victor Hugo
Avenue Kléber
Avenue d'Iéna
Avenue Marceau
Bd. Lannes
Place de la Concorde
Bois de Boulogne
Cours Albert 1er
Place du Trocadéro
Av. de New York
Tour Eiffel
16e
Av. du Président Kennedy
Av. G. Eiffel
Champs-de-Mars
Boulevard Suchet
Quai de Grenelle
Boulevard de Grenelle
Bd. des Invalides
7e
Parc des Princes
Avenue Emile Zola
Boulevard Garibaldi
Boulevard Murat
Boulevard Exelmans
LA SEINE
Quai Louis Blériot
Quai André Citroën
Rue de la Convention
Rue de Sèvres
15e
Bd. Pasteur
Place de la Porte Saint-Cloud
Rue Lecourbe
Gare Montparnasse
Bd. du Général Martial Valin
Boulevard Victor
Rue de Vouillé
14e
Rue d'Alésia
BOULOGNE-BILLANCOURT
Boulevard Lefebvre
Boulevard Brune
ISSY-LES-MOULINEAUX
MALAKOFF
MONTROUGE

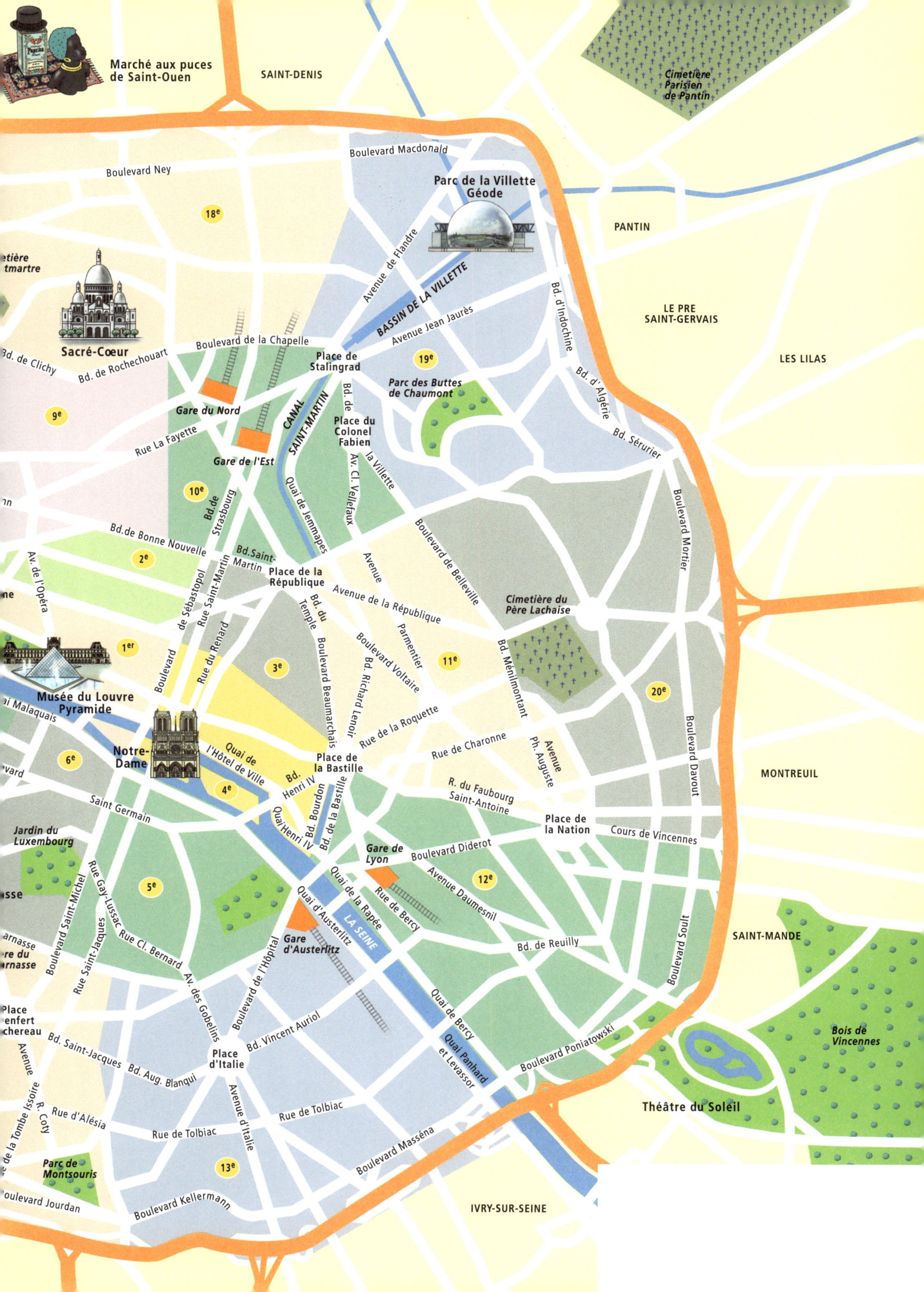
Marché aux puces de Saint-Ouen
SAINT-DENIS
Cimetière Parisien de Pantin
Boulevard Macdonald
Boulevard Ney
Parc de la Villette Géode
PANTIN
18e
Sacré-Cœur
Avenue de Flandre
BASSIN DE LA VILLETTE
Avenue Jean Jaurès
Bd. d'Indochine
LE PRE SAINT-GERVAIS
LES LILAS
Boulevard de la Chapelle
Bd. de Clichy
Bd. de Rochechouart
Place de Stalingrad
19e
Parc des Buttes de Chaumont
Bd. d'Algérie
Gare du Nord
9e
CANAL SAINT-MARTIN
Bd. de la Villette
Place du Colonel Fabien
Av. Cl. Vellefaux
Bd. Sérurier
Rue La Fayette
Gare de l'Est
10e
Bd. de Strasbourg
Quai de Jemmapes
Boulevard Mortier
Bd. de Bonne Nouvelle
Bd. Saint-Martin
Place de la République
Avenue
Boulevard de Belleville
2e
Av. de l'Opéra
Bd. de Sébastopol
Rue Saint-Martin
Avenue de la République
Cimetière du Père Lachaise
Bd. du Temple
Parmentier
Boulevard Voltaire
Bd. Ménilmontant
1er
Rue du Renard
3e
Boulevard Beaumarchais
Bd. Richard Lenoir
11e
20e
Musée du Louvre Pyramide
Quai Malaquais
Notre-Dame
Quai de l'Hôtel de Ville
Rue de la Roquette
Rue de Charonne
Avenue Ph. Auguste
Boulevard Davout
6e
Place de la Bastille
Bd. Henri IV
MONTREUIL
4e
R. du Faubourg Saint-Antoine
Saint Germain
Quai Henri IV
Bd. Bourdon
Bd. de la Bastille
Place de la Nation
Cours de Vincennes
Jardin du Luxembourg
Gare de Lyon
Boulevard Diderot
Boulevard Saint-Michel
Rue Gay-Lussac
5e
Quai de la Rapée
Rue de Bercy
Avenue Daumesnil
12e
Quai d'Austerlitz
LA SEINE
Rue Saint-Jacques
Rue Cl. Bernard
Gare d'Austerlitz
Bd. de Reuilly
SAINT-MANDE
Boulevard Soult
Av. des Gobelins
Boulevard de l'Hôpital
Quai de Bercy
Quai Panhard et Levassor
Bois de Vincennes
Bd. Saint-Jacques
Place d'Italie
Bd. Vincent Auriol
Bd. Aug. Blanqui
Boulevard Poniatowski
Théâtre du Soleil
Avenue d'Italie
Rue d'Alésia
R. Coty
Rue de Tolbiac
Rue de Tolbiac
Boulevard Masséna
Parc de Montsouris
13e
Boulevard Jourdan
Boulevard Kellermann
IVRY-SUR-SEINE